KB233773

중국을 만든 책들

중국을 만든 책들

공상철 지음

2011년 10월 17일 초판 1쇄 발행

펴낸이 한철희 | 펴낸곳 돌베개 | 등록 1979년 8월 25일 제406-2003-018호
주소 (413-756) 경기도 파주시 교하읍 문발리 파주출판도시 532-4
전화 (031) 955-5020 | 팩스 (031) 955-5050
홈페이지 www.dolbegae.com | 전자우편 book@dolbegae.co.kr

책임편집 조성웅 | 편집 이경아·소은주·권영민·이현화·김진구·김태권·김혜영·최혜리
표지디자인 조혁준 | 본문디자인 이은정·박정영 | 인쇄·제본 한영문화사

ISBN 978-89-7199-445-0 (03910)
책값은 뒤표지에 있습니다.

이 도서의 국립중앙도서관 출판시도서목록(CIP)은 e-CIP 홈페이지
(http://www.nl.go.kr/cip.php)에서 이용하실 수 있습니다.(CIP제어번호: CIP2011004109)

중국을 만든 책들

16가지 텍스트로 읽는 중국 문명과 역사 이야기

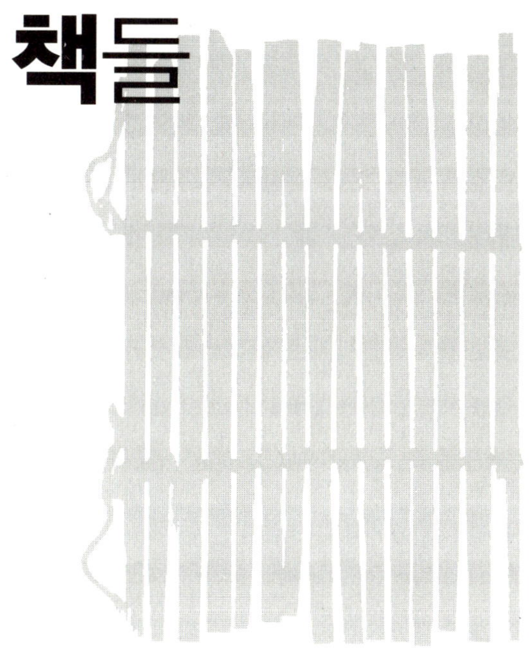

공상철 지음

돌베개

'교양'으로서의 중국 읽기

여기에 실린 글들은 지난 몇 년간 대학생들을 대상으로 개설한 교양 강좌의 강의록입니다. 대개는 중국 문화사에 관련된 교안들을 선별하고 보충해서 글의 형태로 옮긴 것입니다. 매번 강좌를 진행하면서 절감하는 것은 중국을 교양으로 다루는 일의 어려움입니다. 먼저 이 점에 대해 약간의 해명이 필요할지도 모르겠습니다. 이 책을 읽어가는 데 얼마간 참조가 될 수도 있을 테니까요.

중국 연구자들이 흔히 겪게 되는 곤혹들이 있습니다. 그중 하나는 '중국'이라는 것에 내포된 시간의 두께입니다. 이는 동시에 이 책이 감당해야 하는 몫이기도 합니다. 일단 3천 몇 백 년의 시간을 책 한 권에 담아야 한다면 문화사 전체를 찬찬히 조망하기란 사실상 불가능합니다. 그렇다고 해서 시간의 지층들이 균질하냐 하면 그것도 아닙니다. 우리의 눈앞에 펼쳐지는 것은 매끈한 '역사'의 지평이 아니라 대개 울퉁불퉁한 '역사들'의 단층대이기 십상입니다. 그러다보니 '중국'이라는 개념도 사실상 성립하기가 어렵습니다. 대신 다층의 '역사들'이 만들어내는 다양한 얼굴의 '중국들'이 존재할 뿐입니다. 그럼에도 불구하고 우리는 '근대 국가로서의' 중국을 역사 전반에 투사하는 데 익숙해 있습니다. 마치 목전目前의 중국이 요순堯舜 시대부터 존재해온 양 말입니다. 그러므로 먼저 이 점을 짚어둘 필요가 있습니다. 우리가 말하는 '중국'이란 오랜 기간에 걸쳐 역사적으로 형성된 개념이라는 점 말입니다.

그런데 여기에 접근하는 틀 자체도 적잖이 문제가 됩니다. 이를테면 저는 중국 현대문학을 공부하는 사람입니다. 그런데 이 평범한 사실이 의외로 문제가 됩니다. 그 핵심은 제가 방편으로 삼고 있는 '문학'(Literature)이라는 틀로는 '중국'이 온전히 보이지가 않는다는 데에 있습니다. 어디서부터 문제가 생긴 걸까요? 그런데 어찌 보면 이는 당연한 일입니다. 우리가 말하는 '문학'·'역사'·'철학' 등의 틀은 백여 년 전 일본을 통해 수입된 서양의 학적 방법론에 불과하니까요. 그럼 이 이전엔 문학이 없었을까요? '문'文이라는 전통이 있었을 뿐인데, 이것이 분화되어 문학·역사·철학·정치·윤리 등으로 근대 학제 속에 자리 잡게 된 것입니다. 이 과정에서 '문을 한다'(作文)는 계기에 내재된 우주론적·인간학적 총체성 역시 기술로서의 글쓰기와 제도로서의 학문 속으로 해체되기에 이릅니다. 그러니 분과 학문으로서의 '문학'으로 통합적 '문' 전통을 이해하고 설명하는 일이 어찌 용이할 수 있겠습니까. 이로부터 방법적 틀과 대상 사이의 마찰은 중국학(Sinology)이 떠안아야 하는 몫으로 고스란히 남게 됩니다.

사정이 이렇다보니 책의 얼개를 짜기가 여간 난감한 것이 아닙니다. 그래서 고민 끝에 어쩔 수 없이 타협을 하게 됩니다. 어차피 3천 몇 백 년의 시간을 일목요연하게 조망하는 것이 불가능하다면 굵직한 문제의식들을 점으로나마 드문드문 찍어볼 수밖에 없지 않겠느냐는 것, 이 과정에서 '중국'을 형성하는 존재론적 원리 같은 것을 모색해볼 수 있지 않겠느냐는 것, 동시에 이 원리의 생성·굴절·변화 과정을 추적해볼 수 있지 않겠느냐는 것……, 이런 식으로 말입니다. 이 책이 '책'이라는 형식을 요청하게 된 것은 이런 속사정 때문입니다. 책 자체의 완결적 우주가 상당 부분 이음새의 느슨함을 보완해주니까요. 아울러 '중국을 만든 책들'이라는 다소 과분한 제목을 달게 된 것도 이런 맥락입니다. 각 권의 우주가 저마다의 역할과 위상을 주장하고 있으니까요.

그런데 이것으로 끝이 아닙니다. 보다 근본적인 문제가 기다리고 있습니다. 이는 '교양'(Bildung)이란 말의 본래적 의미를 떠올려보면 어느 정도 짐작이 가실 겁니다. 이 말의 근저에는 늘 '인간성에로의 고차적 형성'(헤르더)이나 '보편성에로의 고양'(헤겔) 같은 의미가 서늘히 깔려 있으니 말입니다. 이런 관점에 서면 교양교육은 불가피하게 제도로서의 교육을 넘어서야 합니다. 그러므로 이제 문제는 기능적인 지식의 차원을 넘어 보다 보편적인 차원에 놓이게 됩니다. 중국의 문명적 자산으로부터 어떻게 인간의 보편적 가치를 끌어낼 수 있느냐 하는 일 말입니다. 그런데 이 일이 참 어렵습니다. '중국'을 '교양'으로 전유專有하는 일의 핵심이 바로 이것일 텐데 말입니다.

이 책의 목차는 이런 곤혹의 산물입니다. 무엇보다도 16권의 텍스트를 선별해내는 과정에서 많은 머뭇거림이 있었습니다. 이 문명의 역사 자체가 곧 책의 역사일 정도니까요. 이 과정에서 책이라는 개념의 울타리를 다소 유연하게 설정했습니다. 짐승의 뼈에 새겨진 갑골문이 목차의 첫머리를 차지하게 된 것은 이런 이유 때문입니다. 아울러 이 문명의 생리를 거스르지 않는 차원에서 문사철文史哲·유불도儒佛道 통합의 전통을 최대한 배려하고자 했습니다. 이렇게 선별된 텍스트들을 시간의 흐름 위에 배치한 것이 이 책의 목차인데, 전국戰國 시대와 진한秦漢 시대가 많은 분량을 점하게 된 것은 어쩔 수가 없습니다. 중국 문명의 중요한 기초가 대개 이 시기에 형성되기 때문입니다.

형편이 이렇다보니 문제의식을 배치하는 과정에서 미비하거나 결락된 부분이 생기기 마련입니다. 그 하나는 문명 교류사적 시선이 충분히 고려되지 못했다는 점입니다. 이를테면 중국 문명 형성에 지대한 역할을 한 인도 불교의 경우, 나름대로 안배를 한다고 했지만 논의가 미비한 것은 어쩔 수가 없습니다. 무엇보다도 문제가 되는 것은 생활사·과학사의 영역을 목록에 넣지 못했다는 점입니다. 농경 생활과 연관된 수학서와 도구 제작서, 기술 과학서, 의학서와 약학서, 일상적 생활의 교범들 등등, 이것들이 사람살이에서 갖는 의미를 모르지 않음에도 말입니다. 여기에 대해선 별도의 독립된 장이 필요합니다. 근대사 영역 역시 공백으로 남아 있습니다. 마지막 두 장을 계몽주의와 현대 신유학에 할애하긴 했지만, 중세 문명의 자기 변용 과정을 보여줄 뿐 '모더니티'Modernity의 문제를 전면화하고 있진 못합니다. 이 역시 별도의 문제 설정이 필요합니다.

형편이 이러함에도 불구하고 강의안을 책으로 묶어보게 된 까닭이 있습니다. 이는 우리 앞에 버티고 있는 중국이라는 거대한 공룡, 그것도 심각한 변비로 신경질 그득한 이 공룡의 행보와 동선을 짚는 눈과 연관되어 있습니다. 왜냐하면 이 행보와 동선이 향후 한반도의 삶과 직간접으로 연관될 것이기 때문입니다. 이는 정세 분석이나 동향 연구, 담론적 접근만으로는 어렵습니다. 보다 근본적인 차원에서 이를 가능케 하는 문화생리학적 맥락을 짚어보는 일, 여기에 이 책의 일차적인 목표가 있는 것입니다. 여기에는 적어도 두 가지 문제가 전제되어야 합니다.

그 하나는 인식 지평의 넓이와 호흡 문제입니다. 지난 북경 올림픽과 상해 엑스포를 바라보며 든 생각은 향후 몇 십 년간 로드맵이 이미 제출된 게 아닌가 하는 것이었습니다. 이 로드맵에서 '한당漢唐 제국'과 자본주의 중국의 꿈은 묘하게 오버랩되어 있습니다. 여기서 전통/현대, 근대/탈근대라는 틀은 썩 유효해 보이지 않습니다. 그러므로 공자와 모택동毛澤東을 나란히 놓고, 한 제국의 이데올로그 동중서董仲舒와 21세기 문화중국의 이데올로그 장예모張藝模를 나란히 놓고 조망할 수 있는 인식의 지평은 이제쯤 불가피해 보입니다. 이 오래된 미래의 생리학적 비결을 보아낼 수 있는 눈의 호흡 말입니다. 그런데 이것이 어떻게 가능할까요?

또 다른 하나는 인식 틀의 문제입니다. 최근 감지되는 것들 중 하나는 '문' 전통을 향한 회귀의 충동입니다. 이때의 '문'은 요즘 말로 하면 '문화정치학' 정도가 되는데, 이는 서구 전통의 '정치

경제학'과 대별되는 중국 학문의 특징입니다. '경학'經學이라는 이름으로 수행되는 이 전통에서 정치는 이론과 기술의 층위에 머물지 않고 끊임없이 문화의 층위로 환원됩니다. 그런데 이 운동이 여전히 진행형이라는 점이 문제가 됩니다. 더 큰 문제는 정치학·경제학·문화학 등의 분과 학문으로는 그 핵이 잘 포착되지 않는다는 데에 있습니다. 그렇다면 이를 보아낼 수 있는 학적 패러다임이 어떻게 가능할까요?

이 책은 이런 물음들을 떠올리며 드문드문 놓아본 몇 개의 징검돌입니다. 원고를 써가는 과정에서 분야별로 많은 연구자들의 성과를 참조했습니다. 말미에 주석을 덧붙이긴 했지만 행간으로 녹아든 것들이 더 많습니다. 이 자리를 빌려 감사의 말씀을 드립니다.

차 례

세계의 무늬 갑골문

甲骨文

길을 떠납니다. 지금부터 떠나는 이 길은 장장 3천 년 하고도 몇백 년이 더 되는 '중국'이라는 문명사입니다. 이 문명이 걸어간 길, 그 길의 궤적과 굽이를 책이라는 형식을 통해 더듬어보고 싶은 것입니다. 그러니 먼저 심호흡을 크게 한번 가다듬어두는 일이 필요할지도 모르겠습니다. 그 여정이 그리 만만하진 않을 테니까요.

이 길에서 우리는 적지 않은 시대와 적지 않은 사람들이 꾸었던 꿈들을 만나게 될 겁니다. 시간의 지층 속에서 이들은 말이 없지만, 우리 입장에서는 그리 묵묵할 수가 없습니다. 어차피 기행이란 세계에 말을 거는 일이니까요. 그런데 문제가 없지는 않습니다. 우리는 우리의 언어로 말을 걸지만, 이것이 세계에 접수될지 어떨지는 알 수가 없습니다. 어쩌면 접수되지 못하고 표류하는 말들은 불가피할지도 모르겠습니다. 아마 그럴 겁니다. 그러니 조금은 헐거이 임해도 좋을 일입니다. 어차피 3천 몇 백 년의 시간을 열람해야 한다면, 거기서 꼼꼼한 견문록을 기대하기란 사실상 불가능할 테니까요.

사정이 이렇다보니 기행의 초입에서 얼마간 예비 점검 같은 것이 필요하지 않을까 싶습니다. 최소한 이 문명을 특징짓는 기본 원리나 힘 같은 것들에 대해서 말입니다. 이 중 하나를 꼽으라면 저는 단연 '문'文을 들겠습니다. '문'이란 중국 문명을 관통하는 일종의 슈퍼 코드입니다. 이것이 발현되는 과정이 '문화'文化나 '문명'文明이란 말의 원래 의미이기도 하니까요. 그러므로 일단 이것의 의미와 성격에 주목해볼 필요가 있습니다. 우리의 첫 번째 여정은 이 코드에 대해 질문을 던지는 것으로 출발해보도록 하겠습니다. 대체 '문'이란 무엇일까요?

태초에 무늬가 있었다고?

문명사를 거슬러가다 보면 거기서 으레 만나게 되는 것은 시간의 오리지널 포인트를 향한 모종의 충동입니다. 흔히 '태초'나 '창세기'와는 거리가 먼 것으로 여겨지는 중국 문명조차 이로부터 예외가 될 수는 없습니다. 사람살이의 존재론적 근거가 그만큼 중요하다는 이야기이겠지요. 그런데 『논어』論語를 읽다보면 그것에 무심한 듯한 언설 하나가 등장합니다.

"하늘이 어디 말을 하더냐!"(『논어』「양화」陽貨)

헤브루 종족의 하늘에 '태초의 말씀'이 울려 퍼지던 무렵, 고대 중국의 하늘은 이처럼 침묵하고 있었던 모양입니다. 무슨 속사정이 있었던 걸까요?

고대 중국의 하늘은 '거룩한 말씀' 대신 신비한 무늬의 형태로

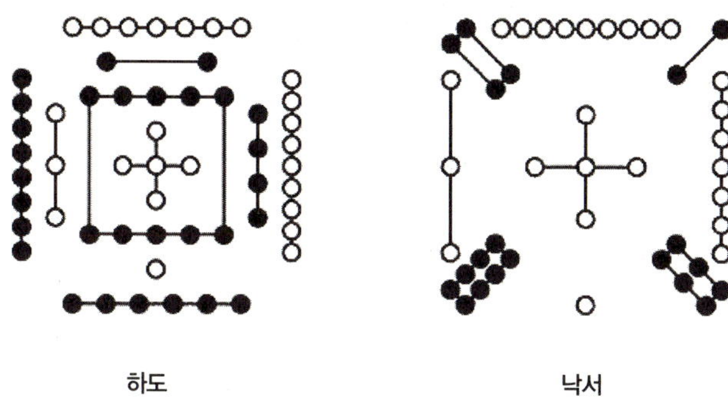

하도 　　　　　 낙서

강림했던 것 같습니다. 동방의 하늘이 보기엔 아무래도 사람의 귀보다는 눈이 더 미더웠던 모양이지요. 전설에 의하면, 어느 날 황하黃河에 용 한 마리가 나타났는데, 그 등 비늘에 신비로운 무늬가 어른거리고 있었나봅니다. 그로부터 이 무늬에 '황하의 도상', 즉 '하도'河圖라는 이름이 붙여졌고, 전설상의 복희씨伏羲氏는 이 무늬에 근거해 저 오묘하기 짝이 없는 팔괘八卦를 만들었다는 겁니다. 그것으로도 부족했는지 어느 날 황하의 지류 낙수洛水에 거북이 한 마리가 나타났는데, 그 등짝에도 신령스런 무늬가 선연했다는 겁니다. 종으로 횡으로 더해도 각각 15가 되고 대각선으로 더해봐도 15가 되는 이 신기한 무늬를 사람들은 '낙수의 그래픽', 즉 '낙서'洛書라 불렀고, 하夏나라를 연 우禹임금은 이 마방진魔方陣에 의거해 '홍범구주'洪範九疇라는 세계 질서 체계를 만들었다는 겁니다. '카테고리'category의 뜻으로 쓰이는 그 '범주'範疇 말입니다.

　중국의 어느 수학자는 지구 문명이 언젠가 다른 행성과 접촉할 때 이 무늬가 의사소통의 수단이 될 것이라 우기고 있지만, 아마

갑골문

도 이 전설은 어떤 신종 담론—음양오행설로 추정되는—을 정당화하기 위해 후인들이 지어낸 이야기일 겁니다. 설령 그렇다 하더라도 한 가지 재미난 것은, '도서'圖書라는 말이 이 '하도낙서'河圖洛書에서 비롯되었다는 사실입니다. 그렇다면 '도서'란 세계의 신비한 비밀이 담긴 무늬일 터이고, '도서관'이란 그런 무늬가 빼곡히 수장된 장소가 되는 셈인데, 우리가 일상적으로 접하는 책에 이런 현묘玄妙한 내력이 있었다니 좀 의외입니다. 이 대목에서 문득 어떤 이미지 하나를 떠올리게 됩니다. 보르헤스L. Borges가 「바벨의 도서관」에서 묘사한 '육각형의 진열실들로 구성'된 '세계'라는 이름의 거대한 도서관 같은 것 말입니다.

갑골문의 발견

사실 이 도서관의 유래에 대해 우리는 별로 아는 바가 없습니다. 그리고 장서는 얼마나 되는지, 언제 누구에 의해 쓰이게 되었는지도 거의 알려진 바가 없습니다. 다만 몇 가지 풍문은 익히 들은 바가 있습니다. 도서관에 수장된 책의 종류가 의외로 다양하다는 것, 우리가 보는 종이책은 비교적 후대에 나왔다는 것, 초기의 책은 목간木簡이나 죽간竹簡을 엮어 만들었다는 것, 여기서 책册이라는 글자가 나왔다는 것, 또 어떤 책은 청동기나 비단 위에 쓰여 있다는 것 등등 말입니다. 여태 그런 줄로만 알았습니다. 적어도 그날의 사건이 있기 전까지는 말이지요. 그런데 누가 알았겠습니까. 지금껏 듣도 보도 못한 책 무더기가 저 깊숙한 지하 세계에 감추어져 있었을 줄 말입니다. 거북딱지나 물소 뼈에 새겨진 이 책들은 이로부터 갑골문甲骨文으로 명명되어 중국사의 연대기를 훌쩍 앞당겨놓고 말았습니다. 전설로만 전해지던 상商나라―혹은 은殷나라로 불리는 기원전 1700년경에서 기원전 1100년경까지 존재한 왕조―의 실체가 이로부터 빛을 보게 되었으니까요.

그 발견은 정말 우연이었습니다. 지금으로부터 1백여 년 전인 1899년, 북경에 왕의영王懿榮이라는 한 관리가 살았던 모양입니다. 그런데 그가 학질에 걸려 여기에 좋다는 거북의 골편骨片(뼛조각)을 대거 사들였는데, 마침 그 집에 식객으로 있던 유철운劉鐵雲이라는 자가 거기서 이상한 글자들을 발견하고는 급히 그에게 보인 모양입니다. 평소 고대 문자 해석에 일가견이 있던 왕의영은 그 글자들을 보는 순간 입을 다물지 못했습니다. 전설로만 전해지던 상나라 문자가 거기에 빼곡히 새겨져 있었으니까요. 이리하여 그것을 구입한 한의원을 통해 골편의 출처를 수소문하기 시작했습니다. 이 소문은 금세 퍼져 골편의 출원지 안양安養 소둔촌小屯村에선 일대 난리가 났습니다. 그도 그럴 것이 상나라의 마지막 도읍 은허殷墟가 바로 거기였다니 말입니다. 그리하여 해외로의 밀반출은 물론 위조품까지 대량 유통되는 상황이 벌어졌습니다. 이런 식으로 출토된 골편의 수가 무려 16만여 개에 이르렀습니다.[1]

갑골문의 대부분은 복사卜辭입니다. 복사란 상나라 말기 12명의 왕이 통치하던 273년 동안 가국家國의 대소사를 점친 기록입니다. 선왕에 대한 제사 내용이 주종을 이루고 있지만 전쟁이나 자연현상, 재해 등등 그 내용은 다양합니다. 문명 초기의 형편상 하늘의 의사를 묻는 일은 지고至高의 가치였을 겁니다. 이 일의 중요성은 점에 쓰이는 거북 껍데기를 구하기 위해 거국적인 시스템이 작동되었던 것만 봐도 알 수 있습니다. 어떤 골편에는 남방으로부터 거북이 천 마리를 공납받았다는 기록이 있을 정도니까요. 이런 식으로 사용된 거북이가 최소 1만 6천 마리, 물소는 몇천 마리라는 게 학계의 통론인데, 당시의 사회·경제적 상황에 비추어보면 이는 어마어마한 숫자입니다.

그러면 점은 누가, 어떻게 친 것일까요? 당시엔 점을 치는 직책을 일러 정인貞人이라 했는데, 간혹 왕이 직접 주관하기도 했던 것 같습니다. 점술의 중요성에 따라 정인의 숫자도 늘어났는데, 학자들에 의해 이름이 확인된 사람만 해도 120여 명에 이릅니다. 점술 과정은 거북점의 경우 대체로 이랬습니다. 먼저 배딱지를 떼어낸 뒤 가운데 난 수직선을 기준 삼아 내장이 있던 안쪽 면 양편으로 가지런하게 홈을 팝니다. 껍질이 두껍다보니 열에 잘 갈라지게 하기 위한 조치였을 겁니다. 홈은 두 가지 모양입니다. 먼저 대추씨 모양의 홈을 파고('착鑿) 거기에 약간 겹치게 둥근 모양의 홈을 다시 파는데('찬鑽) 그리하여 홈의 형태는 중절모 모양이됩니다. 이런 홈이 좌우로 대칭을 이루며 많게는 수십 개나 패어 있습니다. 거북 껍질이 워낙 귀하다보니 사용 효율을 극대화하고자 했던 것이겠지요.

이제 점을 칩니다. 점이라고 해야 나무 꼬챙이를 불에 달구어 홈에다 대고 지지는 게 전부입니다. 그렇다고 해서 아무렇게나 지지는 건 아닙니다. 점칠 내용에 대한 간절한 바람을 소리에 담아 표출하기도 했겠지요. 이윽고 달구어진 부분이 '픽' 하며 갈라지는데, 혹자는 이 소리에서 '복'ㅏ 자가 나왔다고 주장하기도 합니다. 균열은 으레 두 방향으로 나기 마련입니다. 그렇게 유도하기 위해 이중으로 홈을 판 것이니까요. '착'에선 수직선이 나오고 '찬'에선 수평선이 나옵니다. 그리하여 대개 'ㅏ' 아니면 'ㅓ' 모양의 균열이 드러나는데, 물론 뼈의 자연적인 결을 따라 미세한 차이가 발생했겠지요. 이 기본 형태와 미세한 차이가 곧 하늘의 응답인 셈입니다.

점이 끝나면 배딱지 바깥 면에 ① 점친 날짜와 정인의 이름, ② 점의 내용, ③ 갈라진 무늬를 보고 길흉을 판단한 내용, ④ 점괘가 실현되었는지의 여부 등을 새기는데, 앞의 두 항목만 있는 것이 대부분입니다. 마지막 항목은 점괘가 그대로 실행되었는지의 여부를 확인한 뒤 추가로 기록한 것인데, 그리 많이 보이지는 않습니다. 이것으로 점이 완료됩니다. 그러고는 이 골편을 특정 장소에 한데 모아 보관하고 관리했을 겁니다. 요즘 말로 하면 국가문서관리국에 기밀문서를 보관하거나 국립중앙도서관에 자료를 수장해두는 개념이었겠지요. 주로 삽골이 무더기로 발견된 것도 아마 이런 까닭이었을 겁니다.[2]

신의 언어들

그런데 여기서 정작 흥미로운 것은 해석 문제입니다. 한번 생각을 해보지요. 골편에 나타난 무늬는 어디까지나 하늘의 소관입니다. 그것은 뼈의 강도와 결에 따라 달랐을 것이고, 홈의 각도와 꼬챙이의 열에 따라서도 천차만별이었겠지요. 그러니 같은 사안이라 해도 매번 무늬가 달랐을 겁니다. 그런데 이것을 해석하는 일은 엄연히 왕이나 정인의 몫입니다. 설령 그들이 하늘과 교통하는 능력을 지녔다 해도 어디까지나 사람일 뿐입니다. 그런 그가 신의 의사를 판명한다고 할 때, 어떻게 자의와 주관으로부터 자유로울 수 있겠습니까. 결국 모든 해석은 사람의 숨결이 투사된 지극히 인간적인 해석일 수밖에 없겠지요. 동일한 사안에 대해 한 번의 점으로 끝나지 않고 몇 번씩 반복되었던 것도 다 그럴 만한 이유가 있었을 겁니다.

언젠가 TV를 보니 이런 장면이 나오더군요. 어느 오지의 원주민들은 벌꿀 채취를 생업으로 삼고 있었는데, 그날은 천 길 낭떠러지에 매달린 벌집을 털러 가는 중이었습니다. 그런데 그들이 이 산의 신으로부터 작업 허가를 받아내는 방식이 재밌습니다. 작업을 시작하기 전 희생犧牲으로 끌고 간 양의 몸에 경건히 기름을 붓습니다. 그러고는 둥그렇게 쪼그리고 앉아 무언가를 기다립니다. 얼마나 지났을까요. 이윽고 양이 세차게 몸을 흔들면서 기름을 털어냅니다. 그러자 사람들은 환호성을 지르며 비로소 작업에 들어갑니다. 신이 이 위험천만한 작업을 허락했다는 겁니다. 우리의 상식으로 보면, 양이 제 몸에 묻은 기름을 털어내리라는 것은 자명한 사실입니다. 그런데도 그들은 이를 신의 뜻으로 여기고 태연히 외줄 하나에 자신의 생명을 맡기는 겁니다. 그러고 보면 골편에 드러난 하늘의 의사를 해석하는 일 역시 이런 차원

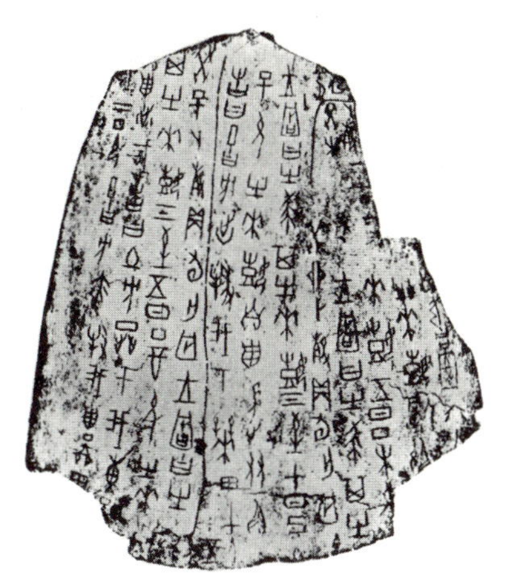

갑골문

이었을 겁니다. 해석학이라는 학문도 따지고 보면 그 출발은 이랬으니까요.

그런데 고대인의 해석학에도 제법 노회한 구석은 있습니다. 어떤 사안에 대해 그냥 일방적으로 물어서 답을 얻는 것이 아니라 꽤나 신중합니다. 먼저 긍정적인 방식으로 넌지시 물어봅니다. 그러고는 같은 사안을 다시 부정적인 방식으로 되물어봅니다. 상당히 교묘한 방식이지요. 왜 그랬을까요? 그러면 신의 의사를 좀 더 주밀周密하고 분명히 알 수 있을 거라 생각했던 걸까요? 아니면 신을 헷갈리게 만들어서 소망하는 대답을 얻고자 했던 걸까요? 다음 사례를 통해 판단해보시지요.

戊戌卜, 永貞.

今日, 其夕風?

貞：今日，不夕風？

무술일에 점을 치며 영이 묻습니다.

오늘 저녁에 장차 바람이 불겠습니까?

묻습니다. 오늘 저녁에 바람이 불지 않겠습니까?[3]

戊子卜，殷貞．

帝及四夕，令雨？

貞：帝弗其令今四夕，令雨？

王占曰：丁雨，不惠辛．

旬丁酉，允雨．

무자일에 점을 치며 각殷이 묻습니다.

상제께서 나흘 뒤 저녁에 이르러 비에게 명령하시겠습니까?

묻습니다. 상제께서 지금부터 나흘 뒤 저녁에 비에게 명령하지 않으시겠습니까?

왕이 점괘를 해석하십니다. 정일에 비가 온다. 꼭 신일이진 않을 것이다.

열흘 뒤인 정유일에 정말로 비가 왔다.[4]

이런 방식만 있는 게 아닙니다. 좀 더 직접적인 전략도 있습니다. 신더러 제발 대답을 좀 해달라고 들들 볶는 방식이 그것입니다. 다음의 사례를 보면 그 윽박지름의 정도가 만만치 않음을 알 수 있습니다. 그러고 보면 동방의 신들도 인간들에게 닦달을 당하느라 꽤나 피곤했을 듯합니다.

貞: 亥王入.

于癸丑入.

于甲寅入.

于乙卯入.

묻습니다. 신해일에 왕이 들어옵니까?

계축일에 들어옵니까?

갑인일에 들어옵니까?

을묘일에 들어옵니까?[5]

更子卜, 何貞: 翊辛丑, 其侑妣辛, 卿.

更子卜, 何貞: 其一牛.

更子卜, 何貞: 其宰.

……

丙午卜, 何貞: 其宰.

丙午卜, 何貞: 其三宰.[6]

경자일에 점을 치며 하何가 묻습니다. 다음날 신축일에 신辛 할머니께 유

제侑祭를 경제卿祭로 지낼까요?

경자일에 점을 치며 하가 묻습니다. 소 한 마리로 할까요?

경자일에 점을 치며 하가 묻습니다. 희생양으로 할까요?

……

병오일에 점을 쳤는데, 하가 묻습니다. 희생양으로 할까요?

병오일에 점을 치며 하가 묻습니다. 희생양 세 마리로 할까요?

문명과 문자

위의 사례를 통해 감지되는 것은 하늘과 사람 사이에서 벌어지는 모종의 놀이입니다. 서로 주고받고 밀고 당기고 다투고 화해하는 그런 우주론적 놀이 말입니다. 문명사는 이런 과정을 통해 점차 신이 신성神性을 박탈당해왔음을 이야기해줍니다. 상商나라의 '제'帝는 그 자체로 신이었고, 주周나라의 '천'天은 그 자체로 하늘이었습니다. 그런데 전국戰國 시대 말엽에 이르면 사정이 좀 달라집니다. 서두에서 언급한 공자의 일갈一喝은 그 전조이자 서막이었던 셈입니다. 이제 하늘은 늘 땅을 짝으로 요청하게 되었고, 그 결과 '천지'天地라는 신종 담론이 대두하게 됩니다. 훗날 한漢 제국의 이념적 토대가 되는 이 담론은 자연히 천지지간에 사람의 자리를 마련하게 되었고, 이로부터 사람에겐 하늘과 땅을 매개하는 역할을 부여하게 됩니다. 이른바 '천지인삼재'天地人三才가 이런 관념의 발로였으니, 인격신의 관념이 부재한 상황에서 사람에게 무게중심이 쏠린 건 어찌 보면 당연한 이치였습니다.

이 모든 과정이 문자로부터 시작되었습니다. 그러니까 지상에선 한창 신의 의지를 인간화된 무늬로 만들어내는 작업이 은밀히 수행되고 있었던 거지요. 히브리 사막에 바벨탑이 고도를 더해가던 그 무렵에 말입니다. 이 작업의 고도화된 형태가 바로 상형문자였습니다. 갑골에 새겨져 있던 그 무늬들 말입니다.

지상의 인간들이 이처럼 독자적 질서를 구축해가고 있을 무렵, 동방의 하늘에선 우려의 목소리와 탄식의 씩둑거림이 꽤나 무성했던 모양입니다. 전하는 바에 의하면, 황제黃帝의 사관史官 "창힐

蒼頡이 문자를 만들자 하늘이 곡식을 뿌렸고 귀신은 통곡했다"(『회남자』淮南子「본경훈」本經訓)는 겁니다. 귀신의 통곡은 지상에서 더 이상 일거리를 찾을 수 없는 것에 대한 회한이었을 겁니다. 그런데 곡식은 왜 쏟아졌던 것일까요? 그런데 주석을 보면 귀신이 통곡한 이유는 회한 정도가 아니었던 모양입니다. "창힐은 처음으로 새의 발자국 모양을 보고 서계書契를 만들었다. 그러자 사기와 허위가 생겨났다. 사기와 허위가 생겨나자 근본을 버리고 말단을 뒤쫓으며, 농사를 버리고 송곳과 칼을 날카롭게 연마하는 데 힘을 쏟게 되었다. 하늘은 인간이 굶주리게 될 것을 알고서 곡식을 뿌렸다. 귀신은 문서로 탄핵받을까 두려워 밤새 울었다."[7]

서계, 즉 문자가 생겨나자 기만과 사기술이 기승을 부리게 되었고 그 결과 인간에 의한 귀신 경영까지 가능하게 되었다는 이 해석은, '문명'文明이나 '문화'文化란 것의 본질을 다소 민망하게 짚어줍니다. 어떻게 이것이 가능했을까요? 여기서 우리가 주목해 봐야 할 것이 하나 있습니다. 문명과 문화에 공히 밑받침되어 있는 '문'文이라는 글자가 바로 그것입니다.

문이란 무엇인가

"文은 종횡으로 얽힌 무늬다."(文錯畵也) 『설문해자』說文解字라는 사전은 '文'을 이렇게 정의합니다. 고대 기물에서 이 글자는 주로 두 팔을 벌린 사람의 가슴에 어떤 문양이 그려진 모습으로 나타납니다. 이때의 문양으로는 ×, ∨ 형태가 일부 있고 내개는 남성의 심벌 모양이 주류를 이루는데, 이것의 정확한 의미에 대해서는 지금껏 의론이 분분합니다. 다만 '文'이 "사자死者의 미칭美稱으로 쓰였으며, 살아 있는 사람을 찬미하는 데는 사용되지 않았다"[8]는 건 분명한 것 같습니다. 죽은 자의 영혼이 혈액을 따라 빠져나간다는 당시의 믿음을 고려할 때, 시신의 가슴에 그려진 붉은 무늬는 산 자와 죽은 자를 매개하는 영적 교류의 양식이자 이별의 양식이었는지도 모릅니다. 그런데 이것이 오늘날의 '글월 문文'과 무슨 관련이 있단 말일까요?

비근한 사례들을 통해 이 점을 한번 생각해볼까요. 쉽게 이야기하면 요즘 유행하는 QR 코드 같은 걸 떠올리면 됩니다. QR 코드란 흑백의 격자무늬 패턴으로 정보를 나타내는 이차원 무늬의 그물이지요. 이 그물 속에 넣고 싶은 기본 정보를 다 넣을 수 있습니다. 첨단 디지털 테크놀로지를 상징하는 이 코드를 가만히 보고 있노라면 의외로 대단히 아날로그적이라는 느낌이 듭니다. 뿐만 아니라 묘하게 신학적인 충동마저 들기도 합니다. 흡사 '하늘을 떠다니는 거대한 전자두뇌' 같다고나 할까요. 이것의 어떤 측면이 이런 느낌을 갖게 만드는 것일까요? 바로 여기에 '무늬'의 우주론적인 성격이 감추어져 있습니다. 그렇다면 이걸 사람의 몸에 새겨보면 어떨까요? 이것이 바로 문신文身입니다.

문신도 일종의 무늬입니다. 요즘은 일회용 문신도 있는 모양이지만, 적어도 고대 사회에서는 장식 이상의 의미였습니다. 그것은 하늘과 소통할 수 있는 권능을 지닌 자의 상징이었습니다. 그 잔재는 아직도 '어깨'와 '덩치' 들의 팔뚝이나 등짝에 남아 있거

니와, 거기서도 왜 유독 호랑이와 용이 단골 메뉴가 되었는지에
대해선 굳이 부연치 않아도 좋을 겁니다. 무력의 신성성을 강변
하고 싶었을 테니까요. 부적 역시 무늬의 일종입니다. 누런 바탕
에 빨간 선의 이 무늬는 과학이라는 잣대에 의해 상당 부분 그 의
미가 미신의 영역으로 추방되고 말았지만, 아직도 일부 식당의
문지방 위나 누군가의 지갑 속에서 풍요와 안녕의 염念을 담고 있
는 걸 보면, 우리 시대 문화의 한 양식임을 거부할 이유는 없습니
다. 매년 입시철이 되면 이웃 나라에서 벌어지는 부적 열기도 마
찬가지 맥락입니다.

　도장 역시 그렇습니다. 오늘날엔 서양식 사인 문화가 대세를
이루면서 인감 폐지론이 대두되기도 하지만, '둥근 도장에 붉은
인주'라는 관념은 아직도 생활세계 곳곳에 건재합니다. (따지고
보면 사인 역시 '신의 지문'인 셈입니다.) 그런데 여기서 이런 질
문을 한번 던져보지요. 한글 도장과 한자 도장 가운데 어느 것이
더 그 사람의 존재성을 온전히 담아낼까요? 아마 대부분은 후자
라고 할 겁니다. 왜 그럴까요? 우리가 흔히 '도장체'라 부르는 이
분자는 진秦나라 공식 문사인 소전小篆인데, 상형문자에서 기호의
단계로 넘어가는 과도기의 한 형태입니다. 바로 다음에 정립되는
예서隸書나 해서楷書에 비해 회화적 성격이 훨씬 더 강합니다. 그
런 만큼 그 주름에 존재의 흔적이 훨씬 더 진하게 각인되어 있을
거라는 믿음은 자연스러운 게 아닐까요. 한글 도장이 왠지 밍밍
하고 심심해 보이는 이유도 이 흔적의 결핍 때문이겠지요. 그러
니 명함만은 기어이 한자를 고집하는 기성세대의 취향을 시대착

오라고 나무랄 일만은 아닙니다. 일종의 고전적 형태의 아바타 avatar니까요.

문의 분화 양상

이런 점은 '文'의 의미 분화 과정에서도 그대로 드러납니다. 문자의 역사에서 '文'은 '紋'과 '彣'이라는 글자를 파생시키는데, 모두 '무늬'라는 뜻입니다. 다만 앞의 무늬에는 실(糸)이, 뒤의 무늬에는 깃털(彡)이 추가되었을 뿐입니다. 여기서 전자는 그 의미가 대개 '질서'의 방향으로 나아가는 데 반해, 후자는 대개 '권력'의 방향으로 나아갑니다.

먼저 실이 갖는 맥락을 따라가볼까요. 원시 방직술의 기본 형태는 먼저 날실을 아래로 늘어뜨리고 그 끝에 방추차를 매단 다음 가로로 씨실을 얽어가는 방식이었습니다. 여기서 날실은 '경'經으로 씨실은 '위'緯로 불렸는데, 그러니까 경위란 직물이 만들어지기 위한 기본 얼개였던 것입니다. 그런데 이 얼개는 왠지 낯설지가 않습니다. 그도 그럴 것이 책에도 경서經書가 있고 위서緯書가 있는가 하면, 세계지도를 지탱하고 있는 두 축이 바로 경선經線과 위선緯線입니다. 왜 이런 계열적 질서가 만들어진 걸까요? 여기서 수직선인 '경'이 왜 '바이블'의 지위를 차지하게 되는지, 수평선인 '위'보다 왜 가치론적으로 우위에 서게 되었는지에 대해서는 잠시 미루어두기로 하겠습니다. 다만 서양 문명 역시 글을 의미하는 'text'가 직물을 의미하는 'texture'와 같은 의미 계열을 이루고 있었다는 점만은 짚어두기로 하지요.

한편 깃털의 의미도 가볍지는 않았습니다. 예를 하나 들어볼까요. 정치적 군장을 의미하는 '왕'王은 머리에 쓴 깃털 모자를 본뜬 글자로도 해석되는데, 이때의 머리 장식은 그 자체가 권력의 상징이었습니다. 서부 영화에 등장하는 인디언 추장의 깃털 모자를 생각해보면 됩니다. 오늘날 아름다움을 의미하는 '미'美 자 역시 사람(大)이 양가죽(羊)을 뒤집어쓴 모습이었으니까요. 중국 운남雲南 지방에 남아 있는 어느 암각화는 원시 마을의 일상과 권력 관계를 생생히 보여주는데, 여기서 모자의 크기는 권력의 크기에 정확히 비례합니다. 게다가 문명이 만개하면 할수록 모자는 더 크고 화려해지는데, 그리하여 마침내 '황'皇이라는 대형 모자가 만들어지게 됩니다.' 이 모자에 '황제'라는 의미를 덧씌운 사람이 진秦 시황제始皇帝였다는 것은 익히 알려진 사실입니다.

이런 식으로 빛나는 무늬는 하늘과 인간 세계를 매개하는 권능을 상징하게 되었고, 이 상징은 곧바로 현실 정치권력으로 이어졌습니다. 당시엔 이 일련의 의미를 '문창'炎彰이라는 말로 포괄했던 것 같습니다.[10] 그리고 이 '炎彰'에서 오른편의 깃털을 떼어내어 보다 인간화된 무늬로 만드는 데에는 그리 많은 시간이 필요치 않았습니다. 이것이 바로 '문장'文章, 즉 우리가 쓰는 글이었던 것입니다.

인문의 자리

위진남북조 시대를 살았던 유협劉勰이라는 사람은 『문심조룡』文心
雕龍이라는 최초의 문학 개론을 쓰면서 그 첫 문장을 이런 묘사로
시작합니다.

무늬(文)의 속성은 지극히 포괄적이다. 그것은 천지天地와 함께 생겨
났다. 어째서 그런가? 천지가 생겨나자 이어 검고 누름(玄黃)의 구분
이 생겨났고, 둥글고 네모남(圓方)의 구별이 생겨났기 때문이다. 해와
달은 하얀 옥을 겹쳐놓은 것과 같아 하늘에 붙어 있는 형상을 나타내
고, 산천은 비단에 새긴 자수와도 같아 땅에 펼쳐진 형상을 나타낸다.
이 모든 것들은 대자연의 무늬다. 위를 쳐다보면 해와 달이 빛을 발하
고, 아래를 내려다보면 산과 강이 아름다운 무늬처럼 펼쳐져 있으니,
이는 위아래가 확정된 것으로, 이로써 천지가 생겨난 것이다. 오직 인
간만이 어울릴 수 있으며 영혼을 지니고 있기에 이들을 삼재三才라
부른다. 인간은 오행五行의 정화요 천지의 마음이다. 마음이 생겨나
면서 언어가 확립되었고, 언어가 확립되면서 문장이 분명해진다. 그
것이 바로 스스로 그러한 이치(自然之道)인 것이다
이러한 이치를 이 세상 만물에 확대해보면, 동식물은 모두 나름의 아
름다운 색채와 모양을 가지고 있다. 용과 봉황은 아름다운 무늬와 색
채를 통해 상서로움을 나타내고, 호랑이와 표범은 그 얼룩덜룩한 무
늬와 색채를 통해 위엄스런 풍채를 드러낸다. 구름과 노을에 새겨진
화려한 색채는 화가의 교묘한 채색보다 더 뛰어나고, 초목의 꽃들은
굳이 자수 기술자의 신비한 솜씨를 빌리지 않아도 그 자체로 아름답

다. 이 모든 것들은 외부에서 가해진 장식이 아니다. 모두 저절로 그렇게 이루어진 것이다. ……의식이 전혀 없는 사물들에도 이토록 무늬가 찬란하거늘 마음을 지닌 인간에게 어찌 무늬(文)가 없겠는가.(『문심조룡』「원도」原道)

이는 고대 문화사의 성장에 관한 아름다운 증언이자 유협이 살았던 위진남북조 시대의 세계지도입니다. 보다 정확히 말하면, 혼돈의 세상 속에서 꿈꾼 이념적 지도입니다. 그는 이런 무늬의 네트워크 속에 자신이 살아가는 난세를 자리매김하고자 했던 것 같습니다. 그리고 그 정점에 글(文章)의 존재론적 자리를 마련하고 있습니다.

"의식이 전혀 없는 사물들에도 이토록 무늬가 찬란하거늘 마음을 지닌 인간에게 어찌 무늬가 없겠는가."

그러므로 이 한마디는 사람의 무늬, 즉 '인문'人文이라는 관점에서 볼 때, 고심에 찬 모색이자 모험이었습니다.

유협 시대의 이 무늬의 네트워크는, 송나라 때에 이르면 '리'理라는 개념을 중심으로 대대적인 개편을 맞이합니다. 흔히 우리가 '이치'理致, '도리'道理, '진리'眞理라고 할 때의 '리'理가 그것인데, 원래는 옥을 가공하기 전에 옥 자체의 결을 면밀히 살핀다는 의미였습니다. 흔히 '물결', '살결', '숨결' 할 때의 '결'이 딱 이 의미입니다. 송나라 신진 사대부들은 이 '리'를 절대적 진리(天理)의 수준으로 끌어올림으로써 성리학이라는 새로운 질서의 네트워크를 만들어내는데, 이것이 동아시아 중세사에서 6백여 년간 누린 영광은 우리가 익히 아는 바와 같습니다.

이로써 우리는 이제 '문리'文理라는 말의 본래적 의미를 이해할 수 있게 됩니다. 그리고 중국 문명사에서 천문—인문—지리라는 우주론적 네트워크의 위상과 의미에 대해서도 어렴풋이나마 이해할 수 있게 됩니다. 하늘의 무늬(天文)와 땅의 결(地理), 이를 사람의 무늬(人文)로 매개하고 전환하려는 모색의 과정이 곧 중국 문명이 걸어간 길인 것입니다.

이 모색이 조심스럽게 첫걸음을 떼던 그 지점에 무수한 뼈 무더기가 있었습니다. 그리고 거기에 하늘의 의지를 아로새겨가던 사람들이 있었습니다. 고대 중국의 문명사는 이들의 삶과 염원으로부터 성큼 발걸음을 내딛기 시작합니다.

두 번째 이야기

詩經

노래의 원향을 찾아서 『시경』

『시경』詩經이라는 책이 있습니다. 2천 몇 백 년 전 사람들의 노래 모음집입니다. 가락은 전해질 길이 없어 가사만이 남았고 그마저 유학자들의 손장난으로 누더기가 되어버린 책이지만, 그 속엔 그 옛날 사람들의 꿈과 사랑, 슬픔과 기쁨이 생생히 꿈틀대고 있습니다.

그런데 이 책을 펼치다보면 우리는 그 초입에서 뭔가 성글고 어설프지만 단단히 응축된 한 무리의 노래를 만나게 됩니다. 그건 그저 여항閭巷을 떠돌던 범속한 노래일 뿐인데도, 거기엔 뭐랄까, 노래의 모형母型이랄까 원형질이랄까, 아무튼 그런 것을 떠올리게 만드는 묘한 힘이 존재합니다. 어쩌면 이 책을 여는 순간 우리는 이미 노래가 익어가는 어떤 마을의 한 어귀에 자리하게 되는지도 모르겠습니다.

노래가 익어가는 마을이라니, 안타깝게도 지금의 우리로서는 이 마을의 풍경을 짐작조차 할 길이 없습니다. 그러니 그저 우리 시대가 잃어버린 배냇소리의 기억을 더듬어보는 수밖에요. 하여 노래의 부름이 있다면 그 가슴 설레는 여정을 마다할 이유가 없습니다. 더구나 노래의 원향原鄕으로부터의 초대라면 더욱 그렇습니다. 우리의 두 번째 기행은 바로 이 어름에서 시작됩니다.

『시경』이라는 책

책을 열면 제일 먼저 우리를 맞이하는 것은 한 무리의 바람(風)입니다. 국풍國風이라 불리는 이 장은 주周나라 때 각 제후국에서 불리던 여항의 노래들인데, 이는 다시 주남周南, 소남召南, 패邶, 용鄘, 위衛, 왕王, 정鄭, 제齊, 위魏, 당唐, 진秦, 진陳, 회檜, 조曹, 빈豳 등 15개국으로 나뉘어 있습니다. 제나라의 노래는 제풍, 빈나라의 노래는 빈풍, 이런 식으로 말입니다. 이들 나라는 오늘날 중국 지도에서 보면 섬서陝西, 하남河南, 하북河北, 산동山東, 산서山西, 호북湖北 등 주로 황하 중·하류 유역에 해당하는데, 황하 문명의 발상지가 바로 이곳입니다. 이어서 소아小雅라는 장이 등장하는데, 주周 천자天子의 직할지에서 불리던 노래, 그러니까 경기京畿 지방의 민요입니다. 다음으로 주 왕실의 의례에 쓰이던 노래인 대아大雅가 등장하고, 마지막으로 종묘제례악인 송頌이 대미를 이룹니다. 이리하여 국풍 160편, 소아 74편, 대아 31편, 송 40편 해서 도합 305편의 노래가 실려 있는데, 그래서 흔히들 『시경』을 '시삼백'詩三百이라 부르기도 하는 것이지요.

　『시경』의 백미는 아무래도 국풍입니다. 내용으로 보나 편수로 보나 그렇습니다. 국풍은 사랑 노래가 주류를 이루고 있지만, 세상살이의 시난고난함을 토로하거나 세상의 암흑과 부조리를 풍자한 노래도 적지 않습니다. 전하는 기록에 의하면, 봉건제가 실시되던 주나라 시절엔 좀 희한한 관직이 하나 있었던 모양입니다. 채시관採詩官이라 불리는 관직이 그것이었는데, 제후들이 정치는 잘하고 있는지 백성에게 불만은 없는지 이른바 민정을 감찰하기 위해 주 천자가 파견한 관리였다는 겁니다. 그런데 이들을 통해 민심의 동향을 파악하는 방식이 꽤나 재밌습니다. 오늘날 관점에서 보면 낭만 어린 이야기로 들릴지 모르지만, 저잣거리에 떠도는 노래를 채집함으로써 민심의 소리를 들었다고 하니까요. 이런 식으로 채집된 노래들이 국풍이라는 형태로 정리되었다는 것인데, 진짜 그랬는지 어땠는지는 알 길이 없습니다. 또 다른 학설로는 전해오는 노래들을 공자孔子가 정리했다는 것이 있습니다. 전해오는 죽간들을 나름의 기준에 따라 채울 것은 채우고 이을 것은 잇고 제할 것은 제해서 오늘날 우리가 보는 『시경』이 만들어졌다는 겁니다. 그의 권위 때문인지는 모르지만 그간 학계에서 꽤나 유력한 학설로 받아들여져 왔습니다. 하지만 이 역시 그 진위를 확인할 길은 없습니다.

이 이야기를 하다보니 문득 떠오르는 기억이 하나 있습니다. 저 서슬 퍼런 군사정권 시절 '5·16 광장'을 뜨겁게 달구었던 축제 하나가 그것입니다. '국풍81'로 명명된 이 축제는 당시 문화 정책을 담당하던 어떤 이가 기획한 이벤트로 알려져 있는데, 지금도 '시월의 마지막 밤'이면 듣게 되는 노래의 주인공이 이 무대를 통해 이름을 내밀었습니다. 들리는 말로는 이 이벤트의 기획자가 서권기書卷氣와 문자향文字香을 제법 풍기고 다녔던 모양인데, 그의 문리文理가 2천 몇 백 년 전 민초들의 노래에까지 닿아 있었을 줄 누가 알았겠습니까. 그러나 그들의 '국풍'은 자기들 손으로 물들인 남도 땅 피비린내를 덮으려는 얄팍한 수작이었을 뿐 민심의 소리를 듣는 일과는 애당초 무관한 것이었습니다.

국풍의 성격

그런데 여기서 이런 의문이 하나 듭니다. 왜 하필이면 '바람'이었을까요? 참 오묘하고 멋들어진 표현이긴 하지만 선뜻 그 의미가 다가오질 않습니다. 이야기인즉슨 노래가 곧 바람이라는 것인데, 대체 이게 무슨 말일까요?

『시경』 속을 횡행橫行하고 있는 이 바람을 제대로 맞이하기 위해서는 고대 중국의 풍속사 속으로 들어가 보지 않으면 안 됩니다. 그러면 이 바람이 추상적인 레토릭이 아니라 눈에 보이지는 않지만 살갗에 와 닿는 어떤 실감의 세계임을 감지하게 됩니다. 이것의 실재성과 그 효용을 공자는 이런 말로 표현하고 있습니다.

너희는 어찌하여 시를 배우지 아니 하는가? 시는 가히 감정을 불러일으키고 세상을 보게 하며 더불어 살게 하고 원망하게 한다. 가까이로는 아비를 섬기고, 멀리로는 임금을 섬기며, 새·짐승·초목의 이름을 많이 알게 되리라.(『논어』論語 「양화」陽貨)

'흥관군원'興觀羣怨, 즉 시의 심미적·인식적·사회적·비판적 효용에 관한 포괄적인 이 언설은 국풍의 민속학적 성격을 우회적으로 대변해주고 있습니다. 예를 하나만 들어볼까요. 춘추 시대 위衛나라에 선강宣姜이라는 여인이 있었습니다. 그녀는 선공宣公의 큰아들과 약혼한 사이였습니다. 그런데 그녀가 어느 날 시아버지와 눈이 맞아 왕비가 되었습니다. 그것도 모자라 한때 자신의 약혼자였던 큰아들을 죽이는 데 앞장섭니다. 그 뒤 그녀는 사태를 만회하기 위해 약혼자의 동생과 다시 혼인을 맺는데, 벌써 저잣거리에선 이런 노래가 유행하고 있었습니다.

메추라기 쌍쌍이	鶉之奔奔
까치는 짝짝이	鵲之疆疆
사람 같지도 않은 걸	人之無良
형으로 삼아야 하나	我以爲兄
까치는 짝짝이	鵲之疆疆
메추라기 쌍쌍이	鶉之奔奔
사람 같지도 않은 걸	人之無良
님으로 삼아야 하나	我以爲君

— 용풍鄘風 「메추라기 쌍쌍이」(鶉之奔奔)

결국 선공의 총애마저 아들의 미혼 처에게 뺏기고 만 그녀는 끝내 자결로 패륜의 삶을 마감하고 맙니다. 그런데 이 노래는 기원전 545년의 어느 외교 연회석에서 노래 겨루기를 하는 가운데 다시 등장합니다. 그러나 이 자리에서 불린 노래엔 이미 적지 않은 인용의 때가 묻어 경구警句적 색채마저 띠게 됩니다. 야심에 가득 찬 한 인물이 상대국 재상을 향해 자신과의 정치적 결탁을 촉구하며 넌지시 이 구절을 전고典故로 던졌으니 말입니다.

"메추라기 쌍쌍이, 까치는 짝짝이!"[1]

국풍의 민속학적 성격을 환기시켜주는 또 하나의 노래가 있습니다. 정풍鄭風에 실린 「진유」溱洧라는 노래가 그것입니다.[2]

진수와 유수	溱與洧
봄물이 넘실넘실	方渙渙兮
총각과 처녀	士與女
난초를 들고 있네	方秉蕳兮
처녀가 이르기를, 보셨나요?	女曰觀乎
총각이 대답하길, 이미 봤지요	士曰旣且
또 보러 가요	且往觀乎
유수 바깥은	洧之外
환락의 초원	洵訏且樂
총각과 처녀	維士與女
놀다 희롱하다	伊其相謔
작약을 주네	贈之以勺藥
진수와 유수	溱與洧
맑은 물이 철철	瀏其淸矣

총각과 처녀   士與女

꾸역꾸역 모여드네   殷其盈矣

처녀가 이르기를, 보셨나요?   女曰觀乎

총각이 대답하길, 이미 봤지요   士曰旣且

또 보러 가요   且往觀乎

유수 바깥은   洧之外

환락의 초원   洵訏且樂

총각과 처녀   維士與女

놀다 희롱하다   伊其將謔

작약을 주네   贈之以勺藥

　　　　　　　　　　　　—정풍「진유」

　지금부터 2천 오륙백여 년 전 어느 봄날, 진수溱水와 유수洧水가 만나는 정나라 어느 들판—지금의 하남성河南省 밀현密縣 일대로 추정되는—으로 청춘 남녀들이 하나둘씩 모여들고 있었던 모양입니다. 그들의 얼굴엔 봄날의 춘정이 무성했고, 그들의 손에는 난초머 작약이 한 줌씩 들려 있었습니다. 풀숲 곳곳에선 벌써 섣부른 사내들의 사랑 노래가 하늘로 퍼졌고, 처녀들의 수줍은 가락이 이를 받는 듯 마는 듯 땅에 깔리고 있었습니다. 처녀들의 가락은 강물에 실려 끊어질듯 다시 이어졌고, 사내들의 노래는 바람을 타고 솟구쳤다 이내 깊숙이 떨어졌습니다. 간혹 홀로 떠도는 소리가 있긴 했으나, 독창은 대개 대창對唱으로 이어졌고 대창은 때론 합창으로 모아시기도 했습니다. 그러기를 몇 굽이, 달뜬 소리가 절정으로 치달을 무렵이면 으레 처녀들은 밀어내듯 당기듯 사내들의 구애를 받아들였고, 짝을 이룬 남녀는 이제 은밀한 풀숲을 찾아 뿔뿔이 자리를 뜨고 있었습니다. 하늘엔 가뭇없이 바람이 일었고 땅에선 무심히 강물이 출렁이던 봄날이었습니다.

이날 이 야회野會의 성격을 설명하는 일은 2천 오륙백 년이란 시간의 간극에도 불구하고 의외로 어렵지 않습니다. 적지 않은 풍속사적 자료가 고대 사회의 계절제 전통에 대해 상세한 주석을 가하고 있기 때문입니다. 비록 양상의 차이가 있긴 했지만, 정나라의 이 회동은 진陳나라의 완구宛丘 회동이나 노魯나라의 기수沂水변 방죽 회동과 본질적으로 동일한 것이었습니다. 그것은 그 성격에 있어 우리네 강릉 단오제와도 맥락을 같이하는 것이었습니다. 그럼에도 불구하고 이날 들판에 울려 퍼진 노래 자체에 대해서는 여전히 모호한 구석이 남아 있습니다. 대관절 노래가 무엇이기에, 그것의 어떤 힘이 이날 이들의 낯선 만남을 야합野合의 황홀경으로까지 몰고 갔던 것일까요?

해석의 문제들

흥미로운 것은 이 노래에 대해 주석가들이 보인 태도입니다. 노래—곧 시詩—의 효용을 충분히 긍정한 공자조차도 유독 이 정풍鄭風에 대해서만은 반감을 감추는 법이 없습니다. 『논어』에 드러나는 반감의 요지는 '즐겁되 음란하지 않고'(樂而不淫) '슬프되 다치지 않는'(哀而不傷) 그런 맑은 내면의 상태—공자는 이런 상태를 일러 ‘사무사’思無邪라 했습니다—를 정나라 노래가 해치고 있다는 것입니다. 이런 시선은 이 노래에 대한 이후의 평가를 어느 정도 예단케 합니다.

한대漢代 문화정치의 권위자 정현鄭玄의 주석에도 못마땅한 기색은 역력합니다. 그는 “총각과 처녀/난초를 들고 있네”란 구절을 풀이하면서 넌지시 이렇게 우려를 표명합니다.

“짝이 없는 방탕한 총각과 처녀는 봄기운에 들떠 함께 나가 향기 나는 꽃을 뜯으며 향락에 몸을 맡겼다.”

그런가 하면 “놀다 희롱하다/작약을 주네”라는 구절에 대해선 불편한 심기를 노골적으로 드러냅니다.

“부부간의 일을 벌이고 나서 이별할 때 총각이 처녀에게 사랑의 징표로 작약을 주었다.”

정현 주석학의 권위를 고려할 때, 향후 이 노래의 운명이 순탄치 않을 것임은 미루어 짐작할 만한 일이었습니다.[3]

이런 식의 의도적 오독은 비단 이 노래에 국한된 것은 아니었습니다. 국풍의 애정가요 전반에 대한 유학자들의 장난은 제법 심각한 수준에까지 이릅니다. 이를테면 『시경』의 첫 페이지를 장식하는 「관저」關雎는 남녀지간의 인지상정을 노래한 평범한 사랑가입니다. ‘관관저구關關雎鳩……’로 시작되는 그 노래 말입니다. 그런데 이 노래가 어느 날 난데없이 주나라 문왕文王의 교화를 찬양하고 그 후비后妃의 덕을 칭송하는 노래로 둔갑합니다. 허다한 사랑 노래가 이런 도덕주의적 해석학의 잣대에 의해 덧칠되거나 왜곡되거나 망실되어버린 거지요. 여기에 훗날 신유학의 엄숙주의가 덧씌워지면서 급기야 국풍 속의 '남녀상열지사'는 대개 '음란한 노래'(淫風)의 대명사가 되고 맙니다.

노래의 원형을 찾아서

그런데 정작 여기서 주목해야 할 것은 이 노래의 양식과 구조입니다. 노래 전체는 총 2절로 이루어져 있는데, 네 글자(4언)가 기본이 되는 각 절은 반복과 중첩을 기조로 하면서 부분적으로 대구를 엇섞고 있습니다. 후렴으로 이루어진 두 절의 후반부는 대구를 통해 제시된 전반부의 두 세계를 재생하고 수렴하면서 이를 떠받치는 공동의 토대로 기능하고 있습니다. 이렇게 볼 때 여기에는 이미 노래 일반의 기본형이 거의 완벽하게 매핑mapping되어 있는 셈입니다. 이해를 돕기 위해 우리 시대의 노래 한 곡을 불러와 보기로 할까요.

꽃이 지네
산과 들 사이로
꽃이 지네
눈물같이
겨울이 훑어간 이곳
바람만이 남은 이곳에
꽃이 지네
꽃이 지네

산과 들 사이로

꽃이 피네
산과 들 사이로
꽃이 피네
눈물같이
봄이 다시 돌아온 이곳
그대 오지 않은 이곳에
꽃이 피네
꽃이 피네
산과 들 사이로
— 김광석,「꽃」

2천 몇 백 년이란 시간의 간극에도 불구하고 이 두 노래가 보여주는 구조적 유사성을 우리는 어떻게 이해해야 할까요? 동서고금을 막론하고 왜 모든 노래는 두 세계의 대립과 화해, 밀고 당김, 수렴과 확산, 반복과 재생 등의 요소를 요구하는 것일까요'? 그리고 이때의 두 세계란 구체적으로 어떤 사태를 지칭하는 것일까요? 이 물음에 답하기 위해서는 다소 번거롭지만 제법 먼 길을 에돌아가야 합니다.

놀이와 경쟁

『시경』 연구의 새 지평을 개척한 그라네Marcel Granet는 그날의 현장을 이렇게 전하고 있습니다.

> 청춘 남녀의 두 합창대 안에서 각 연기자는 가장 강렬한 감정을 분출하면서 서로를 향해 나아갔다. 그들은 점점 더 민감해지면서 대립과 접근을 통해 자신들을 완전히 사로잡고 있는 감정을 분출시켰는데, 그러한 감정은 모두 그들의 행동, 곧 동작과 음성으로, 동작과 음성을 동반한 흉내 내기로 표현되었다. 아직 서로가 낯선 그들이 서로 마주 보고 서면, 모든 참석자들은 그들의 만남을 지켜보았다. 그들이 속한 집안의 평판이 그들의 거동에 달려 있었기 때문이다. **경쟁심을 자극받은 두 합창대는 서로 동작과 말로 화답하는 경쟁을 시작한다.** 그것은 두 군대가 쏜 화살이 공중에서 교차하는 것과 같은 것이다. 각 합창대는 차례가 돌아오면 몸짓으로 응수했다. 그것은 마치 두 편으로 나뉘어 선 선수들이 공을 서로 던지고 받는 것과 같았다. 공이 돌아오면 처음 시작한 편이 다시 공을 보내고, 그러면 상대편이 다시 그쪽으로 보내는 식으로 번갈아가면서 끝까지 놀이를 진행한다. 경쟁이 진행되는 동안 즉흥적인 흉내 내기가 반복된다. 이 반복된 응수야말로 시어의 특징인 리듬의 원리이다.[4]

이 아름다운 묘사 위로 떠오르는 풍경이 하나 있습니다. 주말이면 청춘들로 붐비는 여느 젊은이 거리의 한 풍경입니다. 광장에선 한창 두 무리의 아이들이 편을 나누어 저마다의 끼를 겨루고 있는 중입니다. 리듬에 몸을 실은 한 아이는 엎치락뒤치락 넘어지고 자빠지며 으르듯 조롱하듯 상대를 자극합니다. 리듬이 가파를수록 율동은 격해지고, 땅을 지향하던 몸은 어느새 공중제비를 그립니다. 그러기를 몇 차례, 이윽고 리듬의 틈새를 타고 상대편 한 아이가 응수를 하고 나섭니다. 그는 그간의 모욕을 흉내 하나로 간단히 되돌려주면서 이내 분위기를 이쪽으로 끌고 옵니다. 몸짓이 고조될수록 판세는 평형을 회복하고, 보복의 염念이 깊어질수록 전세는 점점 이쪽으로 기울어집니다. 땅에 몇 번이고 머리를 처박던 그는 급기야 저 자신이 바람개비가 되는데…….

  'B-boy'라 불리는 아이들의 '배틀'battle에서 그 옛날 축제의 현장을 떠올리는 일은 정황상의 오치誤置에도 불구하고 얼마든지 가능합니다. 이 두 현장을 이어주는 계통 발생의 흔적은 적어도 이론 차원에서는 어렵지 않게 발견됩니다. 2천 몇 백 년이란 시간의 간극을 넘나들며 부단히 반복되고 재생되는 형식들, 양식들. 거기서 우리는 문화사의 끈질긴 지속성을 새삼 확인하게 됩니다. 어떻게 이것이 가능했을까요? 통시적인 이해를 위해 먼저 우리는 이 두 현장에 농濃히 일렁이고 있는 어떤 강렬한 분위기에 주목할 필요가 있습니다. 무엇일까요? 이 두 현장을 넘나들며 연결해주는 저 강렬한 충동은.

놀이의 의미론

문화사가 文化史家 호이징하J. Huizinga는 '문화의 놀이적 요소'를 고찰하는 과정에서 흥미로운 결과를 하나 제시합니다. 동서양 각 문화권에서 통용되는 '놀이'에 관한 어휘는 대개 다음과 같은 의미론적 폭과 높이를 드러낸다는 것입니다. ① 깡충깡충 뛰기, 흉내 내기 ② 손으로 만지작거리기, 만들기 ③ 가벼운 휴식이나 유희 ④ 내기, 경쟁, 싸움, 모임이나 판(마당) ⑤ 농담, 익살, 장난, 상대방에 대한 비방이나 조롱, 괴롭힘 ⑥ 바람과 파도의 왕복 운동이나 흐름 ⑦ 원초성, 혼융성, 미분화성 ⑧ 빛의 반짝임 ⑨ 갓난아이의 옹알이, 노래 ⑩ 고통, 수난 등등.[5]

더 흥미로운 것은 우리말 '노(ㄹ)-' 계열의 의미군에서도 이런 폭과 높이가 거의 그대로 드러나고 있다는 점입니다. '놀다', '놀이', '노래', '놀부', '노름' 등이 그렇고, '노리쇠'(왕복운동을 하는 총의 격발장치), '너울'(파도를 나타내는 남도의 방언), '노을'(사물이 제 본질로 돌아가는 시간의 모습), '놀소리'(갓난아기의 옹알이) 등이 그렇습니다. 시공간을 넘나드는 이런 보편성을 대체 어떻게 받아들여야 할까요?

고대 중국의 경우도 예외는 아니었습니다. 거기서 '놀이'를 지칭하는 용어는 '爭'이었습니다. 오늘날 '다툴 쟁'으로 읽히는 이 글자는 그저 다툼과 싸움에 국한된 말만은 아니었습니다. 그것은 대립을 용인하면서도 아우르고 상대를 밀어내면서도 끌어안는, 매우 독특한 개념이었습니다. 문자학적 고찰은 이 글자의 원래 모습이 가운데 뭔가를 두고 위아래 손 두 개가 줄다리기를 하고 있는 형상임을 말해줍니다. 이때의 뭔가는 제의와 연관된 기물로 추정되는 종鐘입니다. 이후 편종이라는 악기에 매달리게 되는 그 종 말입니다. 지상과 하늘을 소통하는 그 신성한 소리를 빼앗기 위해 서로 밀고 당기는 모습, 이것이 지금 우리가 추정해볼 수 있는 '爭'의 대체적인 모습입니다. 그렇다면 이 글자엔 이미 팽팽한 모종의 장력張力이 작동하고 있는 셈입니다. 이를 구태여 번역하면 '맞짱' 정도가 되는데, 이 장력은 수평적으로만 작동하는 것이 아니라 수직적으로도 작동한다는 데에 문제의 핵심이 있습니다. 이것이 '爭'이란 글자가 만들어내는 의미론적 장이며, 앞의 두 현장을 일렁이던 충동의 정체 역시 이런 성질의 것입니다.

이런 의미에서 '놀이 충동'은 충분히 우주적입니다. 이를 다른 말로 번역하면 이런 물음 정도가 됩니다. 말 하나하나가 하늘의 기운을 올라타고 몸짓 하나하나가 땅의 운기運氣를 담아낼 순 없을까? 그리하여 지상의 시간이 우주적 시간에 아늑히 깃들 수는 없는 것일까? 이런 사태는 이미 우주론적 섹슈얼리티 그 자체입니다. 그렇다면 이제 이런 질문이 필요한지도 모릅니다. 무엇이 이들로 하여금 우수를 놀이하게 만들었을까요? 그리고 그것은 어떤 방식으로 노래의 토대가 되었던 것일까요?

놀이의 양상들

우리의 하루 일상을 한번 떠올려보지요. 그 기본 틀은 대개 아침에 일어나 출근하고 노동하다 저녁에 퇴근해 휴식하다 잠드는 사이클로 이루어져 있습니다. 이때 아침과 저녁은 두 시간성—달의 시간/태양의 시간, 휴식의 시간/노동의 시간, 죽음의 시간/삶의 시간—이 교체되는 전환점으로, 정서적 밀도와 파장이 가장 극대화되는 시간입니다. 그래서 해 지는 저녁 무렵은 그렇게 외롭고 옆구리가 시린 거겠지요. 이 시간에 듣는 쳇 베이커Chet Baker의 트럼펫 소리가 가슴을 후비고 드는 것도 바로 이런 이유입니다. 그렇다면 이런 하루의 사이클을 1년 단위로 확장해보면 어떻게 될까요?

축제가 벌어지던 그 마을의 봄날도 그랬습니다. 마을의 일상에서 춘분春分은 중요한 전환점이었습니다. 책력冊曆, 즉 캘린더에 의하면, 한 해는 스물 네 절기를 단위로 돌고 도는 것이었습니다. 시작도 끝도 없고 방향도 정처도 없는 것이 시간이었지만, 그럼에도 한 해는 질감과 작용과 경영 주체에 따라 두 양상으로 구분되었습니다. 견우牽牛의 시간과 직녀織女의 시간이 그것이었습니다.

추분秋分에서 춘분에 이르는 한 해의 절반은 음습한 지하의 시간이자 죽은 자들의 시간이었습니다. 이 음산한 시간의 씨실과 날실을 직조해가는 주체는 직녀들이었습니다. 이에 반해 춘분에서 추분에 이르는 다른 절반은 햇빛 찬란한 지상의 시간이자 산 자들의 시간이었습니다. 이 양명陽明한 시간의 골과 이랑을 개간해가는 주체는 견우들이었습니다. 『주역』周易에서 말하는 "그늘 한 번에 햇살 한 번이니 그걸 일러 도道라 하느니라"(一陰一陽謂之道)는 말의 의미가 바로 이것이었습니다. 춘분과 추분은 직녀의 시간과 견우의 시간이 만나는 장소였습니다. 춘분이 되면 겨우내

닫혀 있던 마을 목책 문이 열렸고 이 문으로 수많은 사내들이 들로 산으로 길을 나섰습니다. 다시 추분이 되어 그들이 돌아오면 이내 문이 닫혔고 그때부터 마을은 아낙들의 천하가 되었습니다. 가로되 "한 번 열고 한 번 닫히니 그것을 일러 변화라 하고, 가고 옴이 끝이 없으니 그것을 일러 지속이라 하느니라"(一翕一闢謂之變, 往來不窮謂之通)가 바로 그것이었습니다.[6]

　『시경』은 지상의 삶의 이런 리듬을 다음과 같이 기록하고 있습니다.

오월엔 여치가 울고

유월엔 베짱이가 울며

귀뚜라미는

칠월엔 들에

팔월엔 처마 밑에

구월엔 문 앞에 있다가

시월엔 침상 밑으로 들어오네

그러면 집 안의 구멍 막고

불로 쥐를 쫓으며

북향 창 막고 진흙으로 문을 바르네

아아, 처자들이여!

해가 바뀌려 하고 있으니

방으로 들어와 편히 쉬기를!

　　— 빈풍豳風 「칠월」七月 부분

춘분을 기점으로 마을에선 봄맞이 준비가 본격적으로 시작되었습니다. 마을에선 겨울 내내 동거한 망자들을 보내는 송별연이 성대히 벌어졌고(청명淸明의 유래), 집집이 마당에서는 화로에 깃든 불의 정령을 보내는 환송연이 한 끼 찬밥 식사로 차려졌는가 하면(한식寒食의 유래), 동쪽 시냇가 흐르는 물에선 죽음의 기운을 씻어내는 세례식이 산발한 여인들의 목욕으로 치러지기도 했습니다(단오端午의 유래). 살아 있는 것들이 춘정을 가누지 못해 신열을 앓는 것이 이때였고, 비린 것들이 춘심을 이기지 못해 몸살을 앓는 것도 이때였으며, 이를 알기라도 하듯 산천 곳곳에서 대대적인 축제가 벌어지는 것도 바로 이때였습니다.

놀이와 노래

마스페로H. Maspero는 이런 축제가 중국뿐 아니라 벼농사가 행해지는 동남아 전역에서 행해졌음을 일러줍니다. 현지 조사를 통해 그가 채집한 자료 중에는 중국 남부 태족傣族의 봄날 동굴 축제에 관한 것이 남아 있습니다. 이 자료는 그날 두 청춘 남녀가 노래로 벌인 경쟁의 양상을 실감나는 가사로 전해줍니다.

【사내】 나의 아가씨, 나의 어린 아가씨. 당신을 껴안도록 허락해주오. 내 손을 뿌리치지 마오. 나는 못생겼지만 내가 당신 어깨에 손을 얹을 때 밀쳐내지 마오.……당신의 남편이 되기 전에 잠시 기대게 해주오. 나는 당신과 가까워지고 있으니, 어여쁜 아가씨, 밀쳐내지 마오. 오!

나는 가까이 다가가고 있소. 나를 뿌리치지 마오.

【처녀】 나는 내가 못생겼다고, 몹시 못생겼다고 생각해요. ……나는 야만인처럼 검어요. 나 같은 얼굴은 귀공자들과는 전혀 어울리지가 않네요. 잘생긴 당신은 귀한 아가씨한테나 가세요. 내가 당신에게 몸을 맡기면 마을에서 나쁜 평판을 얻게 될 걸요. 내가 당신의 정인이 된다면 동네에서 나쁜 평판을 얻게 될 걸요. 오! 이 애타는 마음이여!

【사내】 나는 우리가 함께 이야기할 수 있는 곳, 우리가 사랑의 밀어를 주고받을 수 있는 곳, 그 집에서 같이 살기 위해 작은 꽃인 당신을 데려가겠소.

【처녀】 내 운명이 당신의 운명에 반하는 거라면 어쩔 수 없지요. 내 팔자가 당신의 팔자에 반하는 거라면 어쩔 수 없지요. 막대기와 막대기가 부딪치면 연약한 것이 부러지는 법. 우리 둘 가운데 더 약한 사람이 부러질 테지요.

【사내】 당신이 죽어서 물이 된다면 나는 죽어서 물고기가 되겠소. 당신이 죽어서 논이 된다면 나는 기꺼이 벼가 되겠소. 당신이 죽어서 술이 된다면, 나는 죽어서 나무 빨대가 되겠소. ……나는 당신 곁에 잠들기 위해 당신이 죽어 묻힐 산을 사겠소. 오! 사랑하는 사람이여.

【처녀】 까마귀는 자리에 앉는 걸 피할 수 없는 법. 물고기는 그물에 걸리는 걸 피할 수 없는 법. 처녀는 며느리가 되는 걸 피할 수 없는 법. 결혼하면 남편의 집을 피할 수 없는 법. 오! 애타는 마음이여![7]

늘 그랬듯 먼저 운을 띄운 것은 사내였습니다. 이어서 처녀가 화답했지만, 이것이 흔쾌한 수락을 의미하는 것은 아니었습니다.

가사에 드러나는 대로, 사내는 끈질기게 밀어붙이고 있지만 처녀
는 이를 받아들이는 듯 마는 듯 슬쩍 건드렸다 빠지고 또 머뭇거
렸다 나아갑니다. 음조를 바꿔가며 두세 시간에 걸쳐 진행된 이
경쟁은, 그들이 알고 있는 모든 레퍼토리가 소진된 뒤 더 이상 즉
흥적 순발력으로도 채울 수 없는 지경이 되어서야 끝이 났다고
합니다. 그 끝은 대개 합환合歡의 몽경夢境이었습니다.

『시경』은 지상의 놀이의 기록

이제 이즈음에서 이번 기행을 갈무리해볼까요. 고대 중국의 축제
는 우주적 시간과 벌이는 한바탕의 진지한 놀이였습니다. 좀 더
정확히 말하면, 우주적 시간 자체를 놀이하는 거룩한 제의의 한
마당이었습니다. 우주적 리듬을 생활 세계의 리듬으로 옮겨 오는
일, 다시 말해 바람의 흐름(風流)을 삶의 질서로 전이해오는 일, 이
러한 위상 전환에 축제의 본령이 있고 또 놀이의 본령이 있었던
것입니다.

축제의 하이라이트는 노래와 춤을 동반한 집단 경쟁이었습니
다. 이때의 경쟁은 우주적 삶의 이원성에 대해 이 마을 사람들이
보인 조응(correspondence)의 한 양식이었습니다. 『주역』이 전하는
대로, "양陽이 부르면 음陰이 화답"했습니다. 이런 순연한 방식으
로 '놀이'는 '놀개'가 되고 또 '놀애'는 '노래'가 되었습니다. 그리
하여 노래는 바람을 놀이하게 되었고, 그 결과 모든 노래(諷)엔 바
람(風)의 언어(言)가 배어 있기 마련이었습니다. 이 언어가 대립과

마찰, 경쟁과 갈등, 변주와 화해, 반복과 재생 등의 방식으로 이후 모든 노래의 메아리가 된 것은 이런 의미에서 자연스런 일이었습니다.

『시경』은 이런 놀이가 벌어지는 지상의 놀이터에 관한 생생한 기록입니다. 사람의 문명은 이러한 놀이로부터 비롯되었다는 것, 이 놀이에서 노래가 탄생했다는 것, 그러므로 모든 노래는 창조하는 것이 아니라 흘러갈 뿐이라는 것, 이는 『시경』 속 어느 마을의 바람이 우리에게 전해주는 속삭임입니다. 흘러가는 세계를 흘러가지 못하는 언어로 부여잡는 일, 그리고 이 일의 근본적 모순과 불가능성……. 『시경』은 이 근본적인 모순과 불가능성에 대한 고대 중국인들의 회음回音입니다. 그러니 혹여 노래를 꿈꾸는 자, 이 마을 어귀를 한참 서성여야 할 겁니다.

세 번째 이야기

周易

흐르는 것이 강물뿐이랴 『주역』

앞서 우리는 흘러가는 세계를 흘러가지 못하는 언어로 부여잡으려는 문명의 모험에 대해 살펴본 바 있습니다. 세계는 '쉼 없이 생성되고 생성될'(生生不息) 뿐이라는 것, 세계는 과정(process)의 연속에 불과하다는 것, 여기서 누가 이것을 만들었는가는 전혀 중요하지가 않다는 것, 중요한 건 어떻게 이것과 더불어 흘러갈 수 있느냐라는 것, 이는 고대 중국의 문명사가 우리에게 일러주는 우주적 삶의 모습입니다. 이는 흘러가는 강물 앞에서 공자가 던진 한 마디, 즉 "가는 것이 이와 같구나. 밤낮을 그치지 않는구나!"(『논어』「자한」子罕)라는 표현에서도 여실합니다. 중국의 문명사는 이 스러져가는 것, 흘러가는 것을 부여잡는 기술을 모색하고 고안하는 과정에서 형성되었다 해도 과언이 아닙니다. 그런데 눈에 보이지도 않으면서 그저 무심히 흘러갈 뿐인 그 무언가를 어떻게 부여잡을 수 있을까요?

이번 기행의 주제는 흘러가는 그 무엇, 즉 시간을 눈에 보이는 이미지로 표상하려는 문명의 노력입니다. 그 대상은 우리가 잘 아는 『주역』周易이라는 책입니다. 『주역』은 우리에게 '공자 왈'만큼이나 익숙한 책이라는 점에서도 그러하거니와, 우리 일상 속에 아직도 버젓이 자리하고 있다는 점에서 일단 입을 떼기가 쉽지 않습니다. 그도 그럴 것이 강단 철학계 내부의 두터운 벽도 벽이려니와, 세칭 역리易理에 통달했다는 강호의 고수들이 도처에 즐비하기 때문입니다. 웬만해서는 이 세계에 명함을 내밀기도 어려울뿐더러 어줍지 않은 설을 입에 담았다간 죽장 세례를 당하기가 딱 좋은 것이 바로 이 동네입니다. 그러니 이번 기행에서는 입단속이 의외의 미덕이 됩니다. 그래서 가급적 기행의 방식도 이 책에 관한 기본 지식을 소개하는 수준으로 진행하는 것이 좋을 듯합니다. 이 선을 넘는 순간 불가피하게도 첩첩산중에 오리무중의 상황에 직면해야 하니까요.

『주역』이라는 책

『주역』이란 책의 성격은 易(역)이란 글자 하나에 고스란히 드러나 있습니다. 이에 대한 해석은 크게 세 가지로 갈라지는데, 이를테면 이렇습니다. 첫째, 易을 도마뱀을 본뜬 상형자로 보는 입장인데, 도마뱀은 주변의 환경에 민감하게 반응하며 제 몸의 색깔을 바꾼다는 사실에 착안한 해석입니다. 둘째, 易을 日(일)과 月(월)이 결합된 회의자會意字로 보는 입장인데, 일월이 각각 음양의 상징이라는 데서 비롯된 해석입니다. 셋째, 易을 日과 勿(물)이 결합된 회의자로 보는 입장인데, 이를 풀어보면 '어떤 날엔 ～하지 마라'라는 의미가 되니 계시적 측면이 부각된 해석인 셈입니다. 그러나 어떤 해석이든 『주역』은 점서占筮의 기록이며 우주의 변화와 운행運行에 관한 책이라는 점에서는 큰 차이가 없습니다. 따라서 "'『역』을 연구한다'는 말은 동양의 자연관과 인간관을 연구한다는 말로 대체"될 수 있습니다.[1]

그렇다면 왜 '주역'일까요? 문자로 보면 주나라 버전의 역이란 의미일 터인데, 그렇다면 그 이전에 또 다른 역이 있었다는 말일까요? 그랬던 것 같습니다. 전하는 말로는, 그 이전에 연산역連山易과 귀장역歸藏易이란 것이 있었다고 하는데, 이에 관해서는 설들만 분분할 뿐 그 내용을 확인할 길은 없습니다. 다만 그 체계가 주역과는 사뭇 달랐을 것이라는 추측만 있을 뿐입니다. 주역은 으뜸 괘가 하늘(乾)인데 반해, 연산역은 그것이 산山이었고 귀장역은 땅(坤)이었다는 겁니다. 어쨌거나 이로써 주역의 출현이 하늘이라는 새로운 이념형의 등장과 밀접한 연관이 있었을 거라는 추정이 가능해집니다. 주나라의 국가적 숭배 대상이었던 바로 그 '천'天 말입니다.

그런데 누가 이런 희한한 책을 지었을까요? 이것의 출현 시기가 어림잡아 3천여 년 전쯤이라는 점을 삼안한나면, 그리고 고대 중국의 책과 관련해서 '저자'라는 개념을 들이대기가 어렵다는 점을 감안한다면, 이런 물음은 사실상 의미가 없을지도 모릅니다. 그럼에도 불구하고 누구라는 의문사에 내포된 상징성은 여전히 중요합니다. 중국 인문 전통이 여기서 출발할 뿐 아니라 중국 문명의 우주론이 이 책에서 그 전모를 드러내니까요. 그러니까 이 책의 저자가 어쩔 수 없이 중국 인문 전통의 비조鼻祖 노릇을 하게 된다는 말입니다. 여기서 이 누구를 가리기 위해서는 일단 '역경'易經이라는 개념과 '역전'易傳이라는 개념을 구분하여 보지 않으면 안 됩니다.

『역경』은 상商·주周 교체기에 만들어진 것으로 알려진 점술서입니다. 주나라로 접어들면서 시초蓍草라는 풀로 점을 치는 것이 유행했는데, 이를 점서占筮라고 불렀습니다. (후세에는 댓가지가 이를 대신했습니다.) 점서의 결과는 국가적 문서의 형태로 보존되었는데, 기록 가운데서 비교적 적중률이 높은 것을 간추리는 한편, 괘와 효의 모양새가 완정하고 잘 어울리는 것을 선별 배치한 것이 역경의 원형이라는 겁니다. 그 체제는 64개의 괘卦로 이루어져 있고, 각각의 괘에는 괘의 이름인 괘명卦名과 괘를 풀이한 괘사卦辭, 그리고 괘의 요소인 효爻를 풀이한 효사爻辭가 붙어 있습니다. 이 가운데 괘는 복희씨伏羲氏가 만들었고—8괘는 복희씨가 64괘는 신농씨神農氏가 만들었다는 설도 있습니다—괘사는 주나라 문왕文王이 지었다고들 하는데, 그냥 듣고 흘려도 좋습니다. 차라리 후세 사람들이 복희씨나 신농씨, 문왕 같은 전설상의 문화 영웅에게 이처럼 중차대한 역할을 의탁했다고 보는 편이 더 타당할 겁니다.

『역전』은 『역경』에 대한 일종의 해설서입니다. 점을 치는 행위가 왕실의 독점을 벗어나 제후들에게까지 널리 유행함에 따라 통일된 해석 체계가 필요해졌습니다. 그리하여 다양한 해설서가 등장했는데, 이를 통칭하여 '십익'十翼이라 불렀습니다. 『역경』을 보좌하는 10편의 텍스트라는 뜻인데, 「단전」彖傳(상·하), 「상전」象傳

(상·하), 「계사전」繫辭傳(상·하), 「문언전」文言傳, 「설괘전」說卦傳, 「서괘전」序卦傳, 「잡괘전」雜卦傳이 그것입니다. '십익'의 저자는 일반적으로 공자로 알려져 있는데, 이 또한 믿기 어렵습니다. 내용상 한 사람이 한때에 쓴 책으로 보기도 어렵거니와, 특히 「계사전」에 드러나는 형이상학성과 체계성에 비추어보면 도저히 공자의 저술로 보기는 어렵습니다. 학계에서는 이를 전국 시대 말기에서 한나라 초기까지 오랜 시간에 걸쳐 집적된 결과물로 추정하고 있습니다. 이 과정에서 '통일적인 약속 체계가 전혀 부재'하던 『역』이 '건곤乾坤 이원론'의 형태로 재편되었다는 사실은 이 책을 이해하는 데 있어 매우 중요합니다. 이 과정이 음양론의 성립 과정과 대체로 맞물리고 있다는 점도 짚어둘 필요가 있습니다. 애초의 『역』은 음양陰陽이나 강유剛柔 같은 개념과는 무관했던 것 같으니까요.[2]

그러니까 우리가 말하는 '주역'이란 '역경'과 '역전'을 포괄하는 개념입니다. 이것이 유가 계열의 텍스트로 분류되어 '육경'六經의 반열에까지 오르게 된 것입니다. 이 과정에서 『주역』은 중국─나아가 동아시아─인문 전통에서 일종의 교양 필수 과목으로 자리매김됩니다. 오늘날의 관점에서는 한낱 점술서가 바이블이나 교양 필수 과목의 지위를 누린다는 것이 낯설게 여겨질지 모르지만, 당시의 관념으로는 지극히 당연한 일이었습니다. 그건 곧 하늘의 메시지이면서 동시에 우주, 즉 시간과 공간에 관한 합리적 지식의 체계였으니까요. 진 시황제의 무지막지한 분서례를 면하게 된 것도 따지고 보면 이런 이유 때문이었습니다.

『주역』의 원리

그렇다면 『주역』의 원리는 어떠할까요? 이 점을 설명하려면 「계사전」의 다음과 같은 대목에서 출발해볼 필요가 있습니다.

> 역에는 태극太極이 있으니, 태극이 양의兩儀를 낳고, 양의가 사상四象을 낳고, 사상이 팔괘八卦를 낳았다.

태극이란 우주의 근본 원리로 세상의 모든 질서가 분화되고 발현되기 이전의 혼융적인 상태입니다. 우리의 태극기 한가운데에 있는 그 태극 말입니다. 헤브루 문명에 의하면, 천지를 창조한 창조주가 자리하는 지점이 바로 여기입니다. 다만 중국 문명의 경우 인격신의 관념에 익숙하지 않았기 때문에 이를 태극, 즉 슈퍼 원리(super pole)로 요청한 것이지요. 그런데 여기서 당연히 이런 질문이 생깁니다. 그렇다면 태극은 어떻게 생겨난 것일까요? 물론 나중에 제시된 것이긴 하지만 그 답은 이렇습니다.

"무극이 태극을 낳았다."(無極生太極)

그런데 어떻게 무에서 유가 생겨났을까요? 이 곤혹스런 물음은 나중에 두고두고 논란거리가 되는데, 수많은 모색과 논란을 거친 뒤 다음과 같은 한마디로 정리되기에 이릅니다.

"무극이면서 태극이다."(無極而太極)

중세 철학사의 분수령을 이루는 이 공안公案은 성리학이 성립하기 위해 해결해야 했던 일종의 필요조건이었는데, 이에 대해서는 아마 나중에 언급할 기회가 있을 겁니다. 일단 여기서는 태극에서 양의兩儀, 즉 음양이라는 이원성이 생겨났다는 부분에 시선을 집중해보겠습니다.

음양陰陽이란 본래 거창한 의미가 아니라 그냥 그늘과 햇볕이라는 뜻일 뿐입니다. 학자에 따라서는 제단으로 올라가는 계단(阝) 양쪽의 명암이라고도 하는데, 실제로 그랬는지 어땠는지는 단언하기 어렵습니다. 17세기 계몽주의를 선도한 인물 중 하나인 라이프니츠G. W. Leibniz는 오늘날의 컴퓨터 언어와 같은 이진법 체계로 세계를 설명할 수 있다고 생각했던 모양인데, 그런 그가 동방으로 길을 떠난 선교사들의 서신을 통해『주역』의 음양론을 접하고는 좌절과 희열을 동시에 경험했다는 일화는 익히 알려진 사실입니다. 이후 유럽에서는 이 낯선 개념을 일종의 실체(substance)로 해석하기도 하고 모종의 힘으로 설명하기도 했는데, 동방의 삶의 실재와는 꽤나 거리가 있는 이해였습니다. 그렇다면 음양이란 대체 무엇일까요? 이 개념을 어떻게 이해해야 하는 걸까요?

앞에서 우리는 고대 중국의 시간의 리듬을 논하면서『주역』에 나오는 다음 구절을 끌어온 바 있습니다.

그늘 한 번에 햇살 한 번이니 그것을 일러 도라 하느니라.

한 번 열고 한 번 닫히니 그것을 일러 변화라 하고, 가고 옴이 끝이 없으니 그것을 일러 지속이라 하느니라.

一陰一陽謂之道.

一翕一闢謂之變, 往來不窮謂之通.

우리가 확인한바 이 구절은 고대인의 삶의 리듬과 효용, 그리고 집단의 질서와 긴밀히 연관된 것이었습니다. 이 점을 그라네는 이렇게 설명하고 있습니다.

"중국 사유는 음양을 초월하거나 추상화하지 않는 것만큼 또한 실체화하지도 않는다. 전적으로 효능성을 추구하는 중국인의 사유는 조응과 대립의 논리 속에 형성된 상징 체계를 떠나지 않았던바, 행동과 인식을 행할 때에도 이 상징 체계를 작동시키는 것으로 충분했다. 상징 체계를 작동시키기 위해서는 **서로 당기거나 밀어내는** 일련의 한 쌍의 상징을 알아야 한다. 성의 범주는 인간 집단들의 안배에서 그 효능성을 발휘한다. 따라서 이 분류는 전체를 분류하는 원칙으로서 작용한다. 그러기에 사회를 형성하는 모든 대조적인 인간의 양상과 사물의 양상은 남성 또는 여성에 속하는 두 상반된 집단으로 배열된다."[3]

이 상징 체계는 이후 세계 인식의 원리 전반에 걸쳐 작동하게 됩니다. 좀 쉽게 설명을 해보지요. 인간의 눈은 묘하게도 유일한 것을 잘 판별하지 못하는 모양입니다. 그래서 신이나 태극 같은 궁극적 원리는 눈에 보이지가 않는 거지요. 그래서 부득이하게 두 개의 창으로 나누어 세계를 바라보게 됩니다. 밤이 있으면 낮이 있고, 달이 있으면 태양이 있고, 긴 게 있으면 짧은 게 있고, 큰 게 있으면 작은 것, 차가운 것이 있으면 뜨거운 것, 이런 식으로 말입니다. 세계를 이렇게 비교하면서 바라보니 그 진상이 제대로 보입니다. 이 원리가 바로 음양입니다. 그러니까 '인식의 원리'인 거지요. 이런 방식은 대상 세계에도 그대로 적용됩니다. 세계를 하나의 전체상으로 바라보니 잘 파악되지가 않습니다. 그래서 편의상 세계를 다섯 섹터로 나눈 뒤 거기에 공통적 속성을 부여합니다. 나무(木), 쇠(金), 흙(土), 불(火), 물(水) 이런 식으로 말입니다. 그리고 모든 세계를 이 다섯 섹터에 분류해 집어넣습니다. 이것이 바로 오행五行입니다. 일종의 '대상의 원리'인 거지요. 음양오행설은 이런 식으로 세계 인식의 틀로 정착됩니다.' 전국시대 추연鄒衍 학파에 의해 창안되어 이후 중국 문화 전반을 휩쓴 위대한 담론이 바로 이것이었습니다. 그러니 이 담론을 두고 마냥 '계룡산 도사'나 '미아리 철학관'을 떠올려서는 곤란합니다. 요즘 말로 하면 그 시대의 엄연한 '사이언스'science였으니까요.

이제 다시 『주역』으로 돌아가 보지요. 하나인 "태극이 양의를 낳았다"고 합시다. 양의兩儀인 음양은 도상으로 제시되는데, 음은 ▬▬ 양은 ▬ 으로 표기됩니다. 이 하나의 도상을 효爻라고 부르는데, 이것이 괘의 기본 요소입니다. 여기에 다시 음효 위에 음효와 양효를, 양효 위에 다시 음효와 양효를 놓으면 4개의 도상이 만들어지는데, 이것이 "양의가 사상을 낳았다"는 것입니다. 즉 아래로부터 음음은 태음太陰, 음양은 소양少陽, 양음은 소음少陰, 양양은 태양太陽이 되는데, 이것이 이른바 '사상의학'의 토대가 되는 바로 그 세계관입니다. 이 위에 다시 효 하나를 놓으면 "사상이 팔괘를 낳"은 단계가 됩니다. 그리하면 아래로부터 음음음(☷)은 곤坤, 음음양(☶)은 간艮, 음양음(☵)은 감坎, 음양양(☴)은 손巽, 양음음(☳)은 진震, 양음양(☲)은 리離, 양양음(☱)은 태兌, 양양양(☰)은 건乾, 이리하여 팔괘가 완성됩니다. 여기에다가 자연의 속성을 부여하여 곤은 땅(地), 간은 산山, 감은 물(水), 손은 바람(風), 진은 우레(雷), 리는 불(火), 태는 못(澤), 건은 하늘(天)의 속성을 갖는 것으로 약정합니다. 이런 식으로 의미의 연쇄는 사방팔방으로 무한히 확장됩니다. 이렇게 만들어진 괘를 소성괘小成卦라고 하는데, 태극기의 사방에 그려진 건곤감리가 바로 이 중 네 개의 괘입니다. 그러고 보면 우리의 국기에 담긴 우주론적인 스케일이 참 어마어마하지요. 위와 같은 식으로 효를 한 차례 더 얹으면 18괘, 또 한 차례 더 얹으면 32괘, 또 한 차례 더 얹으면 64괘가 만들어지는데, 이런 식으로 여섯 효로 이루어진 괘를 대성괘大成卦라 부릅니다. 『주역』의 64괘는 이렇게 완성됩니다.

괘의 구조

64괘는 각각의 고유한 의미를 담고 있습니다. 맨 처음의 건乾괘는 강건한 기상을, 두 번째인 곤坤괘는 온화한 부드러움을, 세 번째 둔屯괘는 창업의 어려움을, 네 번째 몽蒙괘는 아이와 같은 무심의 상태를…… 예순세 번째 기제旣濟괘는 만사형통을, 맨 마지막 미제未濟괘는 미완성을, 이런 식입니다. 하늘로부터 시작하여 미완성으로 끝나는 것이 64괘의 배열 원리입니다. 참 겸허하면서도 오묘하지요.

그렇다면 괘는 어떻게 읽고 해석하는 걸까요? 먼저 괘의 의미와 생성 맥락을 풀이한 「설괘전」을 한번 볼까요. 거기엔 이런 대목이 있습니다.

옛적 성인이 역을 지음은 장차 그로써 성명性命의 이치를 따르고자 함이니, 이로써 하늘의 도를 세워 음과 양이라 하고, 땅의 도를 세워 유柔와 강剛이라 하고, 사람의 도를 세워 인仁과 의義라 하니, 삼재三才를 겸하여 두 번 하는지라. 그러므로 역이 육 획으로 괘를 이루고, 음을 나누고 양을 나누며 유와 강을 차례로 쓰는지라. 그러므로 역이 여섯 자리로 드러나니라.

말이 어렵고 복잡한데, 이게 무슨 말인고 하면 이런 것입니다. 이미지를 보면서 이야기해보겠습니다. 아래 도상은 64괘 중 스물네 번째 괘인 복復괘입니다. 일명 지뢰복地雷復괘라고도 하는데, 상괘上卦가 땅을 상징하는 곤坤괘, 하괘下卦가 우레를 상징하는 진震괘이기 때문입니다. 괘는 맨 아래 효부터 읽습니다. 시간의 흐름이 아래부터 위로 생성되어 세대를 구성하기 때문입니다. 이를 테면 맨 아래 효가 10대라면 맨 위 효는 60대인 셈입니다.

각각의 효에도 자리와 모양에 따라 읽는 방식이 있습니다. 양효면 구九가 되고 음효면 육六이 됩니다. 주역의 원리에 따르면 1-

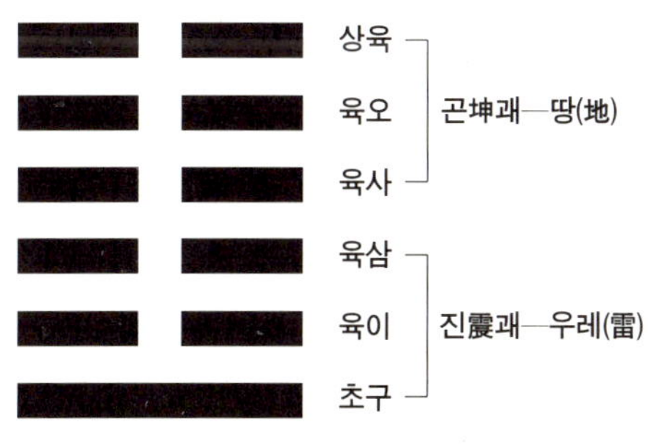

복復괘의 도상

3-5-7-9가 양수가 되고 2-4-6-8-10이 음수가 되는데, 그 대표
수가 각각 9와 6이기 때문입니다. 태극을 나타내는 도상도 가만히
보면 9와 6이 분화되기 이전에 서로가 서로를 끌어안고 있는 모습
같은데, 아라비아 숫자는 구경하지도 못했던 시대의 일이니 이런
해석은 순전히 억지일 겁니다. 어쨌거나 요즘 시대까지 69라는 숫
자가 오묘한 섭리로 통용되는 맥락만은 이해가 됩니다.

　다시 그림을 봅시다. 먼저 맨 아래 효는 시간성을 강조하여 초
구初九라고 부릅니다. 만약에 음효였다면 초육初六이 되겠지요.
두 번째부터는 순서대로 숫자를 앞에 써서 육이, 육삼, 육사, 육
오라고 합니다. 마찬가지로 양효라면 육 대신 앞에 구가 오겠지
요. 그리고 맨 위의 효는 자리를 강조하여 상육上六이라 부릅니
다. 양효라면 상구上九가 되겠지요. 여기서 상괘와 하괘는 각각 천
지인삼재를 상징합니다. 가운데가 사람의 자리인데, 그래서 모든
대성괘의 이효와 오효의 자리가 중요합니다. 점이라는 행위는 사
람의 일이니까요. 이뿐만이 아닙니다. 육효 전체를 천지인삼재로
풀이하기도 하는데, 위의 인용문에서 말하고 있는 것이 그것입니
다. 이 경우 아래 두 개의 효가 땅이 되어 유와 강을, 그 위의 두
효가 사람이 되어 인과 의를, 맨 위의 두 효가 하늘이 되어 음과
양을, 이런 식으로 해석의 방식이 무궁무진해집니다. 이 경우 삼
사 효가 중요하겠지요.

　이런 식으로 숫자와 이미지에 무게중심을 두고 괘를 해석하는
전통을 상수象數 역학이라 부릅니다. 이 관점에 근거하면 괘의 숫
자가 64개인 이유는 이렇습니다. 먼저 64를 본체와 작용의 두 세

계로 나눕니다. 그래서 4괘는 체수體數가 되어 4×6효=24절기가 되고, 60괘는 용수用數가 되어 60×6효=360도 혹은 1년 360일이 된다는 식입니다. 또 1~5를 선천수로, 6~10을 후천수로 나누어 이를 더하면 55가 되는데 이것이 천지수가 되고, 이중 다섯을 제하면 50이 되는데 이것이 대연수大衍數이며 등등 그 논리가 가히 점입가경의 수준입니다. 이런 식으로 괘를 해석하는 방식은 자칫하면 지리支離해지거나 본류를 벗어나기 십상이겠지요. 그래서 여기에 반발해서 형성된 전통이 의리義理 역학인데, 괘사의 의미 해석에 중점을 둔 사변적 해석학이었습니다. 이런 폐단의 여지가 없지 않음에도 불구하고 상수 역학이 만들어낸 수비학數秘學적 전통은 중국 과학사에 지대한 역할을 담당하는데, 특히 송나라 때 소옹邵擁이란 인물에 이르러 극점에 도달합니다.

괘사의 구조

그럼 이제 괘사와 효사를 한번 볼까요. 복괘의 텍스트는 이렇습니다.

복復은 형통하니 드나듦에 병통이 없어 벗이 와야 하물이 없느니라. 그 도를 반복해 이레 만에 회복하니, 갈 바를 둠이 이로우니라.

—「단전」에서 말하기를, 복이 형통함은 강剛이 돌아옴이니 움직여서 유순하게 행함이라. 이로써 출입에 병통이 없어서 벗이 와야 허물이 없는 것이니라. '그 도를 반복해 이레 만에 회복한다'는 것은 하

늘의 운행이요, '갈 바를 둠이 이로우니라'는 강剛이 커나가기 때
문이니 복復에서 그 천지의 마음을 볼지니라.
─「상전」에서 말하기를, 우레가 땅 가운데 있는 것이 복復이니, 선왕
이 이를 본받아 동짓달에 관문을 닫아 장사와 나그네를 다니지 않
게 하였으며, 후왕이 나랏일을 살피지 아니하니라.

초구는 머지않아 돌아옴이라. 후회하는 데 이르지 않으니 크게 길하
니라.
─「상전」에서 말하기를, 머지않아 돌아옴은 이로써 몸을 닦음이라.

육이는 아름답게 돌아오니 길하니라.
─「상전」에서 말하기를, 아름답게 돌아와 길함은 어진 이에게 낮추
기 때문이라.

육삼은 찡그리며 돌아오니, 위태하나 허물은 없으리라.
─「상전」에서 말하기를, '찡그리며 돌아옴'의 위태로움은 그 의리가
허물은 없느니라.

육사는 가운데서 행하되 홀로 돌아온다.
─「상전」에서 말하기를, '가운데서 행하되 홀로 돌아온다'는 것은 제
길을 가는 것이라.

육오는 돈독하게 돌아오니 후회가 없느니라.

─「상전」에서 말하기를, '돈독하게 돌아오니 후회가 없다'는 것은 중中으로써 스스로 이룸이라.

상육은 돌아옴을 혼미하게 잃음이라. 흉하니 재앙이 있어 군사를 쓰면 마침내 크게 패하고, 나라를 다스리면 임금이 흉하여 10년이 이르도록 치지 못하리라.
─「상전」에서 말하기를, '돌아옴을 혼미하게 잃는다'는 것의 흉함은 임금의 도에 반함이라.[5]

여기서 맨 위 부분이 전체 괘의 의미를 풀이한 괘사이고, 아래 여섯 부분은 각 효의 의미를 풀이한 효사입니다. 「단전」과 「상전」은 앞서 설명한 '십익'의 일부인데, 원래 부록에 있던 것이 왕필王弼의 '텍스트 조작'에 의해 이렇게 편집된 것으로 알려져 있습니다. 보시는 대로 「단전」의 해설은 괘사에만 있는데 반해, 「상전」은 괘사와 효사 모두에 있습니다. 또한 「단전」의 해설이 다소 형이상학적 느낌이 드는 데 반해, 「상전」의 해설은 괘의 전체 이미지가 주는 느낌에 충실한 편입니다. 이린 식으로 두 해석 체계에 미묘한 결의 차이가 있습니다.

이제 우리가 실제로 점을 친다고 합시다. 점을 치는 방법에도 본서법本筮法, 중서법中筮法, 약서법略筮法 등이 있는데, 요즘 말로 하면 정식, 중간식, 약식 정도의 의미입니다. 여섯 개의 효를 얻기 위해서는 매우 복잡한 과정을 거쳐야 했는데, 18번을 반복하는 이 절차에 소요되는 시간만 해도 제법 걸렸던 모양입니다. 점을 치는 절차에 대해서는 그냥 넘어가도록 하겠습니다. 다만 50개의 산가지 중 태극을 상징하는 하나를 제하고 남은 49개를 임의로 양손에 갈라 쥔 뒤, 왼손의 천책天策과 오른손의 지책地策을 가지고 주책籌策을 부려서 하나씩 효를 얻는 방식이라는 점만 언급해두겠습니다. 그리하여 그 결과로 얻은 여섯 효를 배열해보았더니 지뢰복地雷復에 해당하는 괘가 나왔다고 칩시다. 이제 이걸 어떻게 해석해야 할까요?

해석상의 문제들

모든 점술 행위에는 점술에 임하는 자의 주관적 상황과 처지, 그리고 내면 상태가 깊이 개입되어 있을 겁니다. 그런데 이것이 괘라는 별개의 현실과 만나야 한다는 것이 본질적으로 문제가 됩니다. 그러므로 점에 임하는 자와 뽑은 괘와의 상호주관적(inter-subjective)인 관계가 이제 중요해집니다. 이것이 『주역』 해석학의 핵심입니다.

가령 요즘 우리의 상황과 처지가 몹시 곤궁하여 한 치 앞이 보이지 않는 상태라고 해보지요. 이때 점을 쳤더니 복괘가 나왔습니다. 그러면 우리는 어떤 반응을 보일까요. 당연히 이 괘명과 연관되는 '회복', '반복', '복귀', '광복', '부활' 등등의 단어를 떠올리겠지요. 어쩌면 저 위의 괘상으로부터 분명 희망의 단초 같은 것을 보아낼지도 모릅니다. 괘사와 효사의 의미는 일단 차치한다 해도 효의 배치와 배열 이미지가 주는 느낌이 그러니까요. 음효

다섯 개가 첩첩이 쌓여 있는 당장의 현실이야 어렵다 해도 저 아래 양효 하나가 버티고 있어 왠지 바람직한 국면들이 이로부터 서서히 생겨날 것만 같은 그런 느낌입니다. 이런 느낌을 가지고 괘사를 보니 무슨 말인지 잘 모르겠지만 아무튼 나쁜 소리 같지는 않습니다. 허물이 없을 뿐 아니라 길하다고 하니까요. 그런데 이게 끝이 아닙니다. 우리의 상황과 처지, 느낌과 바람이 괘와 효가 만들어내는 시간성과 공간성의 관계망 속으로 갈마들어야 하는데, 이 갈마듦의 미묘함이 보는 이로 하여금 고개를 잘래잘래 흔들게 만듭니다.

『주역』은 때(時)와 자리(位)가 만들어내는 관계의 예술입니다. 64괘 384효의 때와 자리는 변화무상한 인간사를 가늠하는 두 축입니다. 괘와 효를 통해 길흉을 판단할 때 괘는 주로 때의 관점에, 효는 주로 자리의 관점에 초점이 맞추어집니다. 때란 하나의 괘가 갖는 시간성이고, 자리란 시간성 속에서 효가 갖는 공간성과 사회적 관계입니다. 그러므로 괘가 시의에 적절하고 시류를 잘 타고 있는지, 효가 있어야 할 자리에 있고 제 짝이나 이웃과의 관계는 어떤지 하는 것들이 길흉을 판단하는 데 중요한 근거가 됩니다. 이로부터 『주역』 해석학을 구성하는 주요 개념들이 나오는데, 몇 가지만 소개하자면 이렇습니다.

먼저 중中이란 개념이 있습니다. 중은 상괘와 하괘의 가운데 자리인 이효와 오효의 자리를 말하는데, 이 자리를 얻는 것을 득중得中이라 하여 좋게 해석합니다. 또 정正이란 개념이 있는데, 1, 3, 5, 즉 양수 효의 자리에 양효가 놓이고, 2, 4, 6, 즉 음수 효의 자리에 음효가 놓이는 것을 말합니다. 이것이 제대로 놓여 있으면 득정得正 또는 당위當位가 되고, 제대로 놓여 있지 않으면 실정失正 또는 부당위不當位가 되어 좋지 않습니다. 또 승承이란 개념이 있는데, 양효가 위에 있고 음효가 아래에서 양효를 이어받고 있는 형국으로 대부분 길합니다. 이 반대가 승乘입니다. 이는 양효가 아래 있고 음효가 위에 있어 양효를 올라타고 있는 형국인데 대부분 흉합니다. 그러나 승承과 승乘은 절대적인 것이 아니라 주변 상황이나 관계의 변화에 따라 길흉이 달리 해석될 수도 있습니다. 이것만이 아닙니다. 응應이란 게 또 있습니다. 상괘와 하괘의 각 효가 서로 대응되는 것을 말하는데, 초효와 사효, 이효와 오효, 삼효와 상효가 서로 짝을 짓는 방식입니다. 이 관계가 음양이면 정응正應이라 하고 그렇지 못하면 불응不應, 무응無應, 또는 적응敵應이라 합니다. 여기에 또 비比라는 개념이 덧붙습니다. 비는 초효와 이효, 이효와 삼효, 삼효와 사효와 같이 서로 이웃한 효의 관계를 말합니다. 음효와 양효가 서로 이웃한 것을 상비相比라고 하는데 바람직한 관계입니다. 그러고 보면 효나 사람이나 관계라는 것이 참 어렵고도 중요한 모양입니다.

그러면 이제 마지막으로 이런 해석 규칙에 의거해 복괘의 괘상과 괘사, 효사를 풀이해보는 일만 남았습니다. 그 결과는 어떨까요? 지면 관계상 여기서 이 과정을 일일이 열거하지는 않겠습니다. 여러분 자신이 직접 시도해보시지요. 모르긴 해도 의미의 만다라 같은 별천지가 우리 앞에 펼쳐질 겁니다. 이때 우리가 흔히 '돌아올 복復'이라고 부르는 글자 하나가 얼마나 복잡다단한 관계망 속에서 생성되는 것인지를 비로소 실감하게 됩니다. 서양 사유의 기본 문법인 동일률에 비추어보면 이런 식의 관계론은 사실 말이 되지 않습니다. A는 어디까지나 A일 뿐이니까요. 그러니 'return'이라는 것과 "복復에서 천지의 마음을 볼지니라"가 어떻게 같은 세계가 될 수 있겠습니까. A는 A가 아닐 수도 있고 A 속에는 not A가 내포되어 있다는 것을 어떻게 저 명쾌한 동일률로 설명할 수가 있겠습니까.

이 대목에서 '호장기택'互藏其宅이라는 비유 하나를 떠올려볼 필요가 있습니다. 장재張載가 감괘坎卦와 리괘離卦를 해석하면서 쓴 말인데, "그 집에 서로를 감춰준다"는 의미입니다. 아시다시피 감괘는 물을, 리괘는 불을 상징합니다. 물과 불은 음양의 대표적인 상징물입니다. 그런데 감괘(☵)를 보면 본질은 음인데도 그 가운데 양이 버젓이 자리하고 있는가 하면, 리괘(☲)의 경우 본질은 양인데도 음이 그 속에서 은밀히 작동하고 있습니다. 음양이 서로의 정수를 제 집에 감추어준다는 것, 그리하여 음 속에 양이 있고 양 속에 음이 있기 마련이라는 것, 『주역』은 이를 '대대'待對의 원리라 부릅니다. 상대를 향한 넉넉하면서도 적극적인 기다림 정도의 의미입니다. 요즘 말로 표현하면, 내 안에 타자를 모심 정도가 됩니다. 참 멋있고 거룩한 말인데, 그래서 그만큼 어려운가봅니다.

우리 시대의 역을 위하여

이제 정리를 해보겠습니다. 『주역』은 중국 인문 전통의 본격적인 출발점입니다. 이원성에 입각한 이 원리는 한 제국 유가 정치학에 우주론적 토대를 제공하면서 명실상부한 바이블의 지위에 오르게 됩니다. 나아가 이후의 역사에서 중국 문명의 우주론적 기틀로서 끊임없이 재해석되고 재사유됩니다. 위진남북조 시대 왕필로 대표되는 의리 역학의 전통이 그랬는가 하면, 송대 신유학의 토대 형성에 미친 영향이 그랬고, 명·청明淸 교체기 왕부지王夫之에 의해 유물론적으로 재해석되는 과정이 그랬습니다. 그러니까 새로운 우주와 새로운 시대정신을 모색하는 지점에 늘 이 텍스트가 자리하고 있었던 셈입니다.

언젠가 어느 분이 이런 말씀을 하시더군요. 『주역』은 남성 권력의 출발점이자 그것을 강화시켜준 기제였다고요. 맞는 말씀입니다. 페미니즘의 관점에서 보면, 『주역』의 체계는 꽤나 문제적입니다. 모계 시대 저 웅숭깊던 자궁의 기억을 하늘의 권력으로 지워버린 장본인이 바로 이것이니까요. 복희씨라는 문화 영웅이 괘의 창시자가 되는 것도 이런 맥락입니다. 모계 시대의 종지부를 찍은 상징적 사건이 복희라는 문화 영웅의 발명이었으니까요. 이 과정은 〈복희여와도〉伏羲女娲圖라는 요상한 그림 하나에 지금도 아스라한 기억으로 남아 있습니다.

이로부터 이제 하늘은 강건하고 땅은 유순한 것이 되고, 건은 '스스로 굳세게 함에 쉬지 않고'(自彊不息) 곤은 '이에 순하게 하늘을 받드는'(乃順承天) 것이 되어버립니다. 이것이 곧 수컷들이 만든

어낸 세계사입니다. 그런데 어찌 하늘은 강건하기만 하고 땅은 유순하기만 할까요? 이런 발칙한 물음을 던진 이는 조선 반도 쇠락의 시대를 살았던 김일부金一夫라는 선비였습니다. 그는 이런 문제의식을 『정역』正易이라는 책으로 구체화했습니다. 하늘이 아니라 땅이, 건이 아니라 곤이, 선천 세계가 아니라 후천 세계가 중심이 된 일종의 천지 개벽론이 그 핵심이었습니다.[6] 이 래디컬한 사유의 전회轉回는 미처 꽃봉오리를 맺기도 전에 떨어지고 말았지만, 우리가 살아가는 포스트모던의 시대에 그 문제의식의 싹이 오히려 되살아나는 느낌입니다. 인간과 세계의 관계에 대한 근본적인 조율의 요구나 녹색 상상력, 그리고 생태학적 담론들과 그 실천들, 어쩌면 이런 것들이 새로운 개벽론의 단초가 될런지도 모르겠습니다.

이제 이런 질문을 던지며 기행을 마무리하도록 하겠습니다. 21세기 이 땅에 새로운 우주론이 요청된다면, 새 시대의 '한역'韓易은 어떤 원리에 입각해야 할까요? 그 답을 알기는 어렵지만 적어도 다음의 사실이 출발점이 되리라는 점만은 분명한 것 같습니다. 흐르는 것이 강물뿐이랴. 사람의 삶도 그러하거늘.

네 번째 이야기

論語

말들의 숲속에서 『논어』

고대 문명을 거슬러 올라가다 보면 주나라 봉건 질서가 무너지는 혼돈의 시대 어디쯤에서 일군의 말들로 이루어진 숲 하나를 만나게 됩니다. 『논어』論語라 불리는 이 숲은 흡사 말들이 만들어내는 교향악 같다는 느낌을 줍니다. 몇 갈래 결이 다른 목소리가 얼기설기 얽혀들어 기묘한 공명을 만들어내는 그런 다성악多聲樂 말입니다. 그런데 자세히 들어보면 거기에도 몇 겹의 지층 같은 것이 존재한다는 느낌을 갖게 됩니다. 그 가운데 가장 오래된 지층의 말들은, 말의 욕망으로부터 무심한 양 모든 문식文飾을 털어내버린, 그리하여 최소한의 통사적 규칙과 리듬에만 의존하는 듯한, 그런 느낌의 세계입니다. 말이란 응당 저리 단출해야 할 것이고 저리 적실的實해야 할 거라는, 그런 질감의 세계 말입니다. 이 사이사이에 뭔가 모르게 낯선 목소리들이 끼어들어 이 순연純然한 말들을 어디론가 끌고 가는데, 이리하여 이 숲은 어느새 담론의 메아리가 울려 퍼지는 공론의 장으로 변모하고 맙니다.

언어는 '존재의 집'이라는 어느 철학자의 말을 빗대보자면, 『논어』야말로 말들의 거처와 그것의 조건에 관한 텍스트가 아닐까

싶기도 합니다. 말들의 거처라는 것, 참 표현은 그럴 듯한데, 그래서 그만큼 어려운가봅니다. 사람살이에서 이것의 설립이 얼마나 어려운 문제인가는 역사를 조금만 들추어봐도 알 수 있습니다. 이 문제의 어려움을 『논어』라는 텍스트를 통해 한번 생각해보자는 것, 이런 문제의식의 언저리에 이번 기행이 자리하고 있는지도 모르겠습니다. 그런데 문제가 없지는 않습니다. 일단 이 숲 속에 발을 들이기가 용이하지 않다는 것입니다. 그도 그럴 것이 일단 '공자님 말씀'의 무게가 사람을 주눅 들게 만듭니다. 게다가 그 말씀이 대개 도덕주의의 외피를 두르고 있어 잡인의 접근을 애초부터 불허할 태세입니다. 그러니 엄두를 내지 못하는 것도 당연합니다. 이뿐만이 아닙니다. 어마어마한 분량의 주소注疏와 설들이 해석의 울타리를 이루어 우리의 접근을 가로막습니다. 얼추 헤아려봐도 3천여 종이 된다고 하니까요.

그렇다면 이런 데 얽매이지 않고 좀 허허롭게 이 숲을 드나들 순 없는 것일까요? 원문의 메아리에 온전히 귀 기울이면서 말입니다. 아무래도 그럴 수밖에 없을 것 같습니다. 어차피 텍스트란 읽는 자의 몫이니까요. 그래도 이 숲의 생성 역사에 대해서는 잠시 일별해보아야 합니다. 엄한 대목을 부여잡고 '공자님 말씀' 운운할 순 없는 노릇이니까요.

『논어』 성서成書의 제 문제

『논어』는 공자의 언행록입니다. 『한서』漢書 「예문지」藝文志의 기록에 의하면 이런 책입니다.

"『논어』란 공자가 제자들과 당시 사람들에게 응답한 것과 제자들이 서로 말을 주고받되 공자에게서 들은 것에 관한 말들이다. 당시의 제자들이 각각 기록한 바가 있었는데, 공자가 돌아가신 뒤에 문인門人들이 서로 그 기록을 모아 논찬論纂하였으니, 하여 이를 '논어'라 한다."[1]

아시다시피 공자는 책을 쓰지 않았던 사람입니다. 단지 그의 말이 있었을 뿐입니다. 『논어』에는 어떤 제자가 스승의 말을 허리띠에 적었다는 기록이 나오는데, 이런 방식으로 제자들에 의해 문자로 남겨진 것입니다. 그런데 대개의 경전화 작업이 그렇듯, 말이 문자로 엮이는 과정에서 별의별 일들이 발생합니다. 『논어』의 경우도 예외는 아니었습니다.

공자는 기원전 550년경에 태어나―탄생 연도에 대해서는 설이 분분합니다.―기원전 479년까지 살았던 사람입니다. 기원전 400년경에는 이미 기록 작업이 부분적으로 진행되었던 것 같습니다. 그런데 이때까지는 이 책에 대한 대접이 변변치 않았던 모양입니다. 적어도 한나라 때까지는 '전'傳이나 '기'記에 불과했을 뿐 '경'經의 반열엔 오르지 못했으니까요.[2] 그러다가 서한西漢 말 안창후安昌侯 장우張禹가 20장 체제의 『장후론』張侯論(장후논어)를 편찬하는데, 오늘날 우리가 보는 『논어』의 프로토 타입이 바로 이것입니다. 그런데 이 과정에서 문제가 적지 않았던 모양입니다.

후세 한 고증학자의 질타가 이토록 준엄하니 말입니다.

그렇다 하더라도 『논어』의 여러 판본이 모두 남아 있었다면, 후세 사
람들은 그나마 여러 판본의 시비와 득실을 고찰할 수 있었으리라. 하
지만 불행히도 장우張禹란 한 인간을 만나고 말았다. 장우는 『제론』齊
論(제논어)와 『노론』魯論(노논어) 등 여러 판본을 뭉뚱그려 제멋대로 취
사선택한 뒤 하나로 묶어버렸다. 그런데도 당시 『논어』를 배우는 자
들은 그의 벼슬과 위세가 높았던 까닭에 마침내 별다른 생각 없이 휩
쓸려 따르고 말았으며, 여러 판본은 연이어 사라지게 되었던 것이
다.(…)
아 슬프도다! 장우가 알면 얼마나 알았겠는가? 왕망王莽의 비위나 맞
추며 자신의 부귀만 보전하기에 급급했던 인간이다. 한나라 종묘사직
의 존망마저 돌보지 않은 사람이거늘, 하물며 성인의 말씀을 만에 하
나나 제대로 헤아릴 수 있었겠는가? 그런데도 공공연히 『논어』를 뭉
뚱그려 엮어버리고 말았으니, 버리지 않아야 할 것을 버리고 채택하
지 않아야 할 것을 채택한 것도 아마 적지만은 않았으리라![3]

사정이 이러하다면 『논어』를 짜깁기의 산물로 보지 못할 이유
가 없습니다. 『논어』를 펼쳐보면 아시겠지만, 편과 편 사이에는
내용의 연관성이라고는 찾아보기가 어렵습니다. 이는 편의 제목
을 앞의 두세 글자를 따서 삼은 것만 봐도 알 수 있습니다. 앞의
10편은 초기의 것, 뒤의 10편은 나중에 편입된 것이라는 게 학계
의 통론인데, 이마저도 장담키가 어려운 것이 현실입니다. 그러

니까 「학이」學而 편이 맨 앞에 있다고 해서 이를 최초의 단편으로 볼 필요가 없다는 말입니다. 게다가 「학이」 편 텍스트 자체의 지층도 균질하지가 않습니다. 맨 앞에 이어지는 두 장만 비교해봐도 이를 알 수 있습니다.

선생님께서 말씀하셨다. "배우고 그것을 때에 맞춰 익히면 또한 기쁘지 아니한가. 뜻을 같이 하는 자가 먼 곳에서 찾아온다면 또한 즐겁지 아니한가. 사람들이 알아주지 않더라도 서운해하지 않는다면 또한 군자가 아니겠는가."

유자有子께서 말씀하셨다. "그 사람됨이 효제孝弟스러우면서 윗사람을 범하기를 좋아하는 자는 드무니, 윗사람을 범하기를 좋아하지 않고서 난을 일으키는 자는 있지 않다. 군자는 근본에 힘쓰니 근본이 서면 길이 생기는 것이다. 효제라는 것은 그 인을 행하는 근본일 것이다."

여기서 첫 번째 대목은 공자의 말인데 반해, '효제'孝弟를 두고 '인을 행하는 근본'이니 어쩌니 하는 대목은 유자有子의 말입니다. 그러니까 스승과 말년 제자의 목소리가 어깨를 겨루고 있는 형국인데, 매 편이 이런 식입니다. 여기서 이런 추론이 가능해집니다. 『논어』를 읽다가 그냥 간단히 '자왈'로 시작되는 문장이 나오면 "고층대에 속하는 파편"으로 봐도 무리가 없다는 점, 이에 반해 "여러 사람 사이에서 오가는 긴 대화 형식을 취한 것, 논쟁의 성격이 강한 것, 그리고 드라마적인 구조를 갖춘 것"은 대체로 후대에 어떤 의도를 가진 집단에 의해 편입된 것이라는 점입니다.4 이 단층은 마치 『논어』를 읽다가 『맹자』孟子를 접했을 때 갖게 되는 모종의 이질감, 즉 '좋은 시절은 다 갔구나', '세상 참 팍팍해졌구나' 같은 느낌에 준하는 것입니다. 적어도 공자가 살았던 시대는, 「위령공」衛靈公 편이 전하는 대로, 도道의 자취나마 남아 있긴 했던 것 같으니까요. "나는 그래도 사관史官이 확실치 않을 때 빈 칸을 남기고, 말 주인이 전문 마부에게 마차 모는 일을 맡기던 시절을 보았다. 이제 그런 일이 없어졌다."5

그런데 여기서 이런 의문이 듭니다. 텍스트 결집 과정에서 의도적인 편입만 있고 그 반대의 경우는 없었을까요? 이를테면 의도적인 누락 같은 것 말입니다. 학자에 따라서는 「옹야」雍也 편의 장본인인 제자 옹雍, 즉 중궁仲弓의 경우를 이런 시각으로 바라보기도 합니다. 「옹야」의 첫 장은 매우 단출합니다.

"옹은 남면南面을 하게 할 만하다."

공자가 중궁을 평하여 한 말입니다. 문면文面으로만 보면, 이는 굉장한 말입니다. 요즘 말로 하면 '중궁은 대통령감이다'라는 말이 되니까요. 더욱이 현실정치에 대한 지향성을 한 순간도 놓친 적이 없는 공자의 입장에선 어마어마한 평가인 셈입니다. 그런데 이처럼 대단한 인물이 「옹야」 편 외에 잘 보이지 않는 이유는 무엇일까요? 기록 자체가 아예 없었던 걸까요? 아니면 후대의 어떤 집단이 의도적으로 누락시킨 걸까요? 지금의 우리로서는 그 내막을 알 길이 없습니다. 다만 이런 추측은 해볼 수 있습니다. 공자 사후 제자들 간에 벌어진 질투와 경쟁이 텍스트 결집에 어떤 형태로든 영향을 미쳤을 거라는 점 말입니다.6

　그런데 편입이나 누락이야 그렇다 치더라도, 보다 심각한 문제는 내용의 왜곡에 있습니다. 전후좌우 콘텍스트를 곰곰이 따져보지 않고서는 좀처럼 간파하기가 어려우니까요. 「이인」里仁 편에 나오는 다음 대목을 한번 볼까요.

　선생님께서 말씀하시기를, "삼參아! 우리의 도는 하나로 모든 걸 관통하고(一以貫之) 있구나" 하시니 증자曾子께서 이르시길 "예"라고 하셨다. 선생님께서 나가시자 문인門人들이 "무슨 말씀입니까?" 하고 물으니 증자께서 말씀하시길 "부자夫子의 도는 충서忠恕일 뿐이다"라고 하셨다.

　증자 학파의 입장이 관철된 것으로 알려진 이 대목은 사실상 픽션에 가깝습니다. 공자 말기 학단學團의 형편상 이런 장면이 연출되기도 어려웠거니와, 무엇보다도 공자 사상을 '충서' 따위로 개괄할 수가 없다는 점이 문제의 본질입니다.' 송대 신유학자들의 입장에서야 '일리만수'一理萬殊(하나의 궁극적 이치가 다양한 현상으로 드러난다는 리기론의 설명 모형)의 이념 체계를 정당화하기에 더없이 좋은 근거였겠지만, 당사자인 공자가 들었다면 분명 노발대발했을 이야기입니다. 이로써 우리는 다음과 같은 사실을 알 수 있습니다. 『논어』에서 살짝 추상으로 빠질 기미가 보이거나 형이상학적 외피가 입혀진 구절들은 대개 재전再傳 제자들의 장난이기 십상이라는 점 말입니다. 『논어』를 아무리 뜯어봐도 공자는 그런 류의 인간은 아니었던 것 같으니까요. 아니, 근본적으로 공자는 그런

류의 인간이 될 수 없었던 것 같으니까요. 여기서 이제 시선은 공구孔丘라는 한 실존적 인간으로 옮아가게 됩니다. 그는 어떤 인간이었을까요?

공자와 그의 시대

우리가 2,500여 년 전 곡부曲阜 땅에 살았던 한 인간을 만나기 위해 거쳐야 하는 글이 하나 있습니다. 『사기』史記 「공자세가」孔子世家가 그것입니다. 사마천司馬遷은 4백여 년 전을 살았던 한 인물의 흔적을 찾아 직접 곡부를 답사했던 것 같습니다. 말이 4백 년이지 지금의 시간 감각을 감안하면 우리가 주희朱熹의 흔적을 찾아 무이산武夷山 자락을 헤매는 것에 버금갈 겁니다. 「공자세가」는 이 정도의 시간 감각으로 읽어야 합니다.

제목에서 보이듯 먼저 사마천은 공자에게 파격적인 지위를 부여합니다. 아시다시피 세가世家란 제후의 행적에 관한 기록입니다. 그러니까 노나라의 하급 관리를 잠시 지낸 공구라는 인물에게 통치자의 대우를 해준 것입니다. 그러고는 여기저기 흩어져 있는 삶의 파편들을 한데 모아 유려한 필치로 접합해가고 있습니다. 이 글을 읽다보면 역사가 사마천 대신 팩션faction 작가 사마천이 보입니다. 파편들을 배치하고 접합하여 끌고 가는 것은 그의 가치 세계가 만들어내는 상상력입니다. 이는 공자라면 절대 취할 수 없는 방식입니다. 나는 전해오는 것을 "기술할 뿐 억지로 꾸며내지 않는다."(述而不作) 이것이 그의 철칙이었으니까요. 그렇다고 해서 사마천이 공자의 이 철칙을 의도적으로 무시하고 있다는 말은 아닙니다. 그렇기는커녕 오히려 전범으로 삼았으니까요. 어쨌거나 파편들에 상상력을 가미해 솜씨 좋게 버무린 이 글 속에서 공자는 실로 우뚝합니다. 그런데 과연 그랬던 걸까요? 이 질문에 답하기 위해서는 공자가 살았던 시대를 일별해보지 않으면 안 됩니다.

공자가 살았던 노나라는 주 왕실의 후예입니다. 상나라를 무너뜨린 무왕武王은 위수渭水 가에 도읍을 세운 지 2년 만에 병사하고 맙니다. 어린아이에 불과한 계승자 성왕成王을 보필한 이는 무왕의 동생 주공周公이었습니다. 그런데 이에 앙심을 품은 주공의 두 형제가 동방에서 반란을 일으켜 나라의 기틀을 뒤흔들어놓습니다. 이에 주공은 정벌에 나서 가까스로 질서를 되돌려놓습니다. 이 과정에서 형 하나를 죽이고 동생 하나를 추방한 일은 이후 역사에서 꽤나 많은 사람들의 입에 오르내리게 됩니다. 그러고는 이런 사태가 재발하지 않도록 새로운 국가 경영 시스템을 구상하는데, 왕의 혈족을 동방의 전략적 요충지에 제후로 앉히고 이들로 하여금 왕을 받들게 하는 것이었습니다. 봉건제도로 불리는 이 시스템은 이후 주나라를 유지하는 근간이 되었고, 이 과정에서 노나라라는 제후국이 탄생하게 됩니다. 주공이 자신의 아들을 보내 세운 나라가 바로 노나라였던 것입니다. 『논어』에서 공자가 "나는 주나라를 좇겠노라"고 힘주어 말하는 장면이나 임종에 이르러 "주공을 꿈에 뵌 지가 오래되었다"라고 중얼거리는 장면은 이런 맥락에서 이해될 필요가 있습니다.

봉건 체제는 기원전 10세기에 이르면서 서서히 균열을 맞이하기 시작합니다. 왕이 제후들의 눈치를 보아야 하는 상황까지 이르게 되니까요. 기원전 9세기쯤에 이르면 일부 제후가 왕에게 노골적으로 반기를 들기 시작하는데, 기원전 771년에는 급기야 유왕幽王이 살해되는 사건이 벌어집니다. 이에 일부 제후가 태자를 옹위하여 동쪽 낙읍洛邑으로 천도를 하게 되는데, 이른바 동주東周 시대가 이렇게 시작됩니다. 이때부터 주나라는 사실상 종법宗法적 권위를 상실하게 되고, 제齊, 초楚, 진秦, 진晉 등의 제후국들이 중원의 질서를 쥐락펴락하게 되는데, 이것이 소위 말하는 춘추 시대의 출발입니다.

사정이 어지럽기는 노나라 내부도 마찬가지였습니다. 공자가 태어나기 백여 년 전 죽어가는 제후의 세 동생이 권력 다툼을 벌입니다. 이 과정에서 세 가문이 탄생하는데, 숙손씨叔孫氏, 맹손씨孟孫氏, 계손씨季孫氏가 그들입니다. 그들에 의한 국정 농단이 수위를 넘나들다가 마침내 기원전 562년 제후의 중앙 군대를 세 가문으로 귀속시키는 사건이 발생하게 됩니다. 이 일을 주도한 것은 계씨 집안이었습니다. 이 결과 사병 징집권과 조세 징수권이 세 가문으로 귀속되면서 제후는 사실상 허수아비로 전락하고 맙니다. 이는 공자가 태어나기 불과 십여 년 전의 일입니다. 「팔일」八佾 편 첫 장에 드러나는 공자의 분노는 이런 현실 속에서 이해되어야 합니다. "계씨가 (주周 천자天子의) 팔일무八佾舞를 뜰에서 행하니, 이런 짓을 할 수 있다면 무슨 짓거리인들 못하겠는가."[8]

이는 '왕도'王道가 무너진 춘추 시대에 흔히 볼 수 있는 정치 풍경입니다. 공자는 이런 시대에 태어나서 이런 나라에서 죽었습니다. 이런 현실 위에 「공자세가」를 올려놓고 보면 제법 큰 폭의 편차가 확인됩니다. 여기에다 공자의 신분과 실존적 조건을 감안하면 그 편차가 좀 더 커집니다. 그럼에도 불구하고 거기에 실린 역사적 사실에 대해서는 분명히 짚어둘 필요가 있습니다. 소년 공자는 가난하고 미천했다는 것, 어린 시절부터 예禮에 밝았다는 것, 이를 바탕으로 계손씨 밑에서 잠시 하급 관리로 일한 적이 있다는 것, 그 뒤 노나라를 떠나 제齊나라, 송宋나라, 위衛나라, 진陳나라, 채蔡나라, 초楚나라 등을 14년이나 떠돌았다는 것, 이 과정을 몇몇 젊은 제자들과 함께했다는 것, 이 유랑은 정치적 포부를 펼칠 제후를 만나기 위함이었다는 것, 그러나 끝내 성공하지 못했다는 것, 그렇게 낙심하던 중에 계강자季康子의 초빙을 받고 귀국길에 올랐다는 것, 그러나 끝내 고국의 정치 무대는 그를 버렸다는 것, 그리하여 만년을 교육에 바쳤다는 것, 이때 형성된 학단의 규모가 상당했다는 것, 여기서 배출된 제자들이 열국의 정치 무대에서 활동했다는 것, 그리고 잔잔한 울분을 품은 채 70여 년의 삶을 마감했다는 것 등등의 사실 말입니다. 이 외에 공자가 노자老子에게 가르침을 받았느니 어쩌니 하는 따위의 이야기는 무시해도 좋습니다. 대개 후인들의 장난이기 십상이니까요. 그리고 이 굴곡진 삶에 대해 사마천이 바치는 헌사도 기억해둘 필요가 있습니다. 이후의 역사에서 엄연한 사실로 입증되니까요.

역대로 천하에는 군왕에서 현인에 이르기까지 많은 사람들이 있었지만 모두 생존 당시에는 영화로웠으나 일단 죽으면 그것으로 모든 것이 끝나고 말았다. 그러나 공자는 포의布衣로 평생을 보냈지만 10여 대를 지나왔어도 여전히 학자들이 그를 추앙한다. 천자, 왕후로부터 나라 안의 육예六藝를 담론하는 모든 사람들에 이르기까지 다 공자의 말씀을 판단 기준으로 삼고 있으니, 그는 참으로 최고의 성인이라고 말할 수 있겠다.'

『논어』의 인간학

『논어』는 공자의 어록입니다. 고대 문화에서 어록은 담론을 전승하고 유포하는 주요한 양식이었습니다. 흔히 '공자왈' 할 때의 '왈'曰이 그렇고, 『금강경』金剛經의 첫 구절 '여시아문'如是我聞이 그렇습니다. 동방에 기독교가 전래된 이래 복음을 전하는 형식 역시 '야소왈'耶蘇曰이었습니다. 중국어 성경의 이 구절이 그대로 번역되어 '예수께서 가라사대'가 된 것이니까요. 그렇긴 해도 중국의 어록 전통에는 따뜻한 무언가가 배어 있습니다. 종교적 도그마에 대한 계시나 진리의 설파와는 거리가 먼, 사람과 사람을 연결하는 살가운 교감 같은 것 말입니다. 우리가 『논어』를 읽으면서 간혹 떠올리게 되는 엷은 웃음이나 뭉클함 같은 것이 이것의 정체입니다. 이런 관계망 속에 말들을 위치시키면서 그것의 질감과 결을 살려내는 일, 어쩌면 『논어』를 『논어』답게 읽는 일은 이런 것인지도 모릅니다.

이 관계망의 대부분을 차지하는 것은 제자들과의 관계입니다. 그 가운데엔 멀뚱멀뚱 눈만 껌벅거리고 있는 자로子路 같은 제자가 있는가 하면, 스승의 심기를 건드리는 데 선수인 재아宰我 같은 제자도 있고, 붙임성 있는 립 서비스로 스승의 생각을 끌어내는 자공子貢 같은 제자가 있는가 하면, 스승조차 고개를 숙일 만큼 깊은 바탕을 가진 안회顔回 같은 제자도 있습니다. 그런가 하면 일찌감치 세상 물정에 마음을 적신 염구冉求나 시원시원 자기 욕망을 드러내는 데 주저함이 없는 자장子張 같은 제자도 있고, 문자에 갇혀 큰 공부가 뭔지를 모르는 자하子夏나 아둔하긴 해도 스승 사후 위세를 떨친 증삼曾參 같은 제자도 있습니다. 여기에 스승은 또 스승대로 제자의 형편에 맞게 혹은 타이르거나 권계하기도 하고, 혹은 꾸짖고 질책하기도 하며, 혹은 편잔을 주거나 성질을 부리기도 하고, 혹은 부러움과 질투 섞인 언사를 스스럼없이 드러내기도 합니다. 뿐만 아닙니다. 제자에게 한 소리를 듣고 어쩔 줄 몰라 하거나 시르죽은 목소리로 약한 구석을 드러내는 스승의 모습도 여과 없이 드러나 있습니다.

이는 『맹자』라면 좀처럼 기대할 수 없는 풍경입니다. 『맹자』에는 권력화된 맹자가 가운데 있고 수십 대 마차에 나누어 탄 수행 비서만 있을 뿐, 희로애락을 같이하는 그런 동지가 없습니다. 그러나 『논어』는 그렇지 않습니다. 스승과 제자가 만들어내는 일상과 생활, 배움과 가르침의 향연이 『논어』의 근간입니다. 아니, 『논어』 그 자체입니다.

이 가운데 백미는 아무래도 공자와 안회―자공―자로가 만들어내는 인간학입니다. 일견 이는 유비劉備를 정점에 두고 관우關羽―조자룡趙子龍―장비張飛가 만들어내는 또 하나의 인간학을 연상시킵니다. 굳이 '삼인행'三人行의 비유를 들지 않더라도, 이 구도는 동아시아 인간학의 범형 같은 것이 아닌가 하는 느낌마저 들게 만듭니다. 어쨌거나 『논어』의 경우, 안회의 문아文雅함과 자로의 무용武勇성을 자공 특유의 생활세계적 감각이 떠받치고 있는 형국입니다. 공자는 이 세 꼭짓점 속을 종횡하면서 치고 빠지고, 먹이고 되감고, 맺고 풀어주는 방식으로 교학상장敎學相長의 우주를 연출해냅니다.

공자는 천성적으로 젊은이들과의 대화를 즐겼던 것 같습니다. 신분 고하를 막론하고 육포 한 꾸러미라도 들고 오는 이가 있으면 가르침을 마다하지 않았다니까요. 가르침의 방식은 다양했는데, 이를 몇 가지로 유형화해보면 이런 식입니다. 어느 날 자공이 스승에게 묻습니다. "저는 어떤 사람입니까?" 그러자 스승이 이렇게 대답합니다. "너는 그릇이다." 이 대목에서 자공의 표정이 묘할 법도 합니다. 어떤 학자는 좌절한 자공이 득달같이 질문을 덧붙였다고도 하니까요. 이렇게 말입니다. "어떤 그릇입니까?" 그러자 오해를 풀어주려 그랬는지, 아니면 풀 죽은 제자를 위로하고 싶어서였는지 스승은 이렇게 도닥입니다. "호瑚나 연璉, 사당에 제물로 올리는 곡식을 담는 그릇이다."(「공야장」公冶長) 이때 자공의 입가에 설핏 미동이 일지 않았겠습니까.

또 한 번은 공자가 자공에게 묻습니다. 다소 장난기가 느껴지는 질문입니다. "너와 안회 중 어느 쪽이 더 훌륭하다고 생각하느냐?" 그러자 자공이 대답합니다. "제가 어찌 안회를 바라보겠습니까? 안회는 하나를 들으면 열을 아는데, 저는 하나를 들어 둘을

아는 정도입니다." 이 대목을 보면 자공은 나름대로 자부심이 대
단했던 모양입니다. 안회가 출중하긴 하나 자기도 많이 뒤처지지
는 않는다는 뉘앙스니까요. 그런데 이어지는 스승의 대답이 걸작
입니다. "암, 네가 못하지. 너나 나나 안회만은 못하지."(「공야장」)
이때 자공의 표정은 또 어떠했겠습니까. 일순간에 무참히 어깨가
내려앉으면서 경외에 가득 찬 눈으로 스승을 바라보지 않았겠습
니까. '당신을 제자보다 한 수 아래라고 스스로 인정하는 저분은
대체 뉘실까…….'

또 한 번은 공자가 안회에게 말을 겁니다. 자로가 동석한 자리
에서 말입니다. "쓰이면 나가고 버려지면 들어와 파묻혀 지내는
것, 다만 나와 너, 두 사람이 할 수 있는 일이다." 안회야 몸 둘 바
를 몰라 했겠지만, 옆에서 듣고 있던 자로의 심정은 어떠했겠습
니까. 이에 자로는 자신의 존재감을 주장하기라도 하듯 대뜸 대
화에 끼어듭니다. "선생님께서 3군을 움직이신다면 누구에게 맡
기겠습니까?" 이때 지었을 스승의 표정은 안 봐도 눈에 선합니
다. 이 목마른 제자를 품어줄 법도 하건만 돌아오는 스승의 대답
은 꽤나 야멸칩니다. "맨손으로 호랑이를 잡으려 하고 걸어서 강
을 건너려 하다가 죽어도 뉘우치지 않는 사람은, 나는 데리고 가
지 않을 것이다. 일에 임하면 두려워할 줄 알고 좋은 계획을 세워
이뤄내는 자에게 맡긴다."(「술이」述而) 이 말을 들은 자로는 또 속
으로 얼마나 씩씩거렸겠습니까. 자기만 미워한다고 말입니다.

또 한 번은 자로가 귀신 섬기는 법을 묻자 스승의 장난기가 발
동합니다. "사람도 섬기지 못하거늘 어찌 귀신을 섬기겠느냐." 이

쯤 했으면 알아먹을 법도 하건만 눈치 없는 자로는 계속 밀어붙입니다. "감히 죽음에 대해 여쭙겠습니다." 그러자 스승은 여지없이 일침을 날립니다. "사는 것도 모르거늘 어찌 죽음을 알겠느냐."(「선진」先進) 이처럼 자로가 당하는 꼴을 하도 많이 봐서인지 다른 제자들도 그를 함부로 대했던 모양입니다. 이 사실을 안 공자는 이번엔 제자들을 향해 일성을 날립니다. "자로는 대청까지 올라온 사람이다. 아직 방에 들지 않았을 뿐이다."(「선진」)[10]

　그렇다고 풀이 죽을 자로가 아닙니다. 이번엔 이렇게 접근합니다. "위나라 군주께서 선생님을 기다려 정사를 하려 하십니다. 선생님께선 장차 무엇을 우선하시렵니까?" 공자의 대답은 거침이 없습니다. "반드시 이름을 바로잡고야 말겠다." 그러자 이번엔 자로가 스승의 나이브함을 타박하고 나섭니다. "이러하십니다. 선생님의 세상 물정 모르심이여! 어찌 바로잡을 수 있단 말입니까." 그러자 스승이 다시 되받아칩니다. "비속하구나, 유由여! 군자는 자기가 알지 못하는 것에 대해서는 말하지 않고 가만히 있는 법이다."(「자로」子路) 자로의 반격은 여기서 끝나지 않습니다. 위나라 체류 시절 공자가 희대의 팜므파탈 남자南子를 만나고 돌아오자 자로의 표정이 심상치가 않습니다. 그러자 이번엔 공자가 안절부절 못하며 변명에 여념이 없습니다. "내 맹세코 잘못된 짓을 했다면 하늘이 나를 버리시리라, 하늘이 나를 버리시리라."(「옹야」雍也) 『논어』에서 이런 사례는 부지기수입니다. 가히 생활세계 자체라 할 만합니다. 『논어』는 이런 세계입니다. 우리가 교과서에서 배운 윤리강상倫理綱常의 감옥과는 한참 먼 거리의 세계인 것입니다.

인식 전환을 위하여

그렇다면 우리가 공자 하면 떠올리게 되는 예禮나 인仁은 어떤 상태를 말하는 것일까요? 『논어』에는 예에 관한 수많은 구절이 등장하지만, 이 한마디만큼 포괄적인 것도 드뭅니다. 사람은 "예에서 세워진다."(「태백」泰伯) 효는 어디까지나 이것의 하위 범주일 뿐입니다. 예는 사람으로 하여금 척도에 어긋나지 않도록 '붙들어 매어주는' 것으로, 이로부터 사람의 정신은 더 높은 경지로 나아가 고도의 자유를 내면화합니다. 이런 경지가 소위 말하는 '어질 인仁'의 세계입니다. 인에 관한 언급 역시 일일이 나열하기가 어려울 정도입니다. 그런데 그럴수록 이것의 정체가 모호해진다는 데 문제의 어려움이 있습니다. 「안연」顔淵 편을 펼치면 이것을 정의한다는 것이 얼마나 무모하고 허망한 일인가를 실감하게 됩니다.

먼저 안회가 인에 대해 묻자 스승은 이렇게 답합니다. "자신을 억제하고 예로 돌아가는 것이 인을 하는 것이니, 하루라도 자신을 억제하고 예로 돌아간다 해도 천하가 인으로 돌아올 것이다. 인을 하는 것은 스스로 말미암은 것이니 어찌 남에게서 말미암는 것이겠는가." 우리가 도덕 시간에 지겹게 늘었던 '극기복례'克己復禮가 여기에 나옵니다. 그런데 이것으로 미흡했던지 안회가 보충 설명을 요구하자 스승은 이렇게 답해줍니다. "예가 아니면 보지도 말고, 예가 아니면 듣지도 말며, 예가 아니면 말하지도 말고, 예가 아니면 행동하지도 마라."

그러자 이번에 중궁이 또 인을 묻습니다. 이때 공자의 대답은 이렇습니다. "문을 나서면 큰 손님을 만난 듯하고, 사람을 부릴 때에는 큰 제사를 받들 듯하며, 자기가 하고 싶지 않는 것은 남에게 베풀지 마라. 그리하면 나라에도 원망이 없을 것이고 집안에도 원망이 없을 것이다." 우리가 익히 들은 "기소불욕, 물시어인" 己所不欲, 勿施於人(내가 하고 싶지 않은 것을 남에게 베풀지 마라)이라는 말의 출처도 이곳입니다. 그런데 사마우司馬牛가 거듭 인을 묻고 나섭니다. 이에 대해 공자는 "인이란 그 말함에 있어 참아서 하는 것이다"라고 답합니다. 이에 사마우가 재차 묻자 이런 말을 덧붙입니다. "그것을 행하기가 어려우니, 그 말함에 있어 참아서 하지 않을 수가 있겠는가?"(「안연」顔淵)

안회와 중궁의 예에서 보듯이 공자는 "인이란 무엇인가?"라는 질문에 대해 정언定言적으로 답하는 법이 없습니다. 대신 그것에 요청되는 덕목을 부챗살 펼치듯 제시할 뿐입니다. 사마우의 경우, 그것의 당위성을 동어반복 할 뿐입니다. 그러니 이를 어떻게 몇 개의 단어로 정의할 수 있겠습니까. 대신 이런 방식은 얼마든지 가능합니다. 인을 정의하는 대신 '불인'不仁은 유형화하는 방식 말입니다. 요즘도 쓰이는 중국의 욕 가운데 '마무부런'(麻木不仁)이라는 게 있습니다. 욕 중에서도 꽤나 계급이 높은 축에 속하는 이것은 알고 보면 이런 뜻입니다. 삼베나 나무막대기처럼 뻣뻣한 상태가 곧 불인이다.

유연하지 못한 것이 인하지 못한 상태라는 것, 이 말은 의외로 우리의 생각을 보다 먼 차원으로 끌고 갑니다. 한갓 도덕적 명제가 아니라 우주론적이고 심미적인 사태로서의 인仁 말입니다. 이를테면 정신이 고양되는 순간 언뜻언뜻 내비치는 공자의 말 한마디, 즉 "이제 너와 시를 논할 수가 있겠구나"라는 말에 담긴 '시'의 세계가 바로 이런 사태인지도 모릅니다. 이때 우리에게 요구되는 것은 모종의 인식론적 전환입니다. 즉 도덕군자 공자로부터 시인 공자 내지 예인 공자로의 인식 전환 말입니다.

어쩌면 『논어』의 숲에서 우리가 느껴야 하는 것은 말의 행간을 감싸고 있는 모종의 충동이 아닌지도 모르겠습니다. 이를 우주론적이고 심미적이라 하지 않는다면 무엇이라 할 수 있을까요? 이게 아니라면 『논어』 곳곳에 드러나는 시와 음악에 대한 파토스를 설명할 길이 없습니다. 그렇지 않다면 음악 하나를 듣고 3개월 동안 고기 맛을 잊어버린 이 사람을 어떻게 이해할 수 있단 말입니까. 하여 어느 음악가는 이 사람의 삶을 일러 이렇게 평합니다.

"음악가의 눈으로 볼 때, 공자의 온몸 그 자체가 음악이다. 그는 그 자체로 완벽한 예술가인 것이다."[11]

이런 관점에 설 때, 우리는 「양화」 편에 나오는 공자의 침묵 선언을 어느 정도 이해할 수 있게 됩니다. "나는 말을 하고 싶지가 않구나." "하늘이 어디 말을 하더냐. 사계절이 운행하고 만물이 생장하거늘 하늘이 어디 말을 하더냐." 이 말에 담긴 행간의 우주 말입니다. 여기서 조성되는 두 차원, 즉 하늘과 지상 간의 묵묵한 순수 연관, 어쩌면 이것이 공자의 정신 속을 일렁이던 인의 실질이었는지도 모릅니다. 만일 그렇다면 우리는 『논어』라는 말의 숲 속에서 가느다란 오솔길 하나를 발견하는 셈이 됩니다. 말(言)이 말을 넘어서 나 있는 길(途) 혹은 말을 통해 말 바깥(言外)으로 들어가는 길(道)……

이제 이 침묵에 관한 설명 하나를 덧붙이면서 기행을 마무리해야 할 것 같습니다. 이를 새로운 여정의 지남으로 삼으면서 말입니다.

말을 하지 않는 이유는 어떤 비밀을 간직하기 위한 비교秘敎주의적 취향에서 비롯하는 것이 아니라 바로 현자의 일거일동은 그 어떤 말보다도 더욱 완벽하게 그 원천인 내적 풍요로움으로 우리를 이끌기 때문이다. 주어진 본보기는 그 자체만으로 충분할 뿐 아니라 자명하기 그지없다. 본보기를 배우는 데 필요한 가르침은 단지 모방을 통한 동화에 있을 따름이다. (학擧은 '배우다'와 '모방하다'라는 두 가지 뜻을 지닌다.) 따라서 이러한 가르침을 완벽하게 하고자 '말에 기대할' 필요는 없다. 하늘의 자연이든 현자의 자연이든, 자발적인 흐름으로 나타나는 모든 자연은 스스로의 작용을 통해 명백하게 스스로를 알리며, 또한 **주어진** 명징성과는 별도로 추론해야 할 '의미'는 없는 까닭에, 또한 모든 의미란 이 즉각적인 명징성 속에 포함되거나 섞여 있는 까닭에, 의미에 대한 문제를 제기할 여지를 주지 않는다. 그러기에 매개물로 개입하는 모든 말은 괴리와 단절(道間斷)을 야기할 것이며, 명징성을 흐리게 할 것이며, 나아가 자연스런 영향을 단절시킬 것이다.[12]

공자들의 역사

중국 문명에서 『논어』가 누린 영광의 역사에 대해서는 별도의 설명이 필요치 않을 것 같습니다. 맹자에 의해 경전화 작업이 착수된 이래 한대漢代의 국가 이데올로기로 채택이 되기까지, 당대唐代 도통론道統論이 제기된 이래 송대宋代 신유학이 정립되기까지, 그리고 원대元代 과거 필수과목으로 채택된 이래 20세기 초 과거제가 폐지될 때까지, 이 모든 과정은 다음 세 단어면 족합니다. '최고의 성인', '만세의 사표', 그리고 '천하제일의 책'. 이 이외에 무슨 구구절절한 말들이 필요하겠습니까.

19세기가 저물어가던 무렵, 공자는 유신운동의 주역들에 의해 다시 근대국가 건설의 현장에 소환됩니다. 강유위의 『공자개제고』孔子改制考에서 '개혁가'로 부활하는가 하면, 담사동譚嗣同의 『인학』仁學 에서 인은 '전기'로 '에테르'로 굳센 '심력'心力으로 거듭납니다. 그러나 이것도 잠시, 이 노력들이 이내 '5·4' 시기 '타도공가점'打倒孔家店 구호로, 문혁文革 시기 '비림비공'批林批孔 운동으로 대체되고 말았음은 근현대사가 증언하는 대로입니다.

1990년대 개혁개방을 맞이하여 사회주의 정신문명이 빠져나간 그 자리에 공자는 다시 화려하게 컴백합니다. 위기에 처한 공동체를 견인하고 분열된 사회를 '화해'시키는 주역으로 말입니다. 이를 기념하기라도 하듯 얼마 전 천안문 광장엔 험상궂은 동상 하나가 세워졌습니다. 그로부터 얼마 뒤 정치적 문제로 다시 실내로 안치되고 말았지만, 그 정신만은 오히려 세계 열방으로 나날이 신장되는 추세입니다. '공자 아카데미'라는 이름으로, '공자 평화상'이라는 명목으로 말입니다. 그러고 보면 이 사람은 넋이 되어서도 곤고할 수밖에 없는 운명의 소유자였는지도 모르겠습니다.

지금 중국에선 초등교육 과정에서 『논어』가 암송되고 있는 모양입니다. '자왈'을 줄줄 외며 컴퓨터 게임에 빠져 있는 아이들, 이들이 살아갈 세상이 어떤 모습일지는 쉽게 단언하기 어렵습니다. 다만 이런 신인류가 미래의 중국에서 살아갈 것이라는 점, 이들의 가슴속에 이 말들의 메아리가 끈질기게 울려 퍼질 거라는 점만은 왠지 분명해 보입니다. 2,500여 년 전 추로지향鄒魯之鄉의 행단杏壇을 울려 퍼지던 그 목소리처럼 말입니다.

세계를 표상하기 『산해경』

山海經

미셸 푸코Michel Foucault의 『말과 사물』은, 보르헤스의 글 하나를 읽다가 터트린 웃음에 대한 고백으로 시작합니다. 이 웃음, 그러니까 "지금까지 간직해온 나의 사고의 전 지평을 산산이 부숴버린 웃음"은 고대 중국의 한 백과사전에서 비롯된 것이었습니다. 거기서 동물은 다음과 같은 방식으로 분류되는데, 그 분류의 방식이 과연 우리의 정신을 희롱하기에 딱 좋습니다. 이런 식이니까요.

"(a) 황제에 속하는 동물 (b) 향료로 처리하여 방부 보존된 동물 (c) 사육동물 (d) 젖을 빠는 돼지 (e) 인어 (f) 전설상의 동물 (g) 주인 없는 개 (h) 이 분류에 포함되는 동물 (i) 굉폭한 동물 (j) 셀 수 없는 동물 (k) 낙타털과 같이 미세한 모필로 그릴 수 있는 동물 (l) 기타 (m) 물 주전자를 깨트리는 동물 (n) 멀리서 볼 때 파리같이 보이는 동물."[1]

　　오늘날 우리의 분류법에 의하면 종―속―과―목―강―문―계 같은 식이 될 테지만, 왠지 여기서는 분류를 가능하게 하는 최소한의 '공동의 자리'조차 존재하지 않는 듯 보입니다. 푸코는 이를 서구 문명에 내재한 유토피아utopia에 대한 대비 개념으로 '헤테로토피아'heterotopia라 부르고 있습니다. 여기서 '헤테로토피아', 즉 '혼재향'混在鄕이란 서구 문명이 만들어낸 언설의 역사를 되비추는 타자로 요청되고 있습니다. 전혀 동거할 수 없을 것 같은 존재자들이 한 장소에 어우러져 있다는 의미에서 말입니다. 이런 식의 문제 설정에 대해 중국 쪽에서는 또 하나의 오리엔탈리즘orientalism이라며 마뜩찮아 하는 눈치지만, 그럼에도 불구하고 이 개념은 고대 중국 문화의 특정 단계를 설명하는 데에 있어서는 적지 않은 유용성을 제공해줍니다.

이번 기행에서 만나게 될 책 한 권도 이 낯선 마을로부터 그리 멀리 떨어져 있지 않습니다. 거기에 첩첩이 등장하는 이상한 산과 거기에 사는 괴수들, 이어서 줄줄이 등장하는 괴물들의 나라와 요괴들의 천국이 본질상 그렇다는 이야기입니다. 『산해경』山海經이라 불리는 이 책은 신화라고 하기엔 좀 덜 체계적이고 판타지라 하기엔 덜 조직적이며 그냥 상상력의 집적물이라 하기엔 왠지 미진한, 그런 느낌의 세계입니다. 이 세계는 어떤 의미에서는 부조리한 것들의 세계사처럼 읽히는데, 그렇다고 해서 이때의 부조리가 문명의 미숙성에서 비롯되는 것도 아닌 것 같습니다. 그건 왠지 우리가 살아가는 문명 자체를 근본적으로 되돌아보게 하고 반성케 만드는, 그런 기제처럼 읽힙니다. 그도 그럴 것이, 내용 하나 형상 하나가 우리네 현대인의 세계관을 옭아매고 있는 '이성'이란 것을 무장 해제시킬 뿐 아니라 '합리'라는 것의 토대를 근본적으로 뒤흔들어놓기 때문입니다. 그러니 이 책을 읽으며 혹

어이가 없다거나 당혹스런 느낌이 든다면 그냥 허여해도 무방합니다. 푸코가 터뜨렸던 그 '웃음'처럼 말입니다. 이 책의 요구치가 원래 그런 것일지도 모르니까요.

괴물들의 토포스topos

먼저 한두 대목만 슬쩍 엿보고 이야기를 시작하겠습니다.

서남쪽으로 360리를 가면 엄자산崦嵫山이라는 곳이다. 산 위에는 단목丹木이 많이 자라는데 잎은 닥나무 같고 열매 크기가 오이만 하며 꽃받침이 붉고 결이 검다. 이것을 먹으면 황달병이 낫고 화재를 막을 수가 있다. 그 남쪽에는 거북이가 많고 북쪽에서는 옥이 많이 난다. 초수苕水가 여기에서 나와 서쪽으로 바다에 흘러드는데, 그 속에는 고운 숫돌과 거친 숫돌이 많다. 이곳의 어떤 짐승은 생김새가 말의 몸에 새의 날개, 사람의 얼굴에 뱀의 꼬리를 하고 있다. 이 짐승은 사람을 안아 들기를 좋아하며 이름을 숙호孰湖라고 한다. 이곳의 어떤 새는 생심새가 솔개 같은네 사람의 얼굴을 하고 원숭이의 몸에 개 꼬리를 하고 있으며 제 이름을 스스로 불러댄다. 이것이 나타나면 그 고을이 크게 가문다.
— 『산해경』「서산경」西山經[2]

다시 동쪽으로 3백 리를 가면 청구산靑丘山이란 곳인데, 그 남쪽에는 옥이, 북쪽에서는 청호靑護가 많이 난다. 이곳의 어떤 짐승은 그 생김

적유(인어 아저씨)

새가 여우 같은데 아홉 개의 꼬리가 있으며 그 소리는 마치 어린애 같고 사람을 잘 잡아먹는다. 이것을 먹으면 요사스러운 기운에 빠지지 않는다. 이곳의 어떤 새는 생김새가 비둘기 같은데 소리는 마치 꾸짖는 것 같다. 이름을 관관灌灌이라고 하며 이것을 몸에 차면 미혹되지 않는다. 영수英水가 여기에서 나와 남쪽으로 즉익택卽翼澤에 흘러든다. 그 속에는 적유赤鱬가 많이 사는데 그 생김새는 물고기 같으나 사람의 얼굴을 하고 있고 소리는 원앙새 같다. 이것을 먹으면 옴에 걸리지 않는다.

— 『산해경』「남산경」南山經[3]

혹 인어라는 존재의 원형을 안데르센 동화 속의 인어공주에서 찾으셨다면, 위의 적유라는 존재는 좀 상식 밖입니다. 기다란 생머리의 아가씨가 아니라 번쩍이는 대머리의 인어 아저씨로 그려져 있으니까요. 이뿐만이 아닙니다. 책장을 넘기면 넘길수록 별의별 희한한 존재들이 툭툭 튀어나옵니다. 생김새는 올빼미 같은데 사람의 얼굴에 네 개의 귀가 있는 동물이 있는가 하면 날개 달린 물고기도 있고, 암수가 한 몸인 종족이 있는가 하면 생긴 건 자루 같은데 여섯 개의 다리와 네 개의 날개가 달린 신도 등장합니다. 이어서 난장이들의 나라, 거인들의 나라, 머리가 없어 젖가슴에 눈이 달린 사람들의 나라, 가슴에 구멍이 뻥 뚫린 사람들의 나라, 아주 긴 팔을 가진 사람들의 나라, 머리가 세 개인 사람들의 나라 등이 줄줄이 등장합니다. 이처럼 동물 아닌 동물, 사람 아닌 사람, 신 아닌 신들로 빼곡한 이 세계를 대체 어떻게 받아들여야 할까요? 그리고 이 기상천외한 책은 누가 언제 어떤 의도로 쓴 것일까요?

『산해경』의 성격 문제

『산해경』을 특정 시대 특정 개인의 작품으로 보기는 어려울 것 같습니다. 아무래도 이 책은 오랜 기간에 걸쳐 다양한 시대 다양한 사람의 꿈과 생각이 덧대어지고 덧입혀진 결과물로 보아야 할 겁니다. 한漢나라 사람 유흠劉歆이 황제에게 올린 글에서 우禹임금이 천하의 질서를 정비하는 과정에서 지은 책이라 밝히고는 있지만, 전반적인 내용을 고려해보면 믿기 어렵습니다. 학계에서는

대체로 서주西周 초기(기원전 12세기)로부터 위진魏晉 시대(3~4세기)
사이에 초楚나라 지역에서 어떤 의도를 가진 개인이나 집단에 의
해 단속斷續적으로 만들어진 작품으로 보고 있지만, 워낙 시간대
가 넓다보니 책이 성립된 연대에 관한 논의 자체가 무의미할 정
도입니다. 그러다보니 자연히 관심은 이 책의 성격 문제로 집중
됩니다. 크게 두 가지 입장으로 나뉘는데, 지리서로 보는 입장과
신화서로 보는 입장이 그것입니다.

먼저 지리서로 보는 경우, 음양가陰陽家의 대표 논객 추연鄒衍에
의해 조직된 탐험대의 답사 기록이 바로 이 책이라는 입장입니
다. 그럴듯하긴 해도 억지스런 느낌이 드는 건 어쩔 수가 없습니
다. 물론『산해경』을 오늘날 세계지도 위에 올려놓았을 때 그 사
방 경계가 동으로는 일본 열도 및 연해주, 남으로는 인도양 벵골
만, 서로는 북아프카니스탄, 북으로는 북극해 오비 강 하류쯤이
된다는 견해도 설득력이 있긴 합니다만 자연과학적 '지리' 개념
을 지나치게 일반화하는 우를 범하고 있습니다. 이에 반해 신화
서로 보는 경우, '태음太陰 숭배', 즉 달 신앙에 근거한 상징 체계
가 이 책이라는 입장입니다. 부분적으로 적실하고 타당한 측면이
있긴 합니다만, 다양한 내용을 '무리하게 신화적인 전제로 환원'
시킨다는 점에서는 꽤나 문제가 됩니다.[4]

혹자는 여기서 한 걸음 더 나아가 이 책을 '중국의 창세 서사
시'로 간주하기도 하는데,[5] 이 역시 고대 중국인들의 세계관으로
보나 고대사의 정황으로 볼 때 억측에 가깝습니다. 또 어떤 이는
이 책을 '옛 중국의 X파일'로 단정하면서 고대인의 상상력 속에

우리 시대 첨단 테크놀로지가 이미 선취되어 있었다고 우기기까지 하는데,[6] 그냥 웃고 넘겨도 좋을 정도입니다. 결국 가능한 독법은 절충적인 방식인데, 학계의 경향도 대체로 이 길을 따르고 있습니다. 지리 개념은 그것대로 인문지리·문화지리의 차원으로 지평을 확대하고, 신화 개념은 또 그것대로 '집단적 기억'이라는 차원으로 지평을 확대하면서, 고대 문화 특유의 "종교적 지리 관념에 입각해서 자신들이 살고 있던 지역과 그들의 영역 밖에 존재한다고 믿었던 세계에 대한 파악"[7]의 방식으로 이 책을 읽어가는 것이지요. 그럼 이 방식에 의거해서 이 별천지 속으로 한번 들어가 볼까요.

『산해경』의 체제

『산해경』은 「산경」山經과 「해경」海經으로 구성되어 있습니다. 「산경」은 다시 방위에 따라 「남산경」南山經―「서산경」西山經―「북산경」北山經―「동산경」東山經―「중산경」中山經으로 나누어져 있는데, 그래서 이를 「오장산경」五藏山經이라 부릅니다. 이에 반해 「해경」은 구조가 좀 복잡합니다. 먼저 안과 밖을 나누어 역시 남서북동의 순으로 「해외남경」海外南經―「해외서경」海外西經…… 「해내남경」海內南經―「해내서경」海內西經…… 이런 식으로 배치되어 있습니다. 여기에 「대황경」大荒經이 동남서북의 순으로 이어져 있고 맨 마지막에 「해내경」海內經이 덧붙여져 있습니다. 「해경」의 이런 산만하고 중층적인 구조로 인해 연구자에 따라서는 「해경」에서 「대황

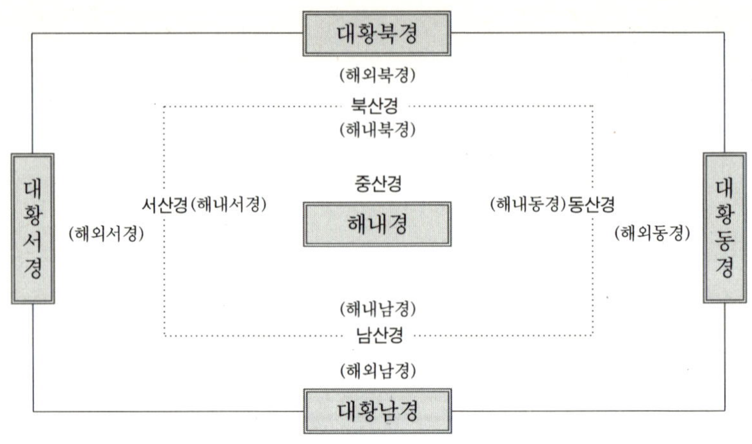

「산해경」의 구조

경」을 분리해내어 「산경」–「해경」–「대황경」의 체제로 구조를 설명하기도 하는데, 각각의 논리적 근거가 없지 않습니다. 여기서는 이 입장에 근거해 전체 배치를 조감해보겠습니다.

『산해경』 전체 구도는 위와 같습니다. 얼핏 보기에도 안과 밖이라는 구도와 동서남북이라는 구도가 선연히 눈에 들어옵니다. 여기에다 기술의 방향도 먼저 밖을 기술한 뒤 점차 안으로 향하고 있는가 하면, 전체 기술 내용 가운데 안과 밖의 비율을 따져보아도 전반적인 구도가 「오장산경」을 중심축으로 삼아 구심성을 띠고 있다는 느낌이 듭니다.[8] 이로써 이런 추측이 가능해집니다. 지금 우리가 보는 『산해경』은 음양오행이라는 신종 담론과 불가분의 관계를 맺고 있을 거라는 점, 그리고 이 담론을 통해 중원中原 중심의 세계사적 질서를 수립해보려는 노력의 산물일 거라는 점입니다.

이 점은 세 체제의 기술 방식을 비교해보아도 어느 정도 분명해집니다. 적실한 비유를 인용해보자면 기술 방식의 차이는 이런 식입니다.

"「오장산경」의 작자는 성실한 지리학자가 모든 지역의 산봉우리를 한 걸음 한 걸음 답사하는 것과 같다. 반면에 「해경」의 작자는 거인이 성큼성큼 발자국을 옮겨놓으면서 자신의 발이 놓인 곳에 무엇이 있는가를 바라보는 것과 같다. 「대황경」은 마치 거대한 붕조鵬鳥가 아득한 하늘 위를 날아가다가 잠시 앉아 쉬는 지역에 무엇이 있는가를 살펴보는 것처럼 그 공간적 세계를 기술하고 있다."

이런 비유 속에는 분명 세계에 대한 앎에의 욕구랄지 의지 같은 것이 어른거리고 있습니다. 게다가 이 욕구와 의지가 발휘되는 방식의 차이도 어렴풋이 감지됩니다. 이를 '세계관'의 형성과정으로 이해해도 별 무리가 없을 듯합니다. 그렇다면 「오장산경」에서는 그것이 매우 '미시적'으로 드러나는 데 반해 「해경」에서는 상당히 '거시적'인 방식으로 드러나는 셈이 됩니다. 그리고 「대황경」에선 '우주론적 세계관'의 수준으로까지 확장되고 있다고 할까요?

그러니 이 책을 특정 시기 특정 개인의 작품으로 보기 어렵다고들 하는 것이지요. 그렇다면 이를 고대 사람들이 제작한 일종의 세계지도로 이해해도 크게 무리가 없을 듯합니다. 지금 우리가 보는 세계지도라는 것도 따지고 보면 원양 저 너머로 시장 개척의 필요성을 절감하던 대항해시대 유럽에서 메르카토르 학파가 고안해낸 획기적인 방식이었을 뿐, 애초부터 모든 지도가 이런 모양은 아니었으니까요.

박물지의 원리

『산해경』에는 총 837조條의 텍스트가 실려 있습니다. 이 텍스트는 주로 「오장산경」에서 양식적 전형성을 보이고 있는데, 그 기본형은 대개 이렇습니다.

(1) 산의 이름 (2) 앞의 산으로부터의 거리와 방위 (3) 흘러나오는 강의 이름 (4) 그 강이 흘러가는 방향이나 장소 (5) 산의 모양이나 특수한 면 (6) 광물 (7) 동물 (8) 식물 (9) 신 (10) 기타 특수한 상황.[10]

이들 내용은 운율에 실려 있었던 것 같습니다. "가령 4자·6자의 자수율을 기본으로 하고 있다든가 원문이 거의 동일한 패턴을 가진 문형의 반복으로 이루어져 있다든가 하는 점이 그러"합니다.[11] 이런 양식성을 대체 어떻게 이해해야 할까요? 왜 하필이면 산이었을까요? 여기서 잠시 어떤 상황 하나를 가정해볼 필요가 있습니다. 소설 속 로빈슨 크루소처럼 어느 미지의 세계에 홀로 떨어져버린 그런 상황 말입니다. 이때 우리에게 닥칠 현실을 한번 상상해보지요.

사방은 온통 낯선 풍경으로 가득하고 그런 만큼 이 세계에 대한 두려움은 점점 가중될 겁니다. 이윽고 조심스레 이 신천지를 탐사해볼 엄두를 내겠지요. 최소한 저 숲 너머엔 무엇이 있고 저

산 너머엔 또 무엇이 있으며 이 세계의 경계를 두 눈으로 확인해 둘 필요가 생기는 거지요. 그러자면 일단 탐사의 범위가 정해지지 않으면 안 됩니다. 오늘은 저 숲까지, 내일은 저 숲 너머 봉우리까지, 이런 식으로 탐사를 위한 최소한의 단위 구역을 설정합니다. 이윽고 첫 번째 구역부터 탐사를 시작합니다. 이 구역 어디쯤 물이 있고, 어디쯤 먹을 만한 것이 있으며, 어떤 동식물이 살고, 그것들의 특성은 무엇이고, 또 효용은 무엇이며 등등의 방식으로 말입니다. 마침내 일차적인 탐사가 끝나고 난 뒤, 그 결과를 일목요연하게 정리해볼 필요를 느낍니다. 주변의 위험과 위협으로부터 생존을 유지하기 위해서는 최소한의 지도가 요구되었던 거지요. 이를 잠정적으로 '인식론적 지도'라고 부르기로 합시다.

그럼 이 상황을 문명사의 지평에 적용해볼까요. 아마도 문명사 초기 인류가 처한 형편 역시 별반 다르지 않았을 겁니다. 중국 문명에 국한시켜 이야기하면, 이 '인식론적 지도'는 종종 표상表象의 방식으로 드러납니다. 즉 어떤 이미지 하나를 그 구역에 표시해둔다는 말입니다. 우리가 어느 험준한 산의 길을 개척하며 오른다고 할 때 다음 등반객을 위해 나뭇가지에 매듭을 묶이두는 것처럼 말입니다. 그러면 그 구역은 더 이상 미지의 세계가 아니라 인간의 앎의 영역 속의 한 장소로 변모하게 됩니다. 혼돈으로부터 문명으로의 전환이란 것도 따지고 보면 이런 것이겠지요.

그런데 역사를 읽다보면 새로운 질서가 모색되는 과정에서 대외적인 인식의 욕구가 전면화될 때 꼭 나타나는 것이 '박물지'博物志적인 시선입니다. 박물관 할 때의 그 '박물' 말입니다. 새로이 알게 되는 사실을 거대한 박물표 안에 구겨 넣으려는 욕망의 산물이 그것인데, 혼돈의 땅에 사람의 무늬를 덧씌움으로써 인간적인 방식으로 세계를 전유專有하겠다는, 일종의 문명사적 일반 문법인 셈입니다. 한 제국 시기 『박물지』博物志, 『신이경』神異經, 『목천자전』穆天子傳 등의 박물지가 대거 출현하는 것이나, 지리상의 대발견 이후 계몽주의 유럽에서 '백과전서파'라는 전통이 수립되는 것도 다 이런 맥락입니다. 우리가 첫 번째 기행에서 다룬 '인문'人文이란 말의 의미도 따지고 보면 결국 이런 것입니다. 세계에 사람의 무늬를 입힌다는 의미니까요. 그러니까 고대 중국 문명에서 이 원리가 가장 최초로 가장 상징적으로 드러나는 예가 바로 『산해경』이라는 것이지요.

표상과 담론

「오장산경」에서는 산이 기준이 되지만 「해경」과 「대황경」에서는 어떤 마을, 즉 '국'國이 기준이 됩니다. 그런데 산이든 마을이든 그 뒤에 이어지는 내용은 한결같이 사람살이에 필요한 무언가, 즉 동물, 식물, 광물 등입니다. 그런데 사람살이의 존재론적 조건을 따진다면야 신 이상의 존재도 없겠지요. 그러니 어떤 마을의 신은 그 속성이 어떤지, 그리고 어떻게 제사를 드리는지 등등에 관한 최소한의 정보가 필요했을 겁니다.

그런데 재미난 것은 문명에 내재된 '표상에의 의지'가 인간적인 담론으로 전환되는 과정입니다. 말이 좀 어려운데, 설명하자면 이런 겁니다. 앞서 살펴본 적유란 이름을 가진 인어 아저씨를 예로 들어보지요. 이 아저씨를 창조한 사람들에게 이 물고기 아닌 물고기, 사람 아닌 사람이 과연 실재하는가 하는 문제는 전혀 중요하지 않습니다. 정작 중요한 건 물고기의 몸과 사람의 얼굴과 원앙의 소리를 가져와 인간적인 방식으로 조작해서 적유라는 하나의 형상을 세우는 것입니다. 훗날 이런 방식으로 수많은 표상이 만들어지고 이것이 이내 강력한 힘을 지닌 집단적 상징이 된다는 점에서 이는 매우 중요합니다. 가령 뱀의 몸통과 물고기의 비늘과 말 대가리와 사슴의 뿔과 닭발을 결합하여 하나의 형상을 만들었다고 칩시다. 그리고 이 신종 발명품에 신성한 의미를 부여하고 거기에 한 집단의 정체성을 실었다면 이게 말이 되는 이야기이겠습니까. 그런데 실제로 이런 일이 벌어집니다. 중국 문명의 아이콘 용龍의 탄생 내력이 이러하니까요.

이런 조작이 어떻게 가능했을까요? 그 비결은 의외로 글자 하나에 있습니다. 이를테면 "그 속에는 적유가 많이 사는데 그 생김새는 물고기 같으나 사람의 얼굴을 하고 있고 소리는 원앙새 같다"에서 '如'(~같다)나 '若'(~인 듯하다)이라는 글자 하나가 그것입니다. 예전 우리가 국어 시간에 배웠던 비유법 가운데 직유直喻라는 것이 있었지요. "A는 B와 같다"라는 사유의 패턴이 그것인데, 여기서의 '같다'가 바로 이 경우입니다. 이 글자 하나는 이후 시학, 언어철학뿐 아니라 문명사 일반에까지 대단히 위력적인 힘을 발휘하게 됩니다. 아리스토텔레스의 『시학』에서도 '서로 다른 사물들의 유사성을 재빨리 간파할 수 있는' 능력을 일러 '천재의 표징'이라고 하는 걸 보면,[12] 이것의 위력은 동서를 불문했던 모양입니다. 어쨌거나 이 한 글자의 신묘한 힘에 의해 표상은 담론의 체계로 자연스럽게 연결됩니다. "이것을 먹으면 옴에 걸리지 않는다"는 인간적인 세계로 말입니다. 이런 식의 '의미론적 도약'에는 으레 '허위의식'의 계기가 내포되어 있기 마련입니다. 일종의 속임수인 거지요. 이 선량한 사기술의 개발은 문명의 입장에서야 일대 개가였겠지만, 세계의 입장에서 보면 굉장히 억울한 일이었을 겁니다. 문명의 바벨탑은 이런 식으로 점차 높이를 더해갔습니다.

판타지의 정치학

기왕 문명이란 말이 나왔으니 내처 좀 더 샛길로 빠져보겠습니다. 여기서 이런 질문을 한번 던져보지요. 우리는 왜 신화 하면 고대 그리스 신화를 먼저 떠올리게 될까요? 중국 문명에는 아예 신화가 없거나 상대적으로 그런 전통이 약했던 것일까요? 그렇다면 왜 그랬을까요? 그게 아니라면 왜 다양한 신화가 전해지지 않는 걸까요? 이들 질문에 제대로 답하기 위해서는 고대 중국사의 물적 토대에서 우주론의 성립에 이르기까지 제법 촘촘한 논의를 거치지 않으면 안 됩니다. 그러니 여기선 그저 『논어』의 한 대목을 통해 이 문제를 잠시 생각해보겠습니다. 「술이」 편에 나오는 "자불어괴력난신子不語怪力亂神"이라는 구절이 바로 그것입니다. 이야기인즉슨 "선생님께선 괴이한 것, 우악스러운 것, 어지러운 것, 신비스런 것을 말씀하지 않으셨다”는 것인데, 요즘 말로 하면 우리 선생님께선 판타지 장르는 아예 입에 담지도 않았다는 말입니다. 그런데 이 어른은 이 재미있는 걸 왜 입에 담지도 않으셨을까요?

잘 알려진 대로, 유가라는 학풍은 ‘실록’ 정신 위에 서 있습니다. 요즘 말로 하면 다큐멘터리 정신에 투철하다고 할 수 있겠습니다. ‘저 너머’의 존재를 근본적으로 부정하지 않음에도 불구하고, 극구 그쪽으로는 고개를 돌리려 하질 않습니다. 왜 그럴까요? 이런 어정쩡한 태도는 공자의 언설에서도 여실합니다. 이를테면 이런 대목들 말입니다. “삶도 모르거늘 어찌 죽음을 알겠느냐.”, “사람 섬기는 법도 모르거늘 귀신 섬기는 법을 어찌 알겠느냐.” (『논어』「선진」) 척 봐도 사고방식이 대단히 현세적이지요. 흡사 눈에 보이지 않는 것에 대해서는 함부로 묻지 않겠다는 태도입니다. 그런데 이런 현세주의가 제국의 국가 이데올로기로 채택이 된다면 어땠을까요? 모르긴 해도 유학자들에 의해 검열 작업이 꽤나 촘촘히 수행되었을 겁니다. 요즘 말로 하면 일종의 이데올로기 투쟁 내지 성풍整風운동의 형태를 띠었겠지요. 한 제국의 경우가 바로 그랬습니다.

궁중 도서관의 책임자 유흠은『산해경』정리 작업—이 역시 검열 작업의 일환으로 보입니다만—을 마치고 올린 보고서「산해경을 올리며」(上山海經表)에서 이 책의 유용성을 한참 늘어놓은 뒤 이런 말로 마무리를 하고 있습니다.

본래 『역경』易經에서는 이렇게 말하고 있습니다. "천하 만물의 온갖 번잡스러움을 말하여도 어지러워지지 않는다"고. 모든 사물에 통달한 사람은 아마 미혹되지 않을 수 있을 것입니다.[13]

여기서 주목해야 할 것은 '어지러워지지 않는다'(不可亂), '미혹되지 않는다'(不惑)라는 수세적이고 방어적인 뉘앙스의 단어들입니다. 이는 물론 당시 정치판을 휩쓸고 있던 미신적 풍조를 염두에 둔 것이지만, 유학이라는 통치 이데올로기의 순결성에 대한 강박증 같은 것도 분명 작용했을 겁니다.

그런데 동진東晉 사람 곽박郭璞이 『산해경』 주석 작업을 마치고 쓴 「산해경 주석에 부쳐」(注山海經敍)를 보면 사뭇 논조가 달라집니다.

무릇 나지막이 우거진 풀숲에서나 나는 주제로는 하늘에 날개를 드리우고 날아오르는 경지를 논할 수 없고, 소 발자국에 괸 물에서나 노는 수준으로는 붉은 용이 하늘까지 치솟는 경지를 이해할 수 없으며, 존엄한 음악이 울려 퍼지는 천상의 뜨락은 속된 악공이 발 디딜 곳이 아니고, 뜬 다리도 없는 나루터는 평범한 뱃사공 따위가 건널 곳이 아니다. 천하의 지극한 식견을 가진 사람이 아니고서는 더불어 『산해경』의 의미를 말하기 어렵다. 아! 통달하고 박식한 사람이 이를 거울로 삼을 것이다.[14]

여기서 드러나는 논조의 차이나 기개의 호방함은 시대정신 속에서 독해될 필요가 있습니다. 그가 살았던 위진남북조 시기 사상적 헤게모니는 이미 도가 쪽으로 넘어간 상태였습니다. 도가적 콘텍스트 속에서 『산해경』의 판타지는 여러모로 효용이 없지 않았을 겁니다. 그러니까 곽박은 지금 이 판타지성의 시대적·사상적·정치적 맥락을 비유적으로 거론하고 있는 셈입니다. 제국 시대의 이데올로기에 대한 분열 시대의 이데올로기로서, 유가적 정치 담론에 대한 도가적 대항 담론으로서, 현세적 실용이성에 대한 낭만적 상상력으로서 등등의 맥락 말입니다. '위진 현학玄學'이라는 것이 바로 이런 시대정신 위에서 형성되었으니까요.

근자의 『산해경』 연구가 주로 포스트모더니즘의 맥락에서 이루어지고 있는 것도 이런 의미에서 보면 자연스럽습니다. 그러니까 포스트모더니즘이 모더니즘에 대해 갖고 있는 입장의 차이가 한 제국의 유가 이데올로기에 대해 곽박이 보이는 입장과 논리적 맥락을 같이하고 있다는 이야기입니다. 이를테면, 유가–제국의 시대–정치 담론–모더니즘–이성 중심–태양 신화–남근주의라는 맥락에 대해 도가–분열의 시대–문화 담론–포스트모더니즘–탈근대–상상력 중심–태음 신화–페미니즘이라는 맥락이 갖는 담론의 적실성을 되묻고 있다는 말입니다. 그러고 보면 예나 지금이나 귀신이나 괴물은 그 존재 의미가 결코 작지만은 않았던 모양입니다.

뒷이야기들

이제 정리하겠습니다. 『산해경』은 중국 문명이 막 옹알이를 시작하던 시기, 세계에 대해 고대인들이 보인 관념의 흔적입니다. 그러니까 지리 관념과 표상 행위를 통해 세계를 인식하고 전유하려 했던 인식론적 모험의 기록인 셈입니다. 고대 '무당 계층의 구비서사가 정착'[15]되어 거대한 박물 지도가 만들어졌고, 여기에 다양한 버전의 이미지가 추가되어 오늘날 우리가 보는 책이 되었습니다.

근대의 문호 노신魯迅은 유모를 추억하는 어느 글에서 그녀가 사다준 그림책이 가져다준 감동을 이런 말로 남기고 있습니다.

"벼락에 감전이라도 된 듯 전신이 떨렸다."(「아장과 산해경」阿長與山海經) 이처럼 『산해경』은 중국 문명이 만들어낸 '상상력의 보고'였습니다. 이 상상력의 창고는 줄곧 문명의 이면을 안받침하고 있다가 때론 잠복하고 때론 솟구치면서 문명사의 볼륨을 한층 두텁게 만들었습니다. 이 볼륨이 만들어낸 풍성한 주름살들은 중국 문화사 곳곳에서 확인할 수 있습니다.

그 흔적은 무엇보다도 '괴력난신'이 난무하는 소설사적 전통 속에 선명히 남아 있습니다. 위진남북조 시기의 지괴소설志怪小說에서 청대 『요재지이』聊齋志異에 이르기까지 천상과 지상, 현실계와 상상계를 넘나드는 풍성한 관념의 모험들이 그 반증입니다. 뿐만 아니라 난세를 살아가는 문인들의 불우한 내면세계 속에서도 일종의 낙원으로 생생히 살아 있습니다. 그 일단은 도연명陶淵明의 「산해경을 읽고」(讀山海經)라는 연작시에 잘 드러나 있는데, 그 가운데 첫수를 소개하면서 이번 기행을 마무리하도록 하겠습니다.

초여름 풀과 나무 자라서

집 주위에 우거졌네

뭇새들 즐겨 깃들이고

나 또한 오두막집을 사랑하느니

밭 갈고 씨 뿌리고 하는 중에

때때로 돌아와 책 읽는다네

외진 곳 귀한 손님 올 리 없고

친한 벗님네나 찾아들까

반갑게 봄 술 따르고

텃밭의 푸성귀를 뜯네

보슬비 동쪽으로부터 내리고

훈풍도 더불어 불 제

『목천자전』을 두루 보고

『산해경』을 훑어보네

잠깐 사이에 우주를 돌아보게 되니

진정 즐거운 일이 아니고 또 무엇이겠는가![16]

— 도연명, 「산해경을 읽고」

제국을 설계하라 『춘추번로』

春秋繁露

중국 문명을 기행하면서 드는 의문이 하나 있습니다. 흔히 '중국'
이라고 말할 때 그 내용이 되는 '중국다움'chineseness이란 언제부
터 형성된 것일까요? 정체성이란 게 애초부터 존재한 것이 아니
라 역사적으로 형성된 것이라는 관점에 서면 꽤나 난감한 질문입
니다. 그럼에도 불구하고 그 대답은 아무래도 한족漢族 문화에서
찾을 수밖에 없습니다. 한족漢族—한어漢語—한문漢文이라는 계열
적 연속성, 여기서 공히 전제되어 있는 것이 '漢'이란 글자인데,
이 글자가 '중국'이라는 정체성 논의의 출발점이 됩니다.

　한나라(기원전 206~기원후 220)는 『초한지』楚漢志의 승자 유방劉邦
이 세운 나라입니다. 우리의 고대사에 '한사군'漢四郡이란 명목으로
잠시 등장하는 그 나라 말입니다. 이 나라는 유씨 천하였습니다.
『삼국연의』三國演義에서 특출 날 것도 없는 인간인 유비劉備가 당대
의 영웅 조조曹操를 밀어내고 이야기의 중심에 서게 되는 이유도
오직 하나, 유씨였기 때문입니다. 한 왕조의 적통이라는 것이지요.
이 계보학은 이민족에게 중원을 빼앗긴 남송南宋 시대에 대대적으
로 유포됩니다. 이렇게 '역사적'인 방식으로 한나라는 '중국성'의

토대가 되었고, 이 토대는 놀랍게도 20세기 초 '마지막 황제' 부의
溥儀가 자금성紫禁城에서 떠밀려날 때까지 면면히 이어졌습니다.
그래서 이 왕조에 주목하는 일이 그만큼 중요해집니다.

그런데 역사를 공부하다보면 하나의 제국이 성립하기 위해서
는 꽤나 까다로운 조건이 요구됨을 알 수 있습니다. 시골 건달에
가까웠던 유방이 어쩌다보니 한 제국의 고조高祖가 되지는 않았
을 테니까요. 여기에는 시운時運은 물론 물적·이념적·제도적 인
프라가 복합적으로 작동했을 겁니다. 그러므로 이 조건들이 무엇
이었는지, 이것이 어떤 과정을 거쳐 제국의 시스템으로 기능하게
되었는지에 관한 물음이 중요해집니다. 이번 기행은 이 물음으로
부터 출발해보기로 하겠습니다.

그러다보면 제국의 청년기 어디쯤에서 하급 공무원 한 사람을
만나게 됩니다. 훗날 역사에서 꽤나 많은 풍파를 일으키는 이 인
물의 이름은 동중서董仲舒입니다. 그가 쓴 책 한 권이 이번 기행의
주제가 되는데, 『춘추번로』春秋繁露라는 이름의 서물書物이 그것입
니다. 이번 기행의 포인트는 제국의 일개 공무원에 불과했던 그
가 이 서물을 통해 어떻게 풍운의 역사에 등장하게 되었는지, 이
과정에서 '동중서'라는 인물이 어떻게 '역사적'으로 '구성'되는
지, 그리고 이때 '역사적'이란 것이 무엇을 의미하는지, 이런 문
제들을 생각해보려는 데에 있습니다.

제국 초기의 풍경들

중국 최초의 제국은 진秦나라였습니다. 'china'라는 명칭의 유래가 된 그 나라입니다. 그런데 이 제국은 과도한 규제와 억압 정책으로 인해 미처 시스템을 구축하기도 전에 16년 만에 막을 내리고 맙니다. 이 유산을 이어받은 것이 한나라였습니다. 따라서 한나라 초기에는 휴식년과도 같은 느슨한 분위기가 지배적이었습니다. 춘추 시대 말기 이래 250여 년 동안이 전쟁이었던 데다 진 제국의 공포정치를 막 벗어난 마당이었으니 그럴 만도 했겠지요. 이러한 분위기를 이념적으로 뒷받침한 것이 황로黃老 사상이었습니다. 전국 시대 말기 음양학파의 황제黃帝 담론과 노자老子 담론의 결합물이 그것이었는데, 제국의 기틀을 닦은 무제武帝 시기까지 지배적인 이념이었습니다. 그런데 '욕망의 절제'(寡慾)에 기반을 둔 이 사상은 휴식년의 이념은 될 수 있을지언정 제국의 이념으로는 역부족이었습니다. 그런데 문제는 제국 경영의 기틀이 될 만한 이념적·제도적 토대가 거의 전무했다는 점입니다. 어째서 이런 상황이 되었을까요?

일단 대부분의 책들이 진 시황의 협서율挾書律(민간에서 책 소지를 금지한 법령)과 분서焚書 사건을 통해 사라져버렸습니다. 그나마 보존되어 있던 궁정 도서관의 수장 도서마저 항우項羽가 저지른 함양궁 대화재로 대부분 소실되어버렸습니다. 그 불길이 3개월이 지나도 꺼지지 않을 정도였다니 가히 짐작할 수 있겠지요. 게다가 정권을 인수한 유방 쪽의 형편도 여의치가 않았습니다. 아시다시피 유방은 평민 출신입니다. 직책이라고 해야 오늘날로 따지

면 어느 벽촌의 민방위대장쯤이나 될 겁니다. 그러니 책이란 물
건을 가까이해본 적이 없겠지요. 그래서 그는 학자연하는 인간들
을 매우 싫어했습니다. 전하는 말에 의하면, 거병 초기 유관儒冠
을 쓰고 찾아온 어느 유학자의 관에다 오줌까지 갈겼다고 하니까
요. 유방 진영의 지적 수준도 문제가 되었습니다. 문사文士로 소
하蕭何가 있었다고 하나 하급 관료 출신이라 스케일 있는 안목을
기대하기는 어려웠고, 어제의 동지들은 동지들대로 여전히 야전의
기풍을 청산하지 못하고 있었습니다. 어느 만찬에서는 술김에 칼
을 뽑아 기둥을 베었다고도 하니까요. 그것도 황제의 면전에서 말
입니다. 이런 형편으로 제국을 경영할 수는 없는 노릇이었습니다.

이때 숙손통叔孫通이라는 자가 있었습니다. 진나라 박사博士를
지내다가 100여 명의 제자를 이끌고 귀화한 학자였습니다. 그는
이 한심한 상황을 목도하면서 제도 수립의 필요성을 절감한 모양
입니다. 그래서 유방에게 궁정의 의식과 예법 수립을 제안하고
나섰습니다. 그는 공자의 유풍이 남아 있던 노魯나라로 직접 가서
33인의 유생을 선발한 뒤 제자들과 함께 이 사업을 추진했습니
다. 새끼줄을 쳐놓고 한 달간 군신의 예를 연습하게 했다고도 하
는데, 개국 7년이 되던 해 장락궁長樂宮 낙성 전례에서 유방은 처
음으로 이 사업의 중요성을 인식하게 됩니다. 그날 그가 남긴 말
은 이랬다고 합니다.

"나는 오늘 처음으로 황제의 존귀함을 깨달았노라."

건국 초기에는 안팎의 변란으로 인해 문화 사업엔 신경 쓸 겨
를이 없었습니다. 그러다가 천하가 안정 국면에 접어들면서 점차

유가 경전에 대한 관심이 증대됩니다. 유학이란 본질적으로 제도의 학문이었으니까요. 하지만 분서 사건으로 대부분의 책들이 불타버렸으니 상황이 난감해진 것이지요. 이를테면 이런 식이었습니다. 문제文帝는 박사관에 『시경』과 『서경』書經 두 과목을 개설하려 했지만 정작 텍스트가 없었습니다. 그리하여 이를 기억하고 있는 사람을 전국에 수소문하게 됩니다. 그 결과 『시경』 박사로 옛 노나라 땅의 신공申公과 연燕나라 땅의 한영韓嬰이 선발되는데, 『서경』 쪽엔 좀 더 난감한 상황이 발생합니다. 제남濟南 사람 복생伏生이 지목되었지만 너무 노쇠해 상경할 처지가 못 되었던 것입니다. 그리하여 태상장고太常掌故 조조晁錯를 급파해 그 내용을 전수받게 했는데, 그나마 이빨이 없어 목소리가 새어나오는 데다 제남 방언을 알아듣기가 어려워 애를 먹었던 모양입니다. 그러니 이 과정에서 얼마나 많은 변수가 있었겠습니까. 이 변수는 훗날 일련의 정치 논쟁으로 폭발하게 되는데, 여기에 대해서는 별도의 장에서 다루도록 하겠습니다. 아무튼 이런 식으로 망실된 텍스트들이 하나씩 복원되면서 한대 경학經學의 토대가 형성됩니다.[1]

이상이 무제가 등장하기 까지의 내체적인 분위기인데, 여기서 환기해두어야 할 사실이 하나 있습니다. 중국 학문의 특징은 대체로 '경세'經世적 지향성을 강하게 띱니다. 즉 학문의 목표가 '세계 경영'과 직결된다는 것인데, 이것이 '경학'이라는 이름으로 수행됩니다. 오늘날로 따지면 일종의 경영학이었던 거지요. 그러니까 박사관이란 요즘 제도로는 국립대학에 국책연구소를 겸한 성격이었을 겁니다. 박사 역시 백면서생을 의미하는 것이 아니라

학자적 정체성과 정치가적 정체성을 교묘히 버무린 직책이었습니다. 그러니까 요즘 말하는 '폴리페서'의 원조 격이 되겠지요. 그러니 이때의 『시경』과 『서경』이 정치적 텍스트인 것은 너무나 당연합니다. 요즘 말로 '문화정치학' 정도가 되는 이 전통은 이때부터 형성되어 청나라가 무너질 때까지 가동을 멈춘 적이 없습니다. 심지어 사회주의 중국뿐 아니라 최근에 이르기까지도 얼굴을 달리하며 은밀히 작동하고 있을 정도니까요. 그러므로 모든 문인은 본질상 정치가라는 것, 학문과 현실정치는 필연적으로 밀월 관계를 가질 수밖에 없다는 것, 이것이 전제되지 않으면 앞으로의 논의는 긴장감을 잃고 맙니다.

동중서 전기의 문제들

동양학을 공부하다보면 특징적인 사실이 하나 발견됩니다. 그건 바로 사람 중심의 학문이라는 것입니다. 모든 논의가 그 사람의 행장行狀과 이력에서 출발합니다. 언제 어디서 태어나서 누구에게서 학문을 배웠는지, 동문수학한 사람은 누구고 그들의 정치적 입장은 어떠했는지, 출사出仕는 어떻게 했고 중앙정치 장에서의 부침浮沈은 어떠했는지, 벼슬자리에서 내침을 당했다면 귀양 생활은 어땠는지 등등이 대단히 중요합니다. 문학사의 경우만 해도 빼어난 걸작은 대개 귀양지에서 나온 '발분지작'發憤之作이니까요. 신학과는 거리가 멀었던 인간학 중심의 문명에서 이는 당연한 귀결이었습니다.

21세기를 살아가는 우리가 2,100여 년 전 살았던 한 인물을 알수 있는 것은 두 편의 역사서를 통해서입니다. 먼저 『사기』「유림열전」儒林列傳에서 동중서는 이렇게 기술되고 있습니다.

동중서는 광천廣川 사람이다. 『춘추』를 연마함으로써 경제 때 박사가되었다. 장막을 쳐놓고 강론하고 암송하였는데, 제자들은 입문한 지오래된 순서대로 서로 수업하는 방법으로써 전수하였으므로, 어떤 제자는 스승의 얼굴을 보지도 못하였고, 동중서는 3년 동안 자택의 정원을 안 볼 정도로 전심전력을 기울였다. 출입에 예의를 다하고, 예법에 맞지 않는 일은 하지 않아, 학자들은 모두 스승의 예로써 그를 존중하였다. 무제가 즉위하면서 강도江都의 상相이 되었다. 『춘추』에적힌 천재지이의 변화로써 음양의 기운이 운행하는 이치를 유추하였다. 따라서 비를 바랄 경우에는 모든 양기를 밀폐시키고 모든 음기를발산시키고, 비를 그치게 하는 경우에는 그 반대로 실행하였다. 강도의 전 지역에 이를 실행하여 원하는 대로 되지 않은 적이 없었다. 중도에 해임되어 중대부中大夫가 되었으나 관사에 살면서 『재이지기』災異之記를 지었다. ……동중서는 인품이 청렴하고 정직하였다. ……시종 죽는 날까지 가산을 돌보지 않고 학문과 저술하는 일만 하였다. 그러므로 한나라가 건국되어 오세五世 동안에는 오직 동중서만이 『춘추』에 저명하고 능통하였다. 그의 학문은 공양씨公羊氏에게 전수받은것이었다.[2]

사마천司馬遷의 기술에 의하면 동중서는 청렴강직하고 『춘추』

를 열심히 공부한 전형적인 학자입니다. 그 위상은 「유림열전」 중 한 꼭지를 차지할 뿐이고, 그 분량도 318자에 불과합니다. 그런데 『한서』漢書 「동중서전」董仲舒傳에 오면 상황이 확 달라집니다. 일단 분량이 7,384자로 대폭 늘어나면서 내용에도 상당한 변화가 옵니다. 변화는 주로 추가된 부분에서 오는데, 예를 들면 이런 대목입니다.

천자에 즉위한 무제가 현량賢良과 문학文學의 선비를 천거 받으니 그 수가 전후에 1백 명을 헤아렸다. 동중서도 현량의 자격으로 천자의 책문策問에 응했다. ……동중서는 대책을 올릴 때 공자의 학문을 추구하여 밝히고 백가百家를 억눌러 쫓아냈다. 학교의 관리를 둔 일이나, 주군州郡에서 무재茂才와 효렴孝廉을 천거하게 한 일은 모두 동중서가 발의한 것이다.[3]

『한서』「동중서전」의 대부분은 동중서와 무제가 주고받은 세 차례의 책문, 즉 '천인삼책'天人三策의 구체적인 내용입니다. 그 말미에 위의 대목이 덧붙여져 있습니다. 그런데 반고班固의 『한서』가 사마천의 『사기』에 근거해 쓰인 점을 감안하면 이는 좀 이상합니다. 더욱이 두 역사서를 통해 이런 경우가 거의 유일하다는 점이 의구심을 더 증폭시킵니다. 동중서가 기원전 140년 전후 경제와 무제 연간에 정치 활동을 한 것으로 되어 있으니 기원전 97년에 완성된 『사기』는 거의 동시대인의 기술인 셈입니다. 게다가 사마천 자신이 동중서에게서 춘추를 배웠다고 밝히고 있는 마당이니 정확한 평가일 겁니다. 그런데 92년에 완성된 『한서』의 평가는 왜 이처럼 더 상세할까요? 제국의 시스템 구축에 핵심 사안이라 할 수 있는 유학의 국교화 같은 어마어마한 사건을 설마 동중서의 강의를 들었던 사마천이 몰랐던 것일까요? 아니면 2백여 년 뒤 사람인 반고가 어떤 정치적 의도를 가지고 소설적으로 각색을 한 것일까요?[4]

'역사적'인 것에 관하여

역사를 읽다보면 과정과 결과가 수미일관하지 않은 대목이 종종 등장합니다. 이 경우도 그 일례입니다. 두 사서의 기술을 비교해보면 어느 동중서가 진짜 동중서인지가 모호해집니다. 차라리 '동중서들'이라는 표현이 더 타당할 정도입니다. 사마천의 평가에는 어딘가 모르게 인색한 분위기 같은 게 깔려 있습니다. '사람들이 하도 『춘추』를 잘한다고들 하기에 나도 한번 들어보긴 했는데……' 이런 분위기 말입니다. 그런데 반고의 평가는 뭔가 포장이 지나치다는 느낌을 주기에 충분합니다. 『사기』가 한 개인의 사관이고 『한서』가 동한東漢 정권의 공식 사관임을 감안한다면 그 속사정을 헤아리지 못할 것도 없지만, 편차가 심해도 너무 심합니다.

그런데 여기서 하나 환기해두어야 할 것이 있습니다. 한나라 역사에는 이런 일들이 비일비재하다는 점입니다. 일단 '천인삼책'만 해도 그렇습니다. 학계에서는 시행 연도의 불일치를 들어 이것의 시행 자체를 의심하기도 하지만,[5] 무제가 현량들을 상대로 이를 실시했다는 '역사적' 사실에는 변함이 없습니다. 현량이란 무제 때 처음 실시된 신규 채용 방식을 통해 선발된 관리입니다. 오늘날 직급으로 따지면 7급 공무원인데, 동중서는 이 출신입니다. 제국의 황제가 7급 신규 공무원에게 천하 경영대계의 원칙을 물었고, 이에 대해 올린 보고서가 바로 '천인삼책'입니다. 그랬다면 좌우 분위기를 짐작할 수 있겠지요. 아마 무제의 입장에선 동중서가 올린 대책을 보고 이랬을 겁니다. '어라! 요놈 봐라! 거참 맹랑한 놈일세!' 그래도 내용이 탄탄해서 그랬는지 무제의 눈에 들었던 모양입니다. 어떤 기록에 의하면 태자에게 경전을 가르치게 했다고도 하는데, 그래도 중용할 만한 깜냥은 아니라고 여겼던지 아니면 그가 설파하는 재이설災異說이 위험하다고 여겨서 그랬는지, 성격 사나운 형이 다스리는 강도국 살림을 맡게 합니다. 이것이 사마천이 기술한 "무제가 즉위하면서 강도江都의 상相이 되었다", "그 후 동중서는 재이에 관해서 다시는 감히 강론하지 않았다"는 대목의 내용입니다. 그런 동중서가 『한서』의 기술대로 오경박사 설치나 유학의 국교화 같은 어마어마한 일들을 해낼 수가 있었을까요? 학계에서는 동중서의 「대책」을 계기로 하여 '오경박사'가 설치된 것은 승인하지만, 그것으로써 '유교의 국교화'라고 할 수는 없다는 정도로 입장을 정리하고 있습니다.

뿐만 아닙니다. 다양한 정치 학설을 몰아내고 유학을 국가 이데올로기로 채택한 이른바 '파출백가, 독존유술'罷黜百家, 獨尊儒術의 일만 해도 그렇습니다. 연대기를 맞춰보면 이것의 시행 시점은 무제의 나이 열다섯 살 때입니다. 게다가 기세등등한 할머니 두태후竇太后가 아직 생존해 있을 때입니다. 두태후는 황로 사상의 독실한 신봉자였습니다. 일부 철모르는 유학자들이 유가적 개혁을 주장하다가 그녀에게 죽임을 당한 일은 익히 알려진 사실입니다. 조선조 초기 소격서 폐지를 주장하다가 철퇴를 맞은 사림士林의 경우를 한번 생각해보십시오. 이런 상황에서 열다섯 살 소년 황제가 지엄한 할머니의 의지에 반하는 사업을 추진할 수 있었을까요?[6]

그럼에도 불구하고 역사는 무제에게 이런 역할을 부여합니다. 한 제국의 통치 이념을 유학으로 바꾼 장본인. 그리고 동중서에게는 다음과 같은 역할이 부여됩니다. 무제를 추동하여 오경박사를 설치하고 유학을 국가 이데올로기로 채택하게 만든 장본인. 관련 기록의 편차나 정오와는 무관하게 결과는 그렇게 되어 있습니다. 이는 부동의 '역사적' 사실입니다. 그러므로 이제 이것의 시시비비를 따지는 일은 그다지 의미가 없습니다. 대신 이때 유학의 내용이 무엇이었는지, 이것이 어떤 과정을 통해 '역사적' 차원의 의미를 획득했는지가 훨씬 더 중요해집니다.

공양춘추의 정치학

동중서는 『춘추』의 대가입니다. 이 말은 동중서가 『춘추』를 열심히 공부해서 일가를 이루었다는 의미 이상입니다. 왜냐하면 역사적으로 『춘추』는 제왕학의 핵심 텍스트이기 때문입니다. 즉 국가의 정통성이나 통치 이데올로기를 마련하기 위해 보지 않으면 안 되는 일종의 교과서입니다. 『춘추』는 공자가 지은 것으로 알려진 노나라 역사서입니다. 거기에는 은공隱公 원년부터 애공哀公 14년까지 242년간의 사적에 대한 간략한 기록만이 있을 뿐입니다. 그러다보니 이 기록을 자신의 정치적 입장에 맞춰 해석의 옷을 입히기가 매우 용이했습니다. 공자의 권위는 권위대로 빌려오면서 말입니다. 그래서 이 텍스트에 대해서는 다양한 해석서가 존재했습니다. 제齊나라 계열의 『공양전』公羊傳, 노나라 계열의 『곡량전』穀梁傳, 좌구명左丘明이 지은 『좌씨전』左氏傳, 『추씨전』鄒氏傳, 『협씨전』夾氏傳 등이 그것이었습니다.

동중서는 『공양전』의 관점에서 『춘추』를 읽었습니다. 문제는 의외로 여기에 존재합니다. 『공양전』의 특징은 독특한 도덕주의적 해석학입니다. '발란반정'撥亂反正, 즉 '무질서를 다스려 올바른 길로 되돌리는 것', 이것이 핵심입니다. 공양가에 의하면 공자가 『춘추』를 지을 적에 기술 형식과 수사학을 통해 이미 '포폄'褒貶, 즉 도덕적 평가를 가해놓았다는 겁니다. 그러므로 『춘추』를 제대로 해석하기 위해서는 미묘한 표현에 감추어진 대의, 즉 '미언대의'微言大義를 정확히 읽어내야 한다는 것입니다. 이를테면 이런 겁니다. 위衛나라 헌공獻公이 포악하여 신하인 손림보孫林父와 영식甯殖에게 축출당해 제나라로 도망간 일이 있었는데, 노나라 옛 역사서는 이를 "손림보와 영식이 그들 군왕을 내쫓았다"(孫林父甯殖出其君)라고 기록하고 있습니다. 그런데 공자는 이를 "위나라 제후가 제나라로 내뺐다"(衛侯出奔齊)로 고쳐 적었습니다. 여기서 전자는 죄가 신하에게 있고, 후자는 죄가 군왕에게 있습니다. 이런 식으로 공자가 위후의 폭정에 대해 역사적 평가를 내렸다는 것인데, 이것이 소위 말하는 '춘추필법'春秋筆法입니다.[7] 한갓 붓 자루의 힘이 오죽 강퍅했으면 난신적자亂臣賊子들을 벌벌 떨게 만들 정도였겠습니까.

그렇다면 동중서 『춘추』 해석학의 특징은 무엇이었을까요? 그 일단은 무제에게 올린 대책에서 확인할 수 있습니다. 무제의 첫 번째 책문策問의 요지는 이랬습니다.

그대 대부들은 옛 성현의 치적에 대해서 밝고, 풍속과 교화의 변천이나 (왕조 교체의) 시종始終의 경과에 대해 익히 알고 있으며, 고명한 이치에 대하여 강론하고 들은 지가 오래되었으니 짐을 환하게 깨우쳐 주기를 바라노라.

이에 대한 대책對策에서 동중서는 『춘추』 은공 원년 조條의 첫 구절 "원년춘왕정월"元年春王正月을 이렇게 해석합니다.

신이 삼가 『춘추』에 실린 글을 상고하여 왕도의 시초가 무엇인지 찾아보았는데, 그것은 정正에 있었습니다. 정正은 왕王의 다음 자리에 있었고 왕은 봄春의 다음 자리에 있었습니다. 여기에서 봄이란 것은 하늘이 행하는 행위요, 정월正月이란 것은 제왕이 행하는 행위입니다. 그 의미는 위로는 하늘이 행하는 바를 받들고 아래로는 자신의 행위를 바로잡음으로써 왕도의 시초를 정당하게 만든다는 것에 불과합

니다. 여기에서 볼 때 제왕이 된 자가 무엇인가 큰일을 하고자 할 때
에는 마땅히 하늘에서 그 단서를 구해야 할 것입니다. (…)
신이 삼가 『춘추』에서 제왕이 즉위한 첫 해를 일년一年이라 하지 않고
원년元年이라고 말한 의미에 대해 생각해보았습니다. 일一이란 것은
거기서부터 만물이 시작하는 것이요, 원元이란 것은 풀이하면 이른바
근본입니다. 일을 일러서 원이라 한 이유는 새해 첫날을 크게 시작하
고자 함을 보이려고 한 데 있고, 근본을 바로잡으려 한 데 있습니다.
『춘추』에서 근본을 어디에 두고 있는가를 깊이 탐색해보니, 자기 자
신의 고귀한 면으로 복귀하는 데서부터 시작하고 있었습니다. 따라서
군주가 된 사람은 마음을 바로잡음으로써 조정을 바로잡고, 조정을
바로잡음으로써 만조백관을 바로잡고, 만조백관을 바로잡음으로써
만백성을 바로잡고, 만백성을 바로잡음으로써 천지사방을 바로잡아
야 합니다. 천지사방이 바로잡히면 원근의 모든 것이 감히 바름(正)으
로 귀일歸一하지 않을 수 없을 것이요, 그 사이를 침범하는 사악한 기
운이 나타나지 않을 것입니다.[8]

"원년춘왕정월"이란 그냥 "원년 봄 주왕周王 정월이라", 이 정
도 의미입니다. 서력으로 환산하면 기원전 722년, 노나라 은공이
즉위한 봄날, 주나라 역법상 정월에 해당하는 어느 날일 뿐입니
다. 그런데 이 여섯 글자에 하늘 아래 왕, 백성 위에 왕이라는 논
리의 옷을 입히면서 만인지상의 황제를 꼼짝 못하게 옭아매어버
립니다. 이렇게 되면 제아무리 황제라 해도 하늘의 명령을 거역
하기 어려워집니다. 거역하면 곧바로 노여움의 메시지, 즉 가뭄

이나 일식 같은 '재이'가 기다리고 있으니까요. 게다가 아래로 백성을 바로잡기 위해서는 황제 스스로가 도덕적 수양에 힘쓰지 않으면 안 됩니다.

　바로 여기에 문화정치의 핵심이 있습니다. 즉 첫째, 하늘의 힘을 빌려 황제에게 권력을 부여하고, 둘째, 일정한 견제 장치를 통해 정치를 올바른 길로 유도하면서, 셋째, 자기들은 권력과 밥그릇을 확보하는 것입니다. 그렇다고 황제 쪽에서도 마냥 손해만 보는 건 아닙니다. 다소 번거롭고 불편하긴 하지만 적절히 이를 이용할 경우 어마어마한 대의명분을 갖게 됩니다. 천자天子, 즉 사람의 아들이 졸지에 하늘의 아들로 둔갑해버리니 말입니다. 엄밀히 말하면 이는 황제와 지식인 간에 벌인 일종의 거래였습니다. 이 거래를 통해 양자가 서로를 견제하며 공영할 수 있었고, 한대 경학은 이 견제와 공영의 기술을 제도화하는 과정에서 수립됩니다.

천인감응론과 그 구조

『춘추번로』의 운명도 저자만큼이나 기구합니다. 목록으로만 전해오는 과정에서 적지 않은 공격이 잇달았으니까요. 위서僞書라는 설이 제기되었는가 하면 아예 그런 책은 존재하지도 않는다는 주장도 있었습니다. 그러다가 1211년, 남송 때 최초의 판본이 나옵니다. 중원을 뺏기고 남하한 피난 왕조의 입장에서 '대일통'大一統 제국의 이념형을 재점검하는 일은 절실한 사업이었겠지요. 그런데 이 판본을 두고도 말들이 많습니다. 동중서 일인의 작업으로만 보기 어려울뿐더러 일시의 작업도 아니라는 겁니다. 그러다가 청대에 편찬된 『사고전서총목제요』四庫全書總目提要에서 동중서 쪽으로 손을 들어줌으로써 쟁론에 종지부를 찍게 됩니다. 결국 "『춘추번로』는 한의 동중서가 찬撰한 것"으로 봉건 통치제도의 토대를 닦고 그것을 합리화한 저작이 된 것입니다. 이것이 이 책의 대체적인 서지 상항입니다. 그렇다보니 여기서도 문헌학적 잣대는 그리 유용하지가 않습니다. 그러니 일단 이 책의 핵심을 검토한 뒤 이것의 '역사적' 함의를 평가해보려는 태도가 여러모로 현실적입니다.

『춘추번로』는 '천인삼책'이 있은 뒤 무제라는 백그라운드를 염두에 두고 쓴 것으로 추정됩니다. 요즘 말로 하면 어느 잘 나가는 과장급 공무원이 쓴 국가 경영 백서 정도입니다. 그 체제는 82편의 단편으로 구성되어 있습니다. 이것이 다루고 있는 내용은 우주론, 도덕론, 역사철학, 정치사상, 행정제도 등등 꽤나 방대합니다. 이것의 요체는 한마디로 말하면 '천인감응'天人感應론입니다. 하늘과 인간은 서로 감응한다는 것입니다. 지금의 관점에서 보면 그저 덤덤한 개념일 뿐이지만, 한나라 초기 상황에서는 획기적인 담론이었습니다. 그때까지 하늘은 그냥 하늘일 뿐 인간 세계와의 관계 속에서 적극적으로 규정되지는 않았습니다. 맹자가 하늘을 거론하고 있긴 하지만 형이상학적 차원의 본격적인 논의는 아니었습니다. 그런데 이 하급 공무원이 형이상과 형이하라는, 엄연히 위상이 다른 두 세계 사이에 네트워크를 구축하고 나선 것입

니다. 이를 위해 그는 유가의 천명론天命論과 묵가의 천견론天譴
論, 그리고 『회남자』淮南子와 『여씨춘추』呂氏春秋 진영의 핫 이슈였
던 음양설과 오행설을 총동원했습니다.

출발점은 역시 『춘추』였습니다. "춘추의 도는 하늘을 받들고
옛것을 본받는 것이다."(「초장왕」楚莊王) 여기서 핵심은 '하늘'입니
다. 그런데 『춘추번로』에서 하늘은 그 모습이 다양합니다. 그것은
자연 그 자체이면서 동시에 자연 현상을 주재하는 원리이기도 하
고, 인간 도덕의 근원이기도 합니다. 어떤 대목에서는 절대자의
모습을 띠기도 합니다. 그런데 흥미로운 것은 하늘이 감정과 의
지까지 갖춘 인격적 존재로도 등장한다는 점입니다. 『논어』의 세
계에서는 입을 꾹 다물고 있던 하늘이 이제 우주만물의 근원이자
창조자의 자격으로 입을 열기 시작합니다. 아마 천인지간에 네트
워크를 가설하기 위해서는 불가피한 선택이었을 겁니다.'

동중서는 묻습니다. "무엇을 일러 근본이라 하는가? 하늘―땅
―사람이 만물의 근본이다."(「입원신」立元神) '천지인삼재'로 개념화
되는 '대일통' 우주론의 모형이 여기서 본격화됩니다. 하늘은 양기
로써 만물을 생육시키고, 땅은 음기로써 만물을 숙성시킵니다.(「기
의」基義) 이처럼 하늘과 땅은 연결되어 있으면서도 위상과 효용이
다릅니다. 이 가운데 사람의 자리가 만들어집니다. 사람의 형체
는 하늘의 수數로부터 나오고, 그 혈기는 하늘의 의지로부터 나옵
니다.(「위인자천」爲人者天) 그런데 사람이라고 해서 같은 사람이 아
닙니다. 오직 천자만이 하늘로부터 명령을 받고 하늘 아래 사람
모두는 천자로부터 명령을 받습니다.(「위인자천」) 그런데 이것도 천

자가 제대로 정치를 할 때에 국한됩니다. 정치가 올바르면 원기가 조화를 이루고 비바람이 때에 맞으며 상서로운 별이 나타나고 황룡이 내려오지만, 그렇지 않으면 하늘에 변고가 드러나고 요망한 기운이 나타납니다.(「왕도」王道)[10] 이런 식으로 천명天命과 천견天譴, 수명受命과 재이災異는 두 축이 되어 '하늘과 인간이 공동으로 참여하는'(天人相與) '대일통'의 네트워크를 떠받치고 있습니다. 이것이 모든 논의의 토대입니다.

『춘추번로』의 자리

그런데 이런 네트워크가 왜 필요했던 걸까요? 여기에는 현실의 절박한 수요가 없지 않았습니다. 진 제국을 떠받치고 있던 이데올로기는 추연鄒衍 학파가 제창한 오덕종시설五德終始說이었습니다. 이는 오행상승五行相勝의 원리에 왕조 순환의 질서를 입힌 일종의 역사철학입니다. 여기에 따르면, 주나라는 화덕火德에 근간을 두고 있었는데, 불을 이기는 것은 물이니 주나라를 이은 진나라는 당연히 수덕水德이 됩니다. 이런 식으로 우주 운행의 질서와 왕조 순환의 질서가 합치될 때 비로소 그 왕조는 하늘로부터 정통성을 인정받은 것이 됩니다. 그런데 문제는 이것이 이론으로만 그치는 게 아니라는 데 있습니다. 일단 하늘로부터 덕을 받았다는 증거가 분명해지면 모든 제도가 이에 근거해 일련의 계열적 질서로 재편됩니다. 『사기』「진시황본기」는 그 양상을 이렇게 기술하고 있습니다.[11]

지금은 수덕의 시작이므로 새해의 첫날을 바꾸어 원단元旦에 황제를 뵙는 일은 모두 시월 초하루에 한다. 의복, 깃발, 부절符節 등은 모두 흑색을 숭상하고, 수는 여섯을 기초 수로 삼는다. 그래서 부절과 법관法冠은 모두 여섯 치이고, 수레는 여섯 자이며, 여섯 자를 일보一步로 하고 여섯 마리가 끄는 수레를 탄다. 황하의 이름을 바꾸어 덕수德水라 하여 수덕의 시초로 삼는다.

이것이 경학의 힘입니다. 이 힘은 이념의 차원으로만 그치는 게 아니라 일상의 삶 깊숙이까지 스며들어 있습니다. 우리는 그 것을 시월 초하루를 새해 첫날(元旦)로 삼는다는 대목에서 발견할 수 있습니다. 농경 사회에서 역법은 매우 중요합니다. 달력이 실제와 일치하지 않는다면, 즉 보름날에 초승달이 떠 있다거나 입춘에 모내기를 해야 한다면 문제가 아주 심각하겠지요. 이는 곧 사회적 생산 체계의 혼란을 의미하니까요. 그래서 새로운 역법을 반포하고 월령月令을 관리하는 일은 고대 정치에서 핵심 사안이었습니다.

그런데 문제는 한나라가 개국한 뒤에노 여전히 오덕종시설에 입각한 진나라의 이념 모델을 따랐다는 사실에 있었습니다. 따라서 무엇보다도 진나라와 차별되는 새 제국의 이념적 정통성을 확보하는 일이 시급했습니다. 게다가 논리적 모순이 드러나는 오덕종시설을 대체할 새로운 이데올로기도 절실했습니다. 뿐만 아니라 어그러질 대로 어그러진 역법을 개정하는 일도 더 이상 미룰 수가 없었습니다. 이것이 무제가 처한 정치적 현실이었습니다.

그러면 무제는 이 현실에 어떻게 대처했을까요?『한서』「무제기」는 무제 태초太初 연간에 단행된 정치 개혁의 내용을 이렇게 기록하고 있습니다.[12]

5월에 역법을 바로잡았으니, 정월을 새해의 시작으로 하고, 색깔은 황색을 숭상하며, 관인에 파는 글자 수는 다섯 개로 채용하고, 관직명을 정하고, 음률을 조정하였다.

거듭 강조하거니와 정치 개혁의 핵심은 역법 개정에 있습니다. 한나라가 진나라의 뒤를 이었으니 오행상승의 체계에 의하면 수덕水德을 이기는 것은 토덕土德이 됩니다. 흙은 누런색이니 당연히 국가의 공식 색깔은 황색이겠지요. 이는 오덕종시설을 그대로 따른 결과입니다. 새로운 이념 모델을 만들어내는 일이 그만큼 어려웠단 이야기겠지요. 그런데 여기서 역법만은 오덕종시설의 체계로는 설명이 되지 않습니다. 이 태초 연간의 정치 개혁이 음력 정월을 새해의 시작으로 삼은 것—중국의 가장 큰 명절인 춘절春節, 즉 우리로 따지면 구정 설날이 이것입니다—에 대해 고힐강顧頡剛이라는 학자는 새로운 체계의 모델을 적용시킨 결과로 해석합니다.[13] 이 모델이『춘추번로』「삼대개제질문」三代改制質文 편에서 구상된 '삼통설'三統說입니다.[14] 무제의 입장에서는 쉽지 않은 결단이었겠지만 동중서의 입장에서는 실로 어마어마한 영광이었겠지요.

삼통설의 내용

삼통설은 공자가 말한 하·은·주 삼대론과 『춘추공양전』의 삼세설三世說에 근거하여 구상된 또 하나의 역사철학입니다. 여기서 오덕종시설의 '五' 사이클은 '三' 사이클로 변환되는데, 그 논리가 복잡하면서도 대단히 중층적입니다. 공자의 언설과 『춘추공양전』의 해석과 동중서의 생각이 어지럽게 뒤섞여 있어 전모를 파악하기가 무척 어렵습니다. 그러다보니 논리적으로 자기모순을 유발시키기도 하는데, 이 모순을 덮기 위해 또 다른 논리를 덧씌우고…… 이런 식입니다.

그 출발은 공자의 말 한마디입니다. "은나라는 하나라의 예에 바탕을 두었으니 그 손익을 알 수가 있고, 주나라는 은나라의 예에 바탕을 두었으니 그 손익을 알 수가 있다. 만약 주나라를 계승하는 나라가 있다면 비록 백세가 경과한다 해도 그 예를 알 만하다." 여기서 동중서는 『춘추』의 역사적 자리를 확보하기 위해 하—은—주로 이어지는 사이클에서 하나라를 앞으로 내쳐버립니다. 이리하여 은—주—『춘추』가 사이클을 이루면서 새로운 역사의 단계로 나아갑니다. 이 사이클에서 중심은 이세 『춘추』가 됩니다. 공자가 쓴 『춘추』가 곧 새로운 천자라는 것입니다. 그리고 『춘추』야말로 한나라가 나올 줄을 미리 알고 하늘이 예비한 책이라는 것입니다. 이런 식으로 한나라는 진나라와의 관계를 단절하고 하늘과 직통으로 핫라인을 놓게 됩니다. 이를 논증하기 위해 동중서는 무모한 논리의 구조물을 쌓아가는데, 이것이 훗날 그에게 영광과 오욕을 동시에 가져다줍니다. 이것의 골자를 인용하면 이렇습니다.

① 건인建寅(하력 정월), 건축建丑(하력 12월), 건자建子(하력 11월)는 각기 하·은·주의 고유 정월로서 삼정三正이라고 부르는데, 이는 역법상 북두칠성의 손잡이가 가리키는 방향에 해당하는 달이므로 새로운 왕조의 천자는 각자의 방향에 해당하는 달을 새해의 첫 달로 삼음으로써 천명을 받아 천자가 되었음을 밝혀야 한다.

② 자子, 축丑, 인寅을 각각 천天, 지地, 인人에 대응시킴으로써 건자는 천통天統으로, 건축은 지통地統으로, 건인은 인통人統으로 각각 삼는다. 그래서 삼정을 삼통이라고 부르는 것이다. 또 적, 백, 흑의 세 가지 색을 각기 삼정과 삼통에 배분시켰다. 그래서 건자의 천통은 적통赤統으로, 건축의 지통은 백통白統으로, 건인의 인통은 흑통黑統으로 각기 부를 수 있다. 그러므로 복색을 이러한 각각의 색깔에 따라서 적, 백, 흑으로 통일함으로써 이른바 '역복색'易服色의 개제를 시행하게 되는 것이다. 하나라의 정삭正朔은 건인이므로 인통과 흑통에 속하고, 은나라는 건축이므로 지통과 백통에 속하며, 주나라는 건자이므로 천통과 적통에 속한다.

③ 삼통에 질質과 문文의 개념을 다시 도입하여 이른바 "법상法商, 법하法夏, 법질法質, 법문法文"이라고 하는 사법四法의 순환 개념을 추가함으로써 조대의 교체가 이중 순환에 의하여 이루어지게 하였다. 그러면서도 "한번은 상(은)나라가 되게 하고, 한번은 하나라가 되게 하며, 한번은 질박하게 하고, 한번은 문아하게 한다. 상나라의 질박함은 하늘을 위주로 하고, 하나라의 문아함은 땅을 위주로 하며, 『춘추』

는 사람을 위주로 한다. 그러므로 『춘추』는 세 단계가 되는 것이다"
라고 하며 교묘히 사법과 삼통을 조합함으로써 왕조의 3단계 순환을
합리화하였다.[15]

논리가 참 엄청나지요. 그러나 하고자 하는 말은 간단합니다.
역사는 이런 사이클로 순환한다, 한 제국은 이런 우주론적 리듬
에 의해 하늘의 정통성을 이어받았다, 이것입니다. 그런데 논리
가 널뛰기를 하다보니 묵시론적인 색채마저 띠게 되었습니다. 이
점은 참위讖緯, 즉 조짐과 예언이 세상을 휩쓴 동한東漢의 시대정
신과 결합하여 대대적인 상승작용을 일으킵니다. 한나라 초기의
예를 하나 들어보면 이런 식입니다. 가령 어떤 사람이 아침에 우
물을 보았더니 돌이 하나 있었는데, 그 위에 '卯金刀'라는 글자가
새겨져 있었다고 칩시다. 그는 이걸 황제에게 바쳐 벼슬자리 하
나를 얻었다고 하면 이게 말이 되는 이야기겠습니까. 그런데 말
이 됩니다. 세 글자를 결합하면 '劉' 자가 되니 말입니다. 즉 하늘
이 유씨 왕조를 인정한 부서符書가 되는 것입니다. 조선조 초기
'주초위왕'走肖爲王(조씨 성을 가진 사람이 왕이 된다는 말놀이)이라는 부
서 하나가 불러온 피비린내를 생각만 해도 이 전통의 면면함과
위력을 실감할 수 있습니다. 반고가 살았던 시대의 하늘은 조광
조趙光祖 시대의 하늘보다 훨씬 더 높고 무거웠을 겁니다. 그러니
이 높이와 무게를 '역사적'으로 정당화하는 과정에서 수많은 동
중서들이 만들어졌는지도 모를 일입니다. 우리가 『한서』에서 마
주한 그 동중서도 그중 한 사람인지 모릅니다.

대일통을 향한 열망들

이제 마무리하겠습니다. 중국 문화를 공부하다보면 역사를 전유하는 그들의 방식에 종종 놀라게 됩니다. 고속도로 휴게소 가판대에 『동중서 평전』이 버젓이 놓여 있고 그것을 뒤적거리는 사람들을 보면서, 그리고 2천여 년 전 역사를 엊그제 일처럼 둘러대는 모습을 보면서, 역사를 현재화하는 능력이야말로 중국 문명의 핵심이 아닌가 하는 생각을 해보게 됩니다.

책에도 다양한 책이 있습니다. 당대엔 주목을 받다가 금세 잊히는 책이 있는가 하면, 당대엔 크게 중시를 받지 못하다가 훗날 역사적으로 전유되는 과정에서 더 두꺼워지는 책도 있습니다. 동중서의 『춘추번로』가 바로 후자의 경우입니다. 이 책은 동한 역사에서 성가聲價를 올리다가 이후 역사의 파고 속에서 부침을 거듭합니다. 그러다가 '세계'에 의해 '천하' 관념이 위협받던 19세기 후반, 강유위康有爲라는 한 인물에 의해 다시 한 번 참조 체계로 주목을 받게 됩니다. 그가 쓴 『공자개제고』孔子改制考는 공자를 개혁가로 되살려냄으로써 풍전등화에 처한 늙은 제국을 구원하고자 했던 한 지식인의 몸부림입니다. 이 몸부림의 근저에서 2천여 년 전 살았던 어느 하급 공무원의 꿈을 발견하는 일은 그리 어렵지가 않습니다.

'대일통 초안정 체제'를 향한 이 줄기찬 열망, 이 열망은 '문화강국'을 꿈꾸는 오늘날에도 여전히 대륙을 뒤덮고 있습니다. 지난 베이징 올림픽의 개·폐막식 현장에서, 21세기 새로운 문화정치학의 설계도—여기엔 '신 조공 네트워크'에 관한 구상도 포함되어 있습니다—를 그려가는 어느 지식인의 펜 끝에서, 그리고 천안문 광장에 새로 들어앉은 공자의 동상에서 이 열망은 개체발생과 계통발생을 되풀이하고 있는지도 모르겠습니다. 동중서와 동중서들이 직조해낸 역사의 그물처럼 말입니다.

운명에 관한 성찰 『사기』

史記

지금까지 논의를 통해 거듭 확인하게 되는 것은 하늘의 차원과 인간의 차원 사이에 조성되는 모종의 관계망입니다. 이는 중국 문명의 형성 과정을 이해하는 데 있어 매우 중요한 기제입니다. 왜냐하면 이 관계망이 문명의 형성 과정 전반에 걸쳐 존재론적 토대로 기능하고 있기 때문입니다. 그런데 이처럼 문명사를 두 차원, 즉 하늘의 질서(天文)와 인간의 질서(人文)의 조응이라는 관점에서 설명할 때 묻지 않으면 안 되는 문제가 있습니다. 그건 바로 조응의 내면 구조가 어떠한가라는 것입니다. 이를 다른 말로 표현하면 이런 질문이 됩니다. 이러한 양자의 유비(analogy)에 과연 필연성이 있느냐? 있다면 그걸 어떻게 설명할 수 있느냐?

　이런 질문을 던질 때 우리가 만나게 되는 책이 있습니다. 흔히 '발분지작' 發憤之作의 대명사로 불리는 『사기』史記가 그것입니다. 『사기』는 한 무제 시절을 살았던 사마천 司馬遷(기원전 145~기원전 90)이라는 한 개인의 역사적 기록입니다. 당초 '태사공서' 太史公書로 쓰였다가 훗날 『사기』로 명명된 이 책에는 중화 문명의 여명에서 사마천 당대에 이르기까지 3천여 년의 기억이 담겨 있습니다. 사마천은 이 작업을 통해 하늘의 질서와 인간의 질서 사이에 조성되는 관계의 본질을 묻고 싶었던 것 같습니다. 사람살이가 만들어내는 수많은 일들에 어떤 법칙성이 있는 것인지, 있다면 그것의 인식론적 준거는 무엇인지, 그리고 이 준거는 하늘의 질서와 어떤 연관을 갖는 것인지, 『사기』를 읽으면서 우리는 이런 질문을 던지는 사마천과 대면하게 됩니다. 이 점에서 이 책은 비운의 초楚나라 정객 굴원屈原이 하늘을 향해 던진 일련의 물음에 대한 지상의 회음回音이었는지도 모릅니다.

태고의 처음 근원을 누가 전해주었던가.

천지가 형성되기 전에 어떻게 천지가 나왔던가.

천지와 일월의 이치는 어두워 모르는데 누가 그 이치를 끝까지 다 살펴보았던가.(…)

(요堯임금 시절 곤鯀에게) 홍수를 다스리도록 맡기지 않았건만, 모든 사람이 무엇으로 이를 천거했는가.(…)

순舜은 근심하여 집에 있었는데, 아비는 어찌하여 그를 홀아비로 두었던가.(…)

주紂의 몸을 일제히 치는 것을 숙단叔旦은 기뻐하지 않았네. 어찌 친히 계획을 세워 주周나라의 명命을 정하면서도 탄식했는가. 은殷에게 천하를 주었건만, 그 위에서 무슨 정치를 베풀었던가. 탕湯의 성덕에 어긋나서 이에 망했으니, 그 죄가 어떠한가.(…)

저 주紂왕의 몸을 누가 난혹亂惑하게 만들었는가. 어찌해서 보필하는 것을 미워하고 아첨하는 말을 들었는가.(…)

(백이伯夷와 숙제叔齊가 수양산에서) 고사리 캐는 것을 계집이 경계하는데, 사슴이 무엇을 도와주었는가. 북으로 회수回水에 이르렀으니, 여기서 그친 것이 무엇이 기뻤단 말인가.(…)

— 굴원, 「하늘에 묻다」(天問)

『사기』의 체제

『사기』는 총 다섯 부분으로 이루어져 있습니다. 본기本紀 12권, 표表 10권, 서書 8권, 세가世家 30권, 열전列傳 70권 해서 도합 130권의 방대한 분량입니다. 본기란 제왕을 중심으로 한 역사입니다. 이는 역사의 중심축으로, 전설상의 황제黃帝를 비조로 삼는 화하華夏 패밀리의 계보학이 「오제본기」五帝本紀에서 시작됩니다. 그런데 자료상의 문제였는지 하·은·주 삼대에 대해서는 왕조 중심으로 기술되어 있습니다. 「하본기」夏本紀, 「은본기」殷本紀 이런 식으로 말입니다. 여기서 눈길을 끄는 것은 「항우본기」項羽本紀와 「여후본기」呂后本紀입니다. 이들이 비록 한 시대를 호령한 인물이긴 하나 분명 제왕은 아닙니다. 그런데도 이들을 본기에 열입列入하고 있다는 것은 역사 기술의 관점에서 보면 꽤나 위험을 무릅써야 하는 일입니다. 여기서 우리는 『사기』라는 역사서의 돌출적 성격을 어느 정도 예견할 수 있습니다.

표란 문자 그대로 도표입니다. 복잡다단한 사건과 인물을 일목요연하게 분류하고자 한 시도가 이것인데, 여기에서도 그의 번득이는 기지가 잘 드러납니다. 서는 국가의 각종 전장典章(제도와 문물)을 기술한 일종의 제도사입니다. 그 첫머리가 「예서」禮書, 그 다음이 「악서」樂書인데, 국가의 제도사로서는 꽤나 낯선 배치입니다. 여기서 우리는 『사기』가 유가 정치철학 전통에 입각해 있다는 사실을 읽어낼 수 있습니다. 예악禮樂은 유가 정치철학의 핵심이었으니까요. 세가는 제후 중심의 역사입니다. 여기서도 사마천 특유의 사관이 여실히 드러나는데, 재야 지식인에 불과했던 공자와 진秦나라 붕괴의 도화선이 된 민란의 주도자 진섭陳涉에게 한 장을 할애하고 있는 것이 그 경우입니다. 이는 관방의 역사라면 감히 상상조차 할 수 없는 일입니다.

열전은 개인의 역사입니다. 『사기』의 꽃은 바로 이 열전입니다. 내용으로 보나 체제로 보나 편수로 보나 그렇습니다. 『사기』를 특징짓는 기전체紀傳體라는 기술 방식도 본기와 열전에서 온 것이니까요. 열전은 "정의롭게 행동하고 기개가 있어 남에게 억눌리지 않으며 세상에 처하여 기회를 놓치지 않고 공명을 천하에 세운 사람들"을 다루고 있습니다.¹ 그런데 흥미로운 것은 열전에 실린 개인들이 반드시 의롭거나 칭송될 만한 인물만은 아니라는 점입니다. 「유협열전」遊俠列傳이나 「자객열전」刺客列傳, 「골계열전」滑稽列傳 등을 읽다보면 이게 과연 역사서인가 하는 생각이 들 정도입니다. 세상 어느 문명에 건달이나 자객, 식객, 좀도둑 등을 세세히 기록하고 있는 역사책이 있습니까. 그것도 들러리 취급을 하지 않으면서 말입니다.

그런데 『사기』의 구성 원리와 관련해서 주목해야 할 것은 이러한 배치가 치밀한 밑그림 위에서 구성되고 있다는 점입니다.

그 밑그림이란 다름 아닌 우주론의 기틀이라 할 수 있는 천문과 역법입니다. 「태사공자서」太史公自序에서 사마천은 흥미로운 비유 하나를 들고 있습니다. 노자老子의 『도덕경』道德經 제11장에 나오는, 가운데 비어 있는 축이 있고 서른 개의 살에 의해 지탱되고 있는 바퀴가 그것입니다. 비유의 전후 맥락을 살펴보면 이 바퀴가 제왕(본기)을 중심축으로 삼고 제후(세가)라는 살에 의해 지탱되고 있는 '역사의 수레바퀴'임은 어렵지 않게 감지할 수 있습니다. 그런데 흥미로운 것은 이 수레바퀴의 설계 의도가 책의 권수에서 어렴풋이 드러나고 있다는 점입니다.

『사기』를 읽으면서 본기 12권에서 일 년 열두 달과 십이지十二支를, 표 10권에서 십간十干을, 서 8권에서 팔방八方, 팔황八荒, 팔극八極, 팔풍八風, 팔절八節 등을 유추해내는 것은 가능한 일입니다. 그리고 세가 30권에서 「공자세가」孔子世家와 「진섭세가」陳涉世家를 제외하면 28권이 되는데, 이로부터 이십팔수二十八宿 별자리를 떠올리는 일도 그리 어렵지 않습니다. 그리고 세가에서 제외된 두 편을 열전에 열입시키면 72편이 되는데, 여기서 72란 다수 일반을 지칭하는 대표수입니다. 그렇다면 열전은 '다수의 개인에 의해 이루어지는 역사'가 되는 셈입니다.[2] 이렇게 보면 사마천이 비유로 들고 있는 바퀴는 결국 쉼 없이 운동을 반복하는 우주적 시간의 상관물이 되는 셈입니다. 그렇다면 『사기』는 우주적 시간의 운행 원리를 모델로 삼아 지상의 시간의 규율과 법칙을 바로잡고 수립하려는 시도로 이해될 수 있습니다.

저술 동기에 관하여

『사기』는 '일가지언'一家之言, 즉 개인의 저술입니다. 이 말은 사마천이라는 개인이 16여 년이나 되는 시간을 투자하여 이 책을 지었다는 말 이상입니다. 여느 역작이 그랬던 것처럼 『사기』도 사마천 당대에 빛을 보지 못했습니다. 비장秘藏되어 있던 초고가 그의 사후 외손자 양운楊惲에 의해 비로소 세상에 알려진 것을 보면 당대 현실과의 갈등의 폭이 꽤나 컸던 것 같습니다. 「임안任安에게 보낸 편지」(報任少卿書)에서 사마천은 이 책을 저술하게 된 경위를 이렇게 밝히고 있습니다.

문왕은 (유리羑里에) 갇혀 『주역』을 풀이했고, 중니는 (진나라와 채나라 사이에서) 액을 당하고 나서 『춘추』를 지었습니다. 굴원은 추방되어 「이소」離騷를 지었고, 좌구명左丘明은 실명하여 『국어』國語를 지었으며, 손자는 무릎이 발리는 형벌을 받고 『병법』兵法을 지었습니다. 여불위呂不韋는 촉 땅으로 좌천되어 『여람』呂覽이 세상에 전해졌고, 한비는 진나라에 갇힘으로써 「세난」說難, 「고분」孤憤이 세상에 있게 되었습니다. 『시』詩 3백 편은 대저 성현이 발분해서 쓴 작품입니다. 이들은 모두 가슴에 쌓인 것이 많았지만 그 도를 통할 수 없었기에, 그런 까닭에 지난 일을 술회하며 올 것을 사려思慮코자 했던 것입니다.(…)

저는 역량이 부족하여 근자에 와서야 무능한 문장으로 천하에 전해진 사실과 소문을 망라하여 그 사적을 간략히 고찰하고 그 시종을 종합하여 성패와 흥망의 기율을 검토하였습니다.(…)

하늘과 인간의 관계를 구명하고 고금의 변화를 통달하여 일가지언을 이루고자 했습니다. 초고를 다 쓰기도 전에 이 같은 화를 당했는데, 마무리하지 못한 것을 안타까이 여겨 극형을 당하고도 부끄러워할 줄 몰랐던 것입니다. 제가 진실로 이 책을 저술하여 여러 명산名山에 감추어두었다가 제 뜻을 알아줄 사람에게 전하여 읍이며 도회에 두루 유통되게 한다면, 이전에 받은 치욕에 대한 질책을 보상할 수 있을 것이니, 비록 만 번 도륙을 당한다 한들 어찌 회한이 있겠습니까.
— 「임안에게 보낸 편지」

이 서신은 이른바 '무고巫蠱의 화禍'에 연루되어 사형 판결을 기다리고 있던 임안이 사마천에게 보낸 서신에 대한 답장입니다. 여기서 우리는 『사기』의 저술과 관련하여 적어도 세 가지 동기를 읽어낼 수 있습니다. 그 하나는 『사기』가 '발분지작'이라는 점이고, 다른 하나는 "하늘과 인간의 관계를 구명한다"(究天人之際)는 점이며, 또 다른 하나는 "고금의 변화를 통달한다"(通古今之變)는 점입니다. 잘 알려진 대로 이 동기들은 그가 겪었던 혹독한 정치적 시련과 사마씨 집안의 가업 전통에서 기인하고 있습니다.

사마씨 집안은 대대로 태사령太史令을 역임해왔습니다. 태사령이란 천문과 역법을 관장하는 직책입니다. 고대 사회에서 이 직책은 오늘날 천문대나 기상청 근무와는 차원을 달리하는 것이었습니다. 이 일을 맡고 있다는 것은 하늘의 소식에 가장 정통하다는 걸 의미했으니까요. 그런데 현실은 그렇지가 않았습니다. 그의 말을 빌리면, "문사文史와 성력星曆은 주술의 범주에 가까워 주

상主上의 놀잇감이나 다름없는 배우처럼 길러져 세상으로부터 멸
시받았"던 것이 엄연한 현실이었습니다. 이 울분은 「태사공자서」
에서 도리어 과도하다 싶을 정도의 자긍심으로 표출됩니다. 초입
에서 사마천은 주나라의 사마씨 이래 부친 사마담司馬談에 이르기
까지 천관天官 계보학을 장황하게 기술한 뒤, 그 마지막에 자신을
위치시키고 있습니다. 천관의 본업은 '하늘과 인간의 관계'를 다
루는 일입니다. 이를 달리 표현하면 '시時를 기록'하는 일이 됩니
다. "'시'時를 기록하는 것이 결국 천운天運의 관찰과 그 이법理法
의 규명이라면, 또 천운이 지상세계와 상호 밀접한 대응관계에
있는 것이라면, 천운의 이법을 정확히 포착하려면 그것과 대응관
계에 있는 지상세계를 동시에 관찰하지 않으면 안 됩"니다.³ 그러
므로 지상의 시간을 기록하는 일을 사마천이 자임하고 나선 것은
당연해집니다.

　　그렇다면 지상의 시간, 즉 '고금의 변화'는 어떤 근거와 규준에
의해 기록할 수 있을까요? 「태사공자서」는 사마담의 유언을 통해
이를 이렇게 요청하고 있습니다.

선친께서 말씀하시기를 "주공周公이 죽고 난 뒤 5백 년 만에 공자가
태어났다. 그리고 공자가 죽고 난 뒤 오늘에 이르기까지 5백 년이 지
났으니, 다시 밝은 세상을 계승하고 『역전』易傳을 정정하고, 『춘추』春
秋를 계속하고, 시詩·서書·예禮·악樂의 근본을 구명할 수 있는 사람
이 나타나겠지?"라고 하셨는데, 아버지의 뜻이 바로 여기에 있지 않
았던가! 아버지의 뜻이 바로 여기에 있었도다! 그러니 내 어찌 감히

그 일을 사양하겠는가?[4]

여기서 우주적 시간의 바퀴가 만들어내는 5백 년이라는 사이클에 주목해볼 필요가 있습니다. 이 사이클의 결절점結節点에 위치하는 것이 공자의 『춘추』인데, 이를 계승하는 일의 중요성은 「태사공자서」에서 상대부上大夫 호수壺遂의 반론을 통해 자신의 입론을 강화하고 있는 것만 봐도 알 수 있습니다. 반론이 집요했던 만큼 논증의 과정도 꽤나 복잡한데, 이로부터 도달하는 결론은 이렇습니다.

"『춘추』의 저작이 천운天運 대변大變에 대한 대응방식이었다면, 현재 진행되고 있는 천운 대변을 『춘추』의 계승으로 대처하고자 하였던 것은 당연한 일이라 하겠다. 즉 사마천 부자에게 있어서 『춘추』의 계승은 천운 대변에 따른 역사적 과제의 자각과 그 실천을 의미하는 것이었으며, 그 구체적인 표현이 『사기』로 결정結晶된 것이다."[5]

이상이 『사기』 저술의 객관적 동기라면 주관적 동기로 작용한 것은 이른바 이릉李陵 사건입니다. 서술에 임한 지 6년이 되던 해 패장 이릉을 변호하고 나선 일이 발단이 된 이 사건은, 사마천 개인에게 세상살이의 진상과 본질을 깨닫게 해주었을 뿐 아니라 그의 운명을 벼랑으로 내모는 계기가 됩니다. 더욱이 궁형을 감수하면서까지 구차하게 목숨을 부지해야 했던 까닭은 이후 작업을 한층 근본적이고 래디컬한 방향으로 몰고 가게 됩니다. 이른바 '발분'설이 그것인데, 이 '발분'이 단순한 불평의 수순에 머물지 않고 삶의 본질에 대한 통찰과 도저한 슬픔으로 승화된다는 데에 그의 위대함이 있습니다. 그 가운데 하나의 예가 「화식열전」貨殖列傳입니다. 이릉 사건을 통해 사마천은 경제적 부가 삶에 미치는 영향에 대해 뼈저린 각성이 있었던 것 같습니다. 50만 전錢가량의 벌금을 낼 수가 없어 신체로 이를 대신해야 하는 상황이었다면 그 설움이 오죽했겠습니까. 그런데 유가적 전통에서 볼 때 부富의 추구란 사실상 악에 가깝습니다. 그럼에도 불구하고 「화식열전」에서는 재산의 증식을 통한 부의 추구를 긍정하고 있습니다. 뿐만 아니라 사람살이의 본질과 문명의 동력이라는 차원에서 이 문제를 성찰하기까지 합니다. 이로부터 이런 추론이 가능해집니다. 만약 "이릉의 화가 없었다면 『사기』는 역사의 기록과 포폄, 시비의 논단 등을 통하여 천운의 이법을 매개로 한 당위적인 질서의 제시, 문명적 가치의 보호와 전승을 목표로 한 이념의 서는 되었을지 모르나, 인간의 삶 그 자체의 진실을 긍정하는 인간의 역사는 되지 못하였을 것이다."[6]

이상의 내용이 『사기』의 저술 동기인데, 여기서 한 가지 환기해두어야 할 사실이 있습니다. 그것은 저술의 동기가 된 '하늘과 인간의 관계'와 '고금의 변화'라는 문제가 무제 시기의 중요한 정치철학적 사안이라는 점입니다. '천인감응'론이 전자의 문제라면 오덕종시설과 삼통설은 후자의 문제입니다.[7] 이 문제의 한복판에 동중서라는 인물이 자리하고 있었음은 앞서 살펴본 바 있습니다. 이렇게 보면 "하늘과 인간의 관계를 구명하고 고금의 변화를 통달한다"는 대의는 '천인감응'론이나 오덕종시설, 삼통설과 같은 주류 담론의 신화성에 대한 대결 의식의 산물로 이해될 수도 있습니다. 실제로 동중서나 추연에 대한 비판적 언설은 도처에서 발견되니까요. 여기서 우리는 『사기』가 서 있는 당대적 콘텍스트를 확인하는 셈입니다.

'역사'의 자리

『사기』를 하늘의 질서와 지상의 질서 간의 조응관계로 설명할 때 물어야 하는 문제가 있습니다. 어디까지가 하늘의 영역이고 어디까지가 인간의 영역이냐 하는 문제가 그것입니다. 이는 하늘을 존재론적 토대로 요청하는 한 피할 수 없는 물음입니다. 동시에 이는 당대 현실을 횡행하고 있는 주류 이데올로기와의 대결이라는 차원에서도 짚고 넘어가지 않으면 안 되는 문제였습니다.

예를 하나 들어보지요. 「효무본기」孝武本紀는 거의 모든 내용을 무제의 봉선封禪 일정을 기술하는 데 할애하고 있습니다. 하늘에 제사를 지내는 일은 황제의 본업입니다. 더욱이 태산에서의 봉선 의식은 제국의 토대와 관련된 거국적 행사였습니다. 이 사실을 태사령 사마천이 몰랐을 리 만무합니다. 더욱이 부친은 이 행사에 참석하지 못한 회한을 유언으로 남길 정도였으니까요. 그럼에도 불구하고 「효무본기」를 읽다보면 그 행간에서 왠지 이런 목소리가 들려옵니다. '황제라는 자가 방사方士 무리의 감언이설에 놀아나 허구한 날 저 짓거리나 일삼고 있으니…….' 전후 정황을 감안할 때 이 목소리를 단순히 무제에 대한 원망의 차원으로 이해하기는 어렵습니다. 아무리 무제가 자신에게 치욕을 안긴 당사자라 해도 말입니다.

어떤 의미에서 「효무본기」는 미신이 난무하는 당대 현실에 대한 정치적 알레고리로 읽힙니다. 여기에는 『사기』의 '실록' 정신이 묘하게 투영되어 있습니다. 이를테면 유방을 개국 군주로 기록하지 않음으로써 그 추악함도 서술하지 않고, 문제文帝와 경제景帝 시기의 정치를 언급하지 않음으로써 당시의 내란을 언급하지 않으며, 무제의 여러 단점을 열거하지 않음으로써 그 공적도 기술하지 않는 식입니다.[8] 이러한 기술 전략에는 왠지 사람의 판단을 서늘하게 만드는 힘이 존재합니다. 미신과 독단이 판을 치는 현실일지언정 그럼에도 이를 인정할 수밖에 없지 않겠느냐는, 이런 식으로나마 지상의 질서를 자리매김할 수밖에 없지 않겠느냐는, 그렇기는 해도 사람의 자리와 몫은 온전히 설명되어야 하지 않겠냐는……. 「효무본기」에서는 이런 목소리가 두런두런 들리는 듯합니다.

역사의 주축인 본기에 항우를 배치한 것도 어쩌면 이런 인식의 산물일지 모릅니다. 「항우본기」는 어떤 의미에서 하늘의 의지와 인간의 의지가 길항拮抗하는 격전장처럼 읽힙니다. 하늘은 어찌하여 산이라도 뽑을 것 같던 항우를 버리고 비루하기 짝이 없는 유방을 택했던가? 또 항우는 장강長江을 건너 권토중래捲土重來를 기약할 수 있었음에도 왜 스스로 동성東城에서 최후를 맞이했던가? 그랬음에도 그는 왜 죽어가며 하늘을 원망했던가? 그의 원망에는 어떤 근거가 있는 것인가? 이 원망은 오히려 자신을 향해야 하는 것은 아닌가?……「항우본기」를 읽다보면 우리는 이런 질문을 던지고 있는 사마천을 마주하게 됩니다. 이 질문의 끝에 도달하게 되는 것은 사람의 자리와 역할의 문제입니다.

항우는 스스로 공로를 자랑하고 자신의 사사로운 지혜만을 앞세워 옛것을 스승 삼지 아니하며, 패왕의 공업功業이라 하고는 무력으로 천하를 정복하고 다스리려 하다가 5년 만에 마침내 나라를 망치고 몸은 동성에서 죽으면서도 아직 깨닫지 못하고 스스로 책망하지 않았으니 이는 잘못된 것이었다. 그러고는 끝내 "하늘이 나를 망하게 하는 것이지, 결코 내가 싸움을 잘하지 못한 죄가 아니다"라는 말로 핑계를 삼았으니 어찌 잘못된 일이 아니겠는가?[9]

운명에 관한 물음들

사람의 이야기인 열전은 백이伯夷 숙제叔齊의 이야기로 시작해서 사마천 자신의 이야기로 끝납니다. 그런데 서두의 「백이열전」도 백이와 숙제에 관한 기록이라기보다는 역사의 본질과 사가史家의 사명에 관한 사마천 자신의 논설 같은 느낌이 듭니다. 게다가 "말세에는 모두가 권력을 다투었으나, 백이와 숙제만은 인의를 추구하여 서로 나라를 양보하고 나중에는 수양산에 들어가 굶어죽었으니, 천하가 이들의 미덕을 칭송하였다. 그래서 「백이열전」 제1을 지었다"[10]는 말 속에서는 왠지 사마천 자신의 모습이 어른거리기까지 합니다.

「백이열전」은 의혹 어린 물음들로 가득 차 있습니다. 마치 세계의 변방을 떠돌던 굴원이 하늘을 향해 던진 그 물음들처럼 말입니다. 물음의 요지는 이렇습니다. 양위를 거부하고 은사隱士가 된 허유許由나 변수卞隨, 무광務光 같은 이들은 왜 사람들에게 칭송되는가? 이 칭송을 익히 들었건만 『시경』, 『서경』 같은 경전에 기록이 보이지 않는 건 왜인가? 마찬가지로 왕위를 거부하며 고국을 버린 백이와 숙제는 원망하며 죽어갔을까? 아니면 공자의 말대로 인仁을 구하다 인을 얻었으니 달리 원망할 것이 없었을까? 백이나 숙제 같은 의로운 인간이 왜 굶어죽어야 했을까? 안회 같은 탁월한 인간이 왜 배불리 먹지 못해 요절해야 했을까? 하늘이 착한 사람에게 보상을 해준다면 어찌 이럴 수가 있는가? 반면에 도척盜跖 같은 인간은 포악무도한 짓을 일삼았건만 어찌하여 천수를 누렸던가? 그가 무슨 덕행이 있었단 말인가? 조행操行 같은 형편없는 인간이 편안히 향락을 누리고 선행을 쌓은 많은 이들이 불행을 당하는 것은 어찌된 것인가? 이것이 천도라고 한다면 그 천도는 과연 옳은 것인가? 틀린 것인가?

이 일련의 물음은 백이와 숙제가 죽으면서 남긴 시 한 구절로 귀결됩니다. "아! 이제는 죽음뿐이로다. 쇠잔한 우리의 운명이여!" 여기서 우리는 사마천 자신의 실존적 문제가 묘하게 투사되어 있다는 느낌을 갖게 됩니다. 이를테면 이런 물음들입니다. 『춘추』의 '의리'義理를 계승하여 '하늘과 인간의 관계'와 '고금의 변화'를 기록하고 있는 내가 어떤 연유로 궁형을 당하게 되었을까? 이릉이 무슨 죄를 지었을까? 중과부적衆寡不敵으로 인한 한 번의 패배가 그리 큰 죄일까? 하물며 그는 국방의 일등 공신이 아닌가? 그에 대한 치죄가 황제의 총희 이 부인李夫人을 위한 배려임을 누가 모르겠는가? 그녀의 오라버니 이광리李廣利의 위신을 위해 이릉을 견제하고 있다는 것을 천하가 알지 않는가? 그런데도 왜 시립侍立한 무리는 입도 벙긋하지 못하는가? 그런 상황에서 내가 이릉을 두둔하고 나선 것이 그리 큰 죄인가? 내가 황제의 불편한 심기를 건드렸단 말인가? 설령 그렇다 한들 바른 말을 한 것이 무슨 죄가 되는가? 내게 사형을 내리는 이는 누구인가? 저 권력은 어디서 오는가? 하늘에서 오지 않는가? 그런데 설마 하늘이 대의를 저버리고 사욕의 편을 든단 말인가? 그렇다면 인간의 역사는 무엇에 근거하는가? 역사 속의 인간은 대체 어떤 존재란 말인가?……

「백이열전」의 행간에서는 이 같은 의문들이 스멀스멀 꼬리를 물고 배어나오는 듯합니다. 여기서 사마천은 '역사 속에서의 인간의 운명'이라는 주제를 건드리고 있습니다. 그런데 후반부로 나아가면서 묘한 머뭇거림 같은 것이 여기에 끼어듭니다. 역사 속의 개인이 가질 수밖에 없는 당혹감 혹은 무력감 같은 것, 그래도 살아갈 수밖에 없음에 대한 슬픔 같은 것 말입니다. 그럼에도 불구하고 말미에서 보여주는 실존적 결단은 그 울림이 작지 않습니다. 사람에겐 제각각의 길이 있다, 나는 내 길을 가겠다, 이런 단단한 염念이 주는 서늘한 울림 말입니다.

공자는 말하기를 "가는 길이 같지 않은 사람과는 서로 도모하지 않는

다"라고 하였는데, 이 또한 사람은 제각기 자기의 뜻에 따라 행한다
는 뜻이다. 그러므로 "부귀라는 것이 만약에 추구해서 구할 수 있는
것이라면 비록 채찍잡이와 같은 천한 직업이라 할지라도 나는 그것을
할 것이며, 또 만약에 구할 수 없는 것이라면 나는 내가 제일 좋아하
는 것을 좇아 행할 것이다"라고 하였고 "추운 계절이 된 연후에야 소
나무와 잣나무는 시들지 않는다는 것을 안다"라고도 하였다. ……가
의賈誼는 말하기를 "탐부貪夫는 재물 때문에 목숨을 잃고, 열사는 명
분 때문에 목숨을 바치며, 권세를 과시하는 사람은 그 권세 때문에 죽
고, 서민은 자기의 생명에만 매달린다"라고 하였다. "같은 종류의 빛
은 서로가 비추어주고, 같은 종류의 물건은 서로가 감응한다." "구름
은 용을 따라 생기고, 바람은 범을 따라 일어난다. 그것은 성인이 나
타나면 이에 따라서 세상 만물의 모습이 모두 다 뚜렷이 나타나게 된
다."[11]

흡사 인용문의 사슬 같은 이 대목의 요지는 이렇습니다. 백이
와 숙제가 현인이라고는 하나 공자의 찬양에 힘입어 명성이 두드
러졌다면, '암혈巖穴에서 살아가는 은사'나 '항간의 평민으로 덕
행을 연마하고 명성을 세우고자 하는 사람' 역시 '청운지사'靑雲之
士에 의해 후세에 명성이 전해지지 않겠느냐는 것입니다. 이 '청
운지사'가 사마천 자신임은 물론입니다.

평가 문제

열전을 읽어가다 보면 우리는 「자객열전」, 「혹리열전」酷吏列傳, 「유협열전」, 「골계열전」, 「화식열전」 등등의 장에서 다양한 시대의 다양한 운명을 마주하게 됩니다. 이 한 올 한 올의 운명은 일견 전혀 무관해 보이기도 하고, 일견 모순되고 상충되어 보이기까지 합니다. 그래서 『한서』漢書의 저자 반표班彪(반고의 아버지. 『한서』의 저술을 시작했다)는 『사기』를 두고 이런 평가를 내렸던 것입니다. "그 시비가 자못 성인에 어긋나는데, 대도를 논할 때에는 황로를 앞세우면서 육경을 뒤로하고, 유협을 서술할 때는 처사를 물리치면서 간사한 영웅을 앞세우고, 화식을 기술할 때는 권세와 이익을 추종하면서 가난과 천함을 부끄러워하였으니, 이는 이 책의 폐단이다." 그러나 이 평가는 관방 역사서로서의 『한서』와 '일가지언'으로서의 『사기』라는 기본 성격의 차별성 속에서 이해될 필요가 있습니다. 인간이 어쩔 수 없이 살아가야 하는 존재라면, 상호 모순되고 교차하는 한 올 한 올 운명의 방향을 순연히 긍정하고 되비추면서 역사라는 거대한 다발의 실체를 설명할 수 있지 않을까……, 이것이 이 '생명의 서'가 자임한 높이었으니까요.

1백여 년 전 노신은 어느 강의록을 통해 국외자들의 세계사를 구상하면서 『사기』를 한 장으로 요청한 적이 있습니다. 이 가운데 한 구절을 이번 기행의 결론으로 삼습니다.

비록 『춘추』의 뜻에 배치되지만, 진실로 사가史家의 절창絶唱이요 운율 없는 「이소」離騷라 할 것이다. 오직 사가의 법식에 구속되지 않고

자구에 얽매이지 않고 감정대로 표현하고 나오는 대로 글을 지었으니, 그래서 명나라 시대의 문인 모곤茅坤이 말한 것처럼 다음과 같이 될 수 있었다. "「유협전」游俠傳을 읽으면 생을 가벼이 여기고 싶어지고, 「굴원·가의전」屈原賈誼傳을 읽으면 눈물을 흘리고 싶어지고, 「장주·노중련전」莊周魯仲連傳을 읽으면 세상을 버리고 싶어지고, 「이광전」李廣傳을 읽으면 맞서 싸우고 싶어지고, 「석건전」石建傳을 읽으면 몸을 굽히고 싶어지고, 「신릉·평원군전」信陵平原君傳을 읽으면 선비를 양성하고 싶어진다." [12]

說文解字

이름을 바로 하라 『설문해자』

마르셀 그라네가 전하는 바에 의하면, 4천 몇 백 년 전 황하 유역의 어느 마을에는 이상한 회의가 하나 있었던 모양입니다. 9년마다 한 번씩 열린 이 회의의 내용은 지금의 관점에선 선뜻 납득하기 어려운 것이었습니다. 그도 그럴 것이 여의도에서 열린 국정감사의 주요 현안이, 사람들이 말과 글을 제대로 쓰고 있는지, 시각표상이나 청각표상이 마을의 상징 체계를 어김없이 준수하고 있는지를 감찰하는 것이었으니 말입니다.¹

이를테면 '我'라는 무늬(문자)는 도끼를 들고 있는 사람의 모습이었는데 언제부턴가 사람들은 이것을 '나'라는 의미로 끌어다 쓰기 시작했습니다. 이에 '我'를 놓고 '도끼'와 '내'가 연관이 있는 것인지, 있다면 그것이 정합한지 여부를 따지고 교정하는 것이 이 회의의 내용이었던 것입니다. 지금의 입장에선 낭만 어린 풍경이지만 당시 상황에선 공동체의 존립을 좌우할 만큼 심각한 사안이었던 모양입니다. 사람의 말이 말을 듣지 않게 된 것도 얼추 이 무렵의 일이었습니다.

세월이 흘러 사람들의 뇌 용량이 제법 넉넉해지면서 이 아름다운 회의에 대한 기억도 점차 가물가물해졌습니다. 그리하여 말들은 춤을 추게 되었고, 이름과 실제의 괴리도 돌이킬 수 없는 지경에 이르고 말았습니다. 그리하여 공자는 정치의 본질을 묻는 제齊나라 경공景公의 질문에 단호히 답할 수 있었던 것입니다. "임금은 임금 노릇을 하고, 신하는 신하 노릇을 하며, 아비는 아비 노릇을 하고, 자식은 자식 노릇을 하는 것입니다."(『논어』「안연」顔淵) 이로부터 "이름을 바로잡고야 말겠다"(『논어』「자로」子路)는 공자의 한마디는 이후 유가 문화정치학의 역사에서 중요한 이정표가 됩니다.

이름을 바로잡는 일, 즉 '정명'正名이라는 문제를 검토해가다 보면 이름과 실제의 괴리가 극심했던 한나라 역사에서 우리는 『설문해자』說文解字라는 사전 한 권을 만나게 됩니다. 기원전 100년경 허신許愼이라는 인물이 만든 이 사전은 그의 당대까지 존재했거나 통용되던 9,353개의 문자로 그린 일종의 세계지도입니다. 세계의 모든 존재는 응당 이름과 실제가 일치해야 한다는 것, 이것들이 경위經緯를 반듯이 하고 유類와 종種을 가지런히 해야 한다는 것, 이런 질서가 시간의 흐름 속에서 순환한다는 것, 이런 믿음이 그로 하여금 20여 년이라는 시간을 투여하게 만든 원동력이었던 것입니다.

그런데 왜 하필이면 사전이었을까요? 글을 읽고 이해하는 데 필요한 공구라면 모를까, 사전 하나가 동한東漢 중앙정치의 한복판에 자리하고 있었다는 것은 또 무슨 말일까요? 이름을 바로잡는다는 것, 이것의 문화정치학적 함의가 대체 무엇이었기에 한 권의 사전이 정치적 텍스트가 되어버린 걸까요? 이번 기행은 이런 물음을 던지면서 문자로 그린 세계지도 속으로 떠나보겠습니다.

언어는 욕망한다

문명사는 정신 성장의 역사입니다. 헤겔 식으로 이야기하면 '정신현상학'이 되는데, 여기엔 필연적으로 '의미론적 도약'의 계기가 내포되어 있기 마련입니다. 이는 동서를 불문하는 문명사의 보편 문법입니다. 창힐이 문자를 만들자 귀신이 통곡했다는 전설이나 바벨탑이 높이를 더해가자 신이 언어를 달리하게 했다는 신화는 이에 대한 일종의 알레고리입니다. 의미가 도약한다는 것은 쉽게 이야기하면 이런 겁니다. 어린 시절 우리가 하고 놀았던 말놀이 가운데 이런 게 있지요. "원숭이 엉덩이는 빨개, 빨간 건 사과, 사과는 맛있어, 맛있는 건 바나나…… 높은 것은 백두산, 태극기가 바람에 펄럭입니다. 하늘 높이 아름답게 펄럭입니다." 이 말놀이의 형식논리학을 따라가다 보면 원숭이 엉덩이는 태극기가 되고 맙니다. 어떻게 이것이 가능할까요? 원숭이 엉덩이에는 다양한 속성이 있는데도 이들을 제하고 빨갛다는 속성만 부각시켜 사과의 색깔과 연결시켰기 때문입니다. 논리학에선 이를 '일반화의 오류'라 하는데, 이로부터 소위 말하는 '허위의식'이 생겨납니다. '이데올로기'란 말의 본래 의미가 이것인데, 일종의 속임수라는 것이지요.

　이런 식으로 말들의 널뛰기는 한층 높이를 더해갑니다. 그럴수록 세계를 기만하는 기술도 점차 정교해졌습니다. 그 핵심 비결은 '~(은)는 ~(이)다'라는 신종 발명품에 있었습니다. 별개의 두 사물에 이 요물을 들이대기만 하면 어느새 신작로 하나가 시원하게 뚫리는 겁니다. 예를 하나 들어볼까요. 현대 중국어로 "나는 한국인이다"라는 말은 "我是韓國人"(워스한궈런)으로 표기됩니다. 아마 『논어』 시대라면 "我韓國人也"(아한국인야) 정도가 되었겠지요. 여기서 '也', 즉 '어조사 야' 자는 결정의 의미를 담고 있지만 그럼에도 '~일걸' 정도의 뉘앙스를 내포하고 있습니다. 여기에는 최소한의 자기 겸손이 깔려 있습니다. 그런데 현대어로 오면 뉘앙스가 확 달라집니다. 자기 확증의 고집 같은 것이 여기에 스며드는데, 그 원리는 이렇습니다. 먼저 '나'와 '나'를 구성하는 속성 중 하나인 '한국인' 사이에 등호를 놓음으로써 "나는 한국인이야"라는 언설을 만들어냅니다. 그리고 '옳다', '맞다'는 뜻의 실사實辭 '是' 자를 허사虛辭로 위장시켜 의미를 비게 만듭니다. 그러면서 여기에 '~(은)는 ~(이)다'라는 구성적 기능만 부여합니다. 그러면 '나=한국인'이라는 언설은 언설대로 만들어지면서 '맞아!'라는 자기 확증의 목소리는 목소리대로 메아리치게 되는 겁니다. 일종의 복화술인 것이지요. 이것이 존재동사, 즉 be 동사의 권력이자 폭력성입니다. 도연명陶淵明의 「도화원기」桃花源記에 "今是何世"(지금이 어느 세상이오?)라는 대목이 등장하는 걸 보면, 6세기경의 문명사는 이미 이런 수준을 전유하고 있었던 것 같습니다.

금문 고문 논쟁

이 같은 의미의 널뛰기가 극성을 이루었던 시대는 한나라였습니다. 앞서 살펴본 동중서의 춘추공양학이 그 대표적인 경우입니다. 『춘추』의 '미언대의'微言大義를 너무 발랄하게 해석하다보니 원문에서 진도를 너무 많이 나가버린 것이지요. 이는 불가피한 일이었습니다. 여기에 문명의 아포리아가 있습니다. 이 대목에서 잠시 서한西漢 초기 상황으로 되돌아가볼 필요가 생깁니다. 기억술에 의존해서 소실된 경전을 복원하던 그 시대로 말입니다. 박사관의 과목별 박사가 일인이 아니라 복수였던 데에는 그럴 만한 사정이 있었을 겁니다. 경전 복원 과정에서 기억 내용의 굴곡이 심한 탓도 있었겠지만 지역별 방언의 차이가 워낙 심하다보니 부득이하게 편차가 발생할 수밖에 없었겠지요. 그런데 문제는 이 내용을 서한 초기 문자인 예서隸書로 기록했다는 데에서 발생합니다. 편의상 이것을 '금문경'今文經이라 부르기로 하지요. '요즘 문자로 기록한 경전'이란 뜻인데, 물론 나중에 붙여진 명칭입니다. 그런데 이것의 진위와 시비를 두고 지속적으로 문제가 제기되었던 것입니다.

서한 초기 정권으로 편입된 지식인들의 이념적 밑천이 바로 이 금문경이었습니다. 동중서가 담론의 토대로 삼았던 『춘추공양전』 역시 공양고公羊高라는 사람의 기억술로부터 나온 금문경 텍스트입니다. '파출백가, 독존유술'罷黜百家, 獨尊儒術 사건 이래 금문경학은 부동의 지위를 차지하게 됩니다. 요즘 말로 하면 여권 정치 논리의 이념적 기반이 된 것이지요. 그런데 서한 말기 왕실의 외척

인 왕망王莽이란 자가 유씨 천하를 넘보게 되면서 서서히 문제가 불거지기 시작합니다. 신흥 정치세력의 이념 공세가 시작된 것이지요. 궁정 도서관의 책임자 유향劉向의 아들이자 왕망의 정치적 동지인 유흠劉歆이 경학사의 총아로 등장하게 되는 것도 이러한 기류를 통해서입니다.

여기서 이런 생각을 한번 해보지요. 굴기崛起하는 신흥 정치세력이 기존의 심층 권력을 뒤흔들기 위해서는 어떤 유효한 방법이 있을까요? 그들이 취한 방법은 대단히 근본적인 것이었습니다. 그것은 다름 아닌 서한 문화정치학의 원칙과 방향을 제공한 금문경 자체를 문제 삼는 것이었습니다. 여기서 그들은 듣도 보도 못한 세 가지 텍스트를 역사의 무대 위에 등장시키는데, 이로부터 격렬한 원조 논쟁이 촉발됩니다. 역사는 이를 금문경에 대한 상대적 개념으로 '고문경'古文經이라 부르는데, 정치적 헤게모니를 둘러싸고 벌어진 두 진영의 싸움은 짧게는 동한 말까지, 길게는 청나라 말 춘추공양학이 다시 대두할 때까지 장장 2천여 년이나 지속됩니다. 전 세계 그 어떤 문명에서 이런 일이 있었을까요.

이 기나긴 논쟁의 출발은 기성 정치권력을 향해 당차게 던진 유흠의 글 한 편이었습니다.

한나라가 흥기한 뒤로는 신성하고 영명한 제왕으로부터 너무나도 멀리 떨어져 있고, 또 공자의 도는 단절되었기 때문에 법령과 제도가 의거할 것이 없었습니다. 그 당시에는 숙손통叔孫通 한 사람만이 있어 예의 법도를 대략적으로 제정하게 되었습니다. 그러나 천하에는 점복에 쓰는 『역경』易經만 있었을 뿐 다른 책은 없었습니다.(…)

효무황제孝武皇帝 때에 이른 다음에라야 추鄒, 노魯, 양梁, 조趙 등지에 『시경』, 『예경』禮經, 『춘추』 등을 배운 스승들이 제법 나타났는데 이들은 모두 건원建元 연간에 공부한 분들입니다. ……이 당시는 한나라가 흥기한 지 벌써 70~80년이 지난 뒤이므로 분서焚書를 당하기 이전 경서가 온전하던 때로부터 너무 많은 시간이 경과했습니다.

노나라 공왕恭王이 공자의 집을 허물고 궁궐을 지으려고 했을 때 허물어진 담벽 사이에서 고문古文을 얻었는데, 『일례』逸禮가 39편이었고, 『상서』尙書가 16편이었습니다. 무제 천한天漢 이후에 공안국孔安國이 이를 조정에 바쳤습니다. 그러나 창졸간에 무고巫蠱의 난을 당하는 바람에 이를 널리 유통시킬 겨를이 없었습니다.

좌구명이 지은 『춘추』의 전傳은 모두 고문古文으로 쓰인 옛날의 서책으로, 많은 것은 20여 편이나 되었는데, 황실의 서고에 비장된 채 숨겨져서 발견되지 못했습니다. 효성황제孝成皇帝께서 학문이 쇠퇴하고 경서가 결락되어 점차 본래의 면목에서 이탈되는 것을 안타깝게 여기시고 황실에 비장된 장서를 발굴해내어 옛 경서를 교감·정리하게 하여 『일례』, 『고문상서』, 『춘추좌씨전』 세 가지 경서를 얻게 되었습니다. 이것을 가지고 학관에서 전수되는 경서를 조사해보니 경서의 죽간이 탈락된 것도 있고, 경전의 편차가 어그러진 것도 있었습니다.(…)

입으로 전해 내려오는 것을 좋아한 채 글로 전해 내려오는 것을 등지고, 현재의 경사經師를 옳다고 하면서 옛사람을 그르다고 하니 국가에 장차 발생할 큰 일, 예컨대 태학太學을 건립하거나 봉선封禪과 순수巡狩를 행하는 의례에 대해서는 흐리멍덩하여 그 근본에 대하여 알지 못합니다. 혹자는 불완전하고 미비된 것을 고수하여 자신의 학설이 무너지는 데 대한 사사로운 두려움만 가지고 있을 뿐, 완비된 학설을 따르고 진리에 복종하려는 공변된 마음이 없습니다. 혹자는 질투심을 가슴에 품고서 실제의 정황이 어떠한지 살피지도 않은 채 부화뇌동하여 서로 좇으면서 남의 의견대로 시비를 따지고 있습니다.

이 『일례』, 『고문상서』, 『춘추좌씨전』 세 가지 학술을 무시하고서 『상서』는 완비되었으며 『좌씨전』은 『춘추』를 해석한 것이 아니라고 말하고 있으니 어찌 슬프다 하지 않겠습니까.[2]

암투와 조작, 위조로 점철된 서한 말의 금고문今古文 논쟁을 학술적으로 조망하는 데는 적지 않은 어려움이 따릅니다.[3] 논자가 서 있는 입장에 따라 논거의 스펙트럼이 워낙 다양할 뿐 아니라 역사적 사실에 부합하지 않는 일이 수두룩하기 때문입니다. 위의 인용문만 해도 그렇습니다. 공자의 고택에서 나왔다는 이른바 '벽중서'壁中書 같은 대사건이 『사기』에 보이지도 않거니와 무제와 공왕의 생졸 연대, 무고 사건의 발생 시기, 그리고 공안국이 경전을 바친 연대가 실제와 어긋나기 때문입니다. 무엇보다도 뜨거운 논란거리가 된 것은 『춘추공양전』의 대항마로 제시된 『춘추좌씨전』이 좌구명의 『국어』國語를 이용해 만든 유흠의 위작이라는 설이었습니다.

그럼에도 분명한 것은 위 인용문의 세 가지 텍스트가 사실상 섭정攝政을 하던 왕망의 정치적 입장을 강화시켜주었다는 점, 왕망은 이들이 제공한 '탁고개제'托古改制(고대의 제도에 의탁한 제도 개편)의 이념적·명분적 정당성으로부터 서한 정권을 무너뜨리고 신新나라를 개국했다는 점, 그리고 이를 통해 동한 정권 내내 고문경학파가 정치적으로 자기 목소리를 낼 수 있었다는 점입니다. 무엇보다도 중요한 것은 이 과정에서 "원전으로 돌아가자"라는 고문경학의 기본 정신이 금문경학이 조장한 신화적 해석학에 제동을 걸면서 실재론(realism)적 기풍을 환기시켰다는 점입니다. 어떤 의미에선 서양 중세 말 유명론(nominalism)적 신학 체계에 생채기를 냈던 '오컴의 면도날'에 비유할 수 있을까요.

고문학파의 문제 제기

세계를 신화적 해석학으로부터 구출하여 명名과 실實의 상관관계 속에서 배치하려는 움직임은 다양한 방면으로 전개됩니다. 배치란 일종의 명명의 기술이자 분류의 기술입니다. 이를테면 인간에게 학명을 'Homo Sapiens'(호모 사피엔스)라고 부여할 때, 이는 생물을 분류하는 전체 체계 속에 인간을 자리매김한 결과입니다. 우리가 예전 생물 시간에 배운 린네Linne의 이명법二名法은 유럽 계몽주의의 인식론적 지도인 셈인데, 그 원리는 앞서 거론한 미셸 푸코의 『말과 사물』에 잘 나타나 있습니다.

분류라는 행위의 의미를 일깨워주는 일화가 하나 있습니다. 1801년 신유박해辛酉迫害 사건에 연루되어 경상도 장기로 유배를 떠난 정약용丁若鏞은 거기서 '황사영黃嗣永 백서帛書 사건'으로 다시 한양으로 이송되기까지 몇 권의 책을 저술합니다. 그 가운데 우리의 눈길을 끄는 것은 『이아술』爾雅述이라는 책 한 권입니다. 제목으로만 보면, 『이아』爾雅를 '술이부작'述而不作 했다는 정도의 의미입니다. 『이아』란 중국 최초의 한자 분류 사전입니다. 요즘 말로 하면 '표준어의 분류' 정도에 해당하는 이 책은 "대분류(大類) 밑에 소분류(小類)를 두고, 또 그 밑에 낱말(私名)을 두는 체계적인 분류 형식으로 서술"된 일종의 목록서입니다. 이를테면 천문은 「석천」釋天, 지리는 「석지」釋地, 산은 「석산」釋山, 나무는 「석목」釋木, 이런 식으로 말입니다.' 그런데 다산이 일견 한가롭기 짝이 없어 보이는 이 작업에, 그것도 고문으로 만신창이가 된 몸을 추스르기도 전에 임할 수밖에 없었던 이유는 무엇일까요? 아마 이런 것이었을지도 모릅니다. 천주교도로 낙인이 찍혀 그것도 영일만이 바라보이는 세계의 변방에 내쳐진 상황이라면, 자신이 처한 존재론적 자리를 재점검하는 일은 가장 시급한 일이 아니었을까요. 죄목 중 하나가 제사라는 인륜의 대사를 거부한 것이었다는 점을 생각한다면 가능한 추측입니다. 하물며 「자명소」自明疏에서 고백하고 있는 대로 하나의 가슴에 성리학의 천리와 원양 너머의 천주를 동시에 모실 수밖에 없었던 상황이라면 그 혼돈의 정도와 폭이 오죽했겠습니까. 세계를 다시금 분류해보는 일은 다산에겐 이런 의미가 아니었을까요.

서한 말기 세계에 대한 인식론은 『이아』 같은 토대 위에서 형성되어 보다 총체적인 분류학적 지도를 만들어갑니다. 그 본격적인 출발점은 유흠의 『칠략』七略이었습니다. 유흠은 부친 유향의 20여 년간의 작업을 이어받아 선진先秦 시기부터 한대漢代에 이르기까지의 학술서적에 대한 대대적인 분류 작업을 수행하는데, 여기서 그가 제시하는 분류 체계는 육예六藝, 제자諸子, 시부詩賦, 병서兵書, 술수術數, 방기方伎 등 여섯 가지입니다. 이는 '경학사상 획기적인 사건'이었을 뿐 아니라 '고문경학의 언어관을 형성하게 하는 계기'가 되었습니다.

이와 동시에 금문경학의 폐단을 넘어서기 위해 '포괄적이고도 통일적인 경학의 방향'이 절실했던바, 이를 제기한 이 중의 하나가 양웅揚雄이었습니다. 그의 고금회통古今會通의 정신은 『법언』法言을 관통하고 있거니와, 이름과 실제에 관한 실재론적 정신은 『방언』方言, 『훈찬편』訓纂篇 등의 자서字書로 구체화됩니다. 여기에다 왕충王充의 '박람'博覽 정신, 즉 세계를 '널리 섭렵하는 일'의 중요성이 덧대어집니다. 이런 문제의식의 맥락이 다시 가규賈逵의 경학 세계로 이어지고, 그 문하에서 오경의 제 학설을 집대성한 허신의 『오경이의』五經異義가 나오고 이어서 본격적인 한자 백과사전 『설문해자』가 나옵니다.[5] 그리하여 서기 121년 허신의 아들 허충許沖은 이 책을 황제에게 바치면서 자신의 아비가 이 작업을 수행하시 않을 수 없었던 저간의 경위를 이렇게 밝힌 것입니다.

신의 아비 전임前任 태위太尉 남각좨주南閣祭酒 허신은 본래 가규에게서 고문경학을 전수받았습니다. 대체로 성인은 결코 공허하게 글을 쓰지 않고 반드시 의거하는 바가 있다고 합니다. 오늘날 오경의 도리가 빛나고 있지만 문자는 도리의 근본이 생겨나는 수단입니다. 고대의 『주례』周禮로부터 오늘날 『한율』漢律에 이르기까지 모두 육서六書

를 배워야만 그 의미를 관통할 수가 있습니다. 허신은 꾸며낸 거짓 학설들이 학자들을 의혹시킬까 염려하여 고문에 정통한 사람들에게 널리 묻고 이를 다시 가규에게 상고하여 『설문해자』를 편찬한바, 육예六藝의 뭇 서적의 자구字句의 의미가 모두 해석되어 있으며, 천지, 귀신, 산천, 초목, 조수, 곤충, 잡물, 기괴, 왕제, 예의, 세간 인사 등 모두 게재하지 않은 것이 없습니다.[6]

『설문해자』의 체제

『설문해자』說文解字는 문자 그대로 '문'과 '자'를 설명하고 풀이한 책입니다. 여기서 '문'은 단독적인 시각표상을 의미하고 '자'는 둘 이상의 '문'이 결합되거나 청각과 결합된 복합 표상을 의미하는데, 이들을 일정한 원칙에 따라 배치한 것이 바로 이것입니다. 사전은 원환圓環의 질서 속에 표상을 배치하는 기술입니다. 이는 'encyclopedia', 즉 '사이클'cycle 속에 표상들을 집어넣는다는 표현에서도 잘 드러납니다. 그러면 『설문해자』는 어떤 원칙에 입각하여 9,353자의 문자를 배치했을까요? 그의 말을 직접 한번 들어보시지요.

그 대표 문자로는 '일'一을 내세워 그 발단으로 삼았다. 같은 종류의 문자는 같은 부部에 모으고, 잡다한 문자들은 같은 무리로 나누어 분류했다. 그래서 같은 부의 문자를 하나의 조리로써 서로 연결시키고 부수들끼리도 공통된 조리로써 서로 관통하게 하였다. 이것저것 섞여 있긴 하지만 겹치지 않고, 대략 자형에 의거하여 부수의 순서가 연결되고 있으므로, 이를 늘여서 확대해 나간다면 만물의 근원을 궁구해 낼 수 있다. 그래서 마침내 '해'亥에서 끝날 때에는 변화를 알고 신묘神妙함을 터득하게 되는 것이다.[7]

우리가 한자를 찾을 때 검색의 단서가 되는 부수部首가 바로 여기서 나옵니다. 그 이후에 나온 사전, 그러니까 우리에게 한자 사전의 대명사로 쓰이는 『옥편』玉篇이나 이후 중국 자전의 기본 모델이 되는 『강희자전』康熙字典은 모두 이 체제를 따르고 있습니다. 그만큼 이 분류법은 획기적인 것이었습니다. 『설문해자』의 부수는 총 540개입니다. 이는 『강희자전』의 214개에 비해 곱절 이상 많습니다. 부수가 이처럼 많다보니 이에 따라 글자를 검색하기가 여간 어렵지 않습니다. 그렇다면 왜 이렇게 분류 단위가 번다하게 되었을까요? 위에서 암시하는 대로 『주역』과 음양오행설에 입각해서 분류 기준을 세우다보니 그리 된 것입니다. 유력한 학설 중 하나는 이 문제를 이렇게 해석합니다.

『주역』에서 양효陽爻를 상징하는 9와 음효陰爻를 상징하는 6을 곱하면 54가 됩니다. 그런데 54개로는 9,353자나 되는 글자를 다 담을 수가 없으니 여기에다 완전수 10을 곱해서 540을 만듭니다. 여기에다 천지인삼재天地人三才의 원리에 따라 전체 체제를 구성합니다. 이는 첫 번째 부수 일—에 천天이, 중간쯤 되는 제8편 상上의 첫머리에 인人이, 거의 끝부분이 되는 13편 하下에 이二, 즉 지地가 배치되어 있는 것을 통해 추론할 수 있습니다. 이제 여기에 운동성을 부여합니다. 세계가 음양의 원리에 의해 끝없이 순환하는 것처럼 사람의 문명도 끝없이 순환한다는 것이지요. 이를 위해 마지막 제14편에 일一, 이二, 삼三 등의 숫자와 십간십이지十干十二支 22개를 배치합니다. 그래서 마지막 부수가 해亥가 된 것인데, 음력 10월을 의미하는 해에서 음기가 극점에 다다라 서서히 양기를 끌어들이게 된다는 의미입니다. "해亥에서 아기를 낳고 다시 일一부터 시작한다"는 말의 의미가 바로 이것입니다.[8] 이상이 그가『설문해자』의 체제를 통해 말하고자 하는 기본 메시지입니다.

그러면 9,353개의 표제자 내부는 어떻게 구성되어 있을까요? 이해를 돕기 위해 예를 하나만 들어보겠습니다.

주부走部의 趎(유)는 움직임의 뜻이다. 走(주)는 의미 부분이고 隹(추)는 발음 부분이다.『춘추전』(즉『춘추좌씨전』)에서 "유趎에서 동맹을 맺다"라고 하였는데, 이때의 유는 지명이다.

走部 : 趎, 動也. 從走, 隹聲,『春秋傳』曰 : "盟于趎", 趎, 地名[9]

표제자에 따라 일정하지는 않지만 설명과 풀이의 기본형은 대개 이렇습니다. ① 표제자: 이는 진나라 공식 문자인 소전小篆으로 표기한다. 이는 금문경의 표기 문자인 예서를 통해서는 고문 자체의 원래 모습을 알기도 어렵고 경전의 원래 의미를 파악하기도 어렵다는 판단에 따름. ② 본의本意: 단어 본래의 뜻을 설명. ③ 자형字形 구조 분석: 경우에 따라서는 자의와 자형의 관계를 설명하기도 하고 필요한 경우 "讀若某"(어떤 글자처럼 읽는다)의 형식으로 음가를 표기하기도 함. ④ 글자의 의미나 형태를 보충 설명: 이를 위해 주문籒文이나 고문古文에서 그 용례가 있으면 이를 소개하기도 하고 방언, 속어, 고전, 제가諸家의 설을 끌어올 필요가 있으면 이를 인용하기도 함.

성과들

『설문해자』의 핵심은 아무래도 글자의 형태 분석입니다. 의미를 설명하는 데 기준으로 삼은 것이 글자의 형태 분석이었으니까요. 그래서 이 책과 관련하여 '육서'六書에 관한 논의가 늘 따라다닙니다. '육서'란 한자 형성의 여섯 가지 원리입니다. 이것의 원형은 유흠에게서 나온 것으로 알려져 있는데, 이를 체계화하여 글자 분석에 적용한 것이 『설문해자』입니다. 그 내용을 한번 살펴볼까요.

『주례』에 이르기를 여덟 살에 소학小學에 들어가면 보씨保氏가 제후의 자제들을 가르치는데 먼저 육서六書로 한다고 한다.
첫째가 지사指事이다. 지사라는 것은 보아서 알 수 있고 살펴서 나타나는 것으로, 上(상)·下(하) 같은 글자가 이러하다.
둘째가 상형象形이다. 상형이라는 것은 그려서 그 물체를 이루는 것이고 형체에 따라 구불구불한 것으로, 日(일)·月(월) 같은 글자가 이러하다.
셋째가 형성形聲이다. 형성이라는 것은 일로써 이름을 삼고 비유를 취하여 서로 이루는 것으로, 江(강)·河(하) 같은 글자가 이러하다.

넷째가 회의會意이다. 회의라는 것은 사물의 종류를 나란히 늘어놓고 뜻을 합함으로써 가리키는 바를 드러내는 것으로, 武(무)·信(신) 같은 글자가 이러하다.

다섯째가 전주轉注이다. 전주라는 것은 종류로 한 부수를 세우고 같은 뜻을 서로 받는 것으로, 考(고)·老(로) 같은 글자가 이러하다.

여섯째가 가차假借이다. 가차라는 것은 본래 그 글자가 없는데 소리에 의거하여 일을 기탁하는 것으로, 令(령)·長(장) 같은 글자가 이러하다.

우리 귀에도 익숙한 이 육서론은 중국 소학사小學史에서 금과옥조로 여겨왔지만, 청대 고증학적 풍토 속에서 적지 않은 문제 제기에 직면하기도 했습니다. 일단 상형·지사·형성·회의와 전주·가차가 차원이 다르다는 것이 비판의 골자입니다. 전자는 구성의 원리이고, 후자는 운용의 원리라는 것이지요. 특히나 전주와 가차에 관한 규정과 적용 사례는 두고두고 논란거리로 남게 됩니다.[10] 게다가 20세기 들어 이루어진 고고학적 발굴의 성과로 인해 갑골문이나 금문金文과의 비교 연구가 진행되면서 전체 내용의 20~30퍼센트는 오류라는 것이 밝혀집니다. 동한 시대를 살았던 허신의 입장에서 갑골문이나 금문은 본 바가 없었으니 이는 당연한 일입니다. 그렇다고 해서 이런 결함이 이 작업 자체나 70~80퍼센트 내용의 가치와 의미를 퇴색시키지는 못합니다. 만약 그가 소전小篆에 대해 이런 작업을 하지 않았다면 그 이후에 어떤 일이 벌어졌을까요? 예서로 표기된 경전을 둘러싸고 연출되었을 경학사의 난맥상은 아마 상상하기조차 어려울 겁니다.

『설문해자』가 갖는 또 다른 의미는 고대 문화의 살아 있는 보고寶庫라는 데 있습니다. 아마 이것이 없었다면 고대 사회상에 관한 우리의 지식은 훨씬 더 제한적이었을 겁니다. 이는 중국 고대 사회를 다룬 허다한 책들이 "『설문해자』에서는……"을 반복하고 있는 것만 봐도 알 수 있습니다. 그만큼 당시의 사회상이 풍성하게 담겨 있다는 이야기겠지요. 그중 한 대목을 소개하면 이렇습니다.

嘼部: 嘼也, 象耳頭足厹地之形. 古文嘼下從厹.

후부: 후嘼는 '짐승'이란 뜻이다. 귀, 머리, 그리고 발이 땅바닥에 발자국을 낸 모양 등을 그려낸 것이다. 고문의 '후' 자는 아랫부분이 구厹 자로 이루어졌다.

허신의 해석에 의거하면 후嘼는 금수禽獸의 정자正字였는데 나중에 수獸 자가 후 대신 쓰이게 됨에 따라 '후'는 더 이상 쓰이지 않게 되었다는 섭니다. 그런데 '후'와 '수'는 농일 계열에 속하는 단어이긴 하지만 의미에 차이가 있습니다. '후'嘼는 짐승의 총칭이고, '수'獸는 금수를 잡는 활동을 의미합니다. '수'獸는 '수'狩와 같은 의미로 쓰였는데, 사냥이라는 뜻입니다. 그런데 『설문해자』에서는 '수'獸를 '수비자'守備者로, '수'狩를 '화전'火田으로 풀이하고 있습니다. 오늘날 우리가 쓰는 '수비'란 말의 원래 의미는 이랬나봅니다. 고대 사냥꾼들은 함정에다 그물을 설치해놓고 들짐

승을 함정으로 유인하여 빠지게 한 다음 그물로 통째로 묶어 포
획했던 모양인데, 이때 그물에 빠진 맹수가 곧잘 그물을 찢고 도
망갔기 때문에 사냥꾼들이 그 주위를 지키고 있었던 것 같습니
다. 여기서 '수비자'라는 말이 생겨났는데, '함정의 그물을 지키
는 사람'이라는 뜻이었습니다. '화전'은 불을 이용한 사냥을 말합
니다. 오늘날의 밭 전田 자는 농경지와 사냥터를 공히 지칭하는
말이었습니다. 숲에 불을 지르면 짐승들이 도망쳐 나오기 마련인
데, 이때 집단으로 돌멩이 등을 던져 낭떠러지로 내몰아 추락하
게 만드는 사냥 방법이 '화전'이었다는 겁니다. 만약 『설문해자』
가 없었다면 이 같은 고대 생활사에 관한 생생한 지식은 기대하
기 어려웠을 겁니다."

문화사적 위상

마지막으로 『설문해자』와 연관된 일화 하나를 소개하면서 기행을
정리하겠습니다. 청나라 말 일본 동경 중국 유학생 그룹 내엔 다
양한 서클이 있었던 모양입니다. 그 가운데 '만주족을 몰아내고
한족의 부흥을 이룩하자'(滅滿興漢)는 기치를 내건 서클이 하나 있
었습니다. 절강浙江 출신이 주가 된 이 모임은 장병린章炳麟이 주
도하고 있었고, 그 좌중에는 전현동錢玄同, 노신魯迅과 같은 쟁쟁
한 인물들이 자리하고 있었습니다. 그런데 흥미로운 것은 이 서
클의 공부 텍스트 중 하나가 『설문해자』였다는 사실입니다. 말인
즉슨, 혁명적 지식인 서클의 이념적 텍스트가 2천여 년 전 편찬된

고리타분한 사전이라는 말인데, 이게 무슨 말일까요?

이 일은 지금 우리의 입장에선 납득이 잘 가지 않지만, 적어도 백여 년 전 상황에서는 너무도 자연스럽고 당연한 것이었습니다. 더욱이 입헌군주제의 기치를 내건 강유위康有爲 그룹이 춘추공양학의 역사철학을 다시금 불러내고 있는 상황이라면, 고문경학파의 후예 장병린의 입장에서는 이를 견제하면서도 혁명을 실제화할 이념적 근거가 필요했을지도 모릅니다. 다만 한 가지 분명한 것은 그 핵심이 '문'文에 자리하고 있다는 점, 그리고 바로 이때가 2천여 년 이상 지속되어온 '문' 전통의 황혼이었다는 점입니다. 이러한 분위기는 장병린의 다음과 같은 한마디에 암울하게 배어 있습니다.

"내가 죽고 나면 중국 문화는 사라지고 말 것이다."

이 한마디를 통해 우리는 『설문해자』를 중국 문명사 속에 자리매김해볼 수 있습니다. 대학大學 전통과 소학小學 전통이, 금문경학적 해석학과 고문경학적 장구학章句學이, 유명론적 의미론과 실재론적 정명론이 나선 구조를 이루면서 만들어낸 지속의 역사 속에 말입니다. 이 범주의 역사가 본격화되던 시점에 사선 한 권이 자리하고 있었습니다. 그리고 이 사전은 지금도 이런 말을 던지고 있는지 모릅니다. 이름을 바로 하라. 그런데 욕망하는 인간이 퍼덕거리는 이 문자를 어떻게 부여잡을 수 있을까요……?

老子注

제도와 자연이 화해할 수 있을까 『노자주』

사람의 얼굴에 겉과 속이 있고 정면과 이면이 있듯이, 문명의 얼굴에도 겉과 속, 정면과 이면이 있습니다. 이는 마치 지리산을 오르다보면 그 초입에 화엄사가 있고 그 뒤쪽에 실상사가 있는 것과 같은 이치입니다. 화엄華嚴의 가파름을 실상實相의 포실함으로 감싸안고 있는 이 포국布局은, 이념의 세계를 실재의 세계로 끌어안겠다는 의지에 다름 아닙니다. 여기서 화엄이란 문명의 불가결한 요소처럼 보입니다. 그럼에도 불구하고 그것이 실상으로 안받침되지 못할 때 허위의식이 된다는 것은 역사를 통해 익히 목도하는 바입니다. 마찬가지로 실상 역시 화엄의 세계에 의해 정향定向되지 못할 때 혼논으로 추락하기 십상입니다. 이렇듯 문명사는 사람살이의 겉과 속, 정면과 이면의 세계가 겹치고 길항하며 연출해내는 변주곡 같은 것인지도 모르겠습니다.

이런 관점으로 중국 문명사를 바라볼 때, 우리는 거기서 유가의 세계와 도가의 세계가 두 얼굴로 기능하고 있다는 사실을 알게 됩니다. 주지하는 대로 유가는 실용이성에 입각한 현실주의입니다. 이것의 핵심은 제도성에 있습니다. 이에 반해 도가는 무위에 근거한 근본주의입니다. 이것의 핵심은 자연, 즉 '스스로 그러함'(自然)에 있습니다. 그렇다면 유가와 도가 간의 긴장관계를 파악하는 일은 중국 문명사를 이해하는 데 있어 중요한 포인트가 됩니다. 이 두 얼굴이 만들어내는 변주의 리듬이 곧 이 '지속의 왕국'의 역사일 테니까요.

그런데 이 역사의 어디쯤에 유가의 현실주의가 공허한 이념이 되고 도가의 자연주의가 삶의 실상으로의 복귀를 촉구하는 시대가 있었으니, 한漢 말에서 위진魏晉에 이르는 시기가 바로 그곳입니다. 4백여 년 한 제국의 질서가 붕괴되고 삼국의 군웅이 할거하던 그곳에서, 유가적 정치 이념이 붕괴된 자리에 노장老莊적 근본주의가 꿈틀대던 그곳에서, 우리는 스물셋 나이로 요절한 '젊은 천재' 한 사람을 만나게 됩니다. 왕필王弼(226~249)이라는 이 인물은 우리에게 『노자』와 『주역』에 관한 걸출한 주석가로 알려져 있습니다. 그는 이 작업을 통해 유가와 도가가 만나고, 제도와 자연이 화해하는 그런 세계를 꿈꾸었던 것 같습니다. 이 작업은 미완으로 끝이 나지만, 그의 창조적 사유는 이후의 사상사에 굵은 족적을 남깁니다.

이번 기행은 그의 열여덟 시절 노작으로 알려진 『노자주』老子注라는 책입니다. 이 책에서 우리는 강렬한 근본으로의 충동과 더불어 이를 현실과 절충하려는 의지 같은 것을 발견하게 됩니다. 이 충동과 의지는 물론 그가 살았던 시대의 환경과 무관하지 않습니다. 그러므로 먼저 이런 물음을 던져야 합니다. 왕필의 시대는 어떤 시대였는지, 그 시대의 시대정신은 무엇이었는지, 이는 현학玄學이라는 새로운 풍조와 어떻게 연관되어 있는지, 그리고 그의 작업은 이 풍조 속에서 어떤 위상을 지니고 있는지 등등의 물음 말입니다. 이제 그의 시대 속으로 들어가 이 문제들을 생각해보기로 하겠습니다.

왕필과 그의 시대

위진魏晉이라는 시대는 참 모호한 시대입니다. 그래서인지 유난히 홍미로운 이야깃거리가 많습니다. 왕필이 태어난 226년은 위魏·촉蜀·오吳 삼국의 구도가 막 정립을 마친 시점입니다. 조조曹操가 사망한 뒤 조비曹조가 한나라의 헌제獻帝를 폐위하고 조위曹魏 정권을 수립한 것이 220년, 유비劉備가 촉한을 선포하여 황제로 등극한 것이 221년, 손권孫權이 자립하여 오나라를 건국한 것이 222년이니, 이 시절의 분위기를 대충 짐작할 수 있을 겁니다.

　한나라의 명문가였던 왕필의 집안은 대대로 역학易學 방면에 조예가 깊었던 것 같습니다. 현조부玄祖父 왕창王暢이 형주자사荊州刺史 유표劉表에게 역학을 선수했다고 하니까요. 『삼국지연의』에서 한때 유비가 몸을 의탁한 유표가 바로 그인데, 당시 그의 휘하에는 기라성 같은 지식인들이 운집하여 형주학파를 형성하고 있었습니다. 전하는 얘기로는 그 숫자가 천을 헤아렸다고 하니 그 위세를 짐작케 합니다. 이들의 추이는 『삼국지연의』에서는 잘 포착되지 않는 변수인데, 이것의 중요성을 일찌감치 간파한 이가 바로 조조였습니다. 이들을 영입하기 위해 그가 보인 열성은 대단했던 것으로 알려져 있습니다. 그런 만큼 이를 외면하면 막대한 대가가 따랐습니다. 공융孔融 같은 이는 조조에 의해 죽었습니다. 그것도 터무니없이 불효 죄를 뒤집어쓰고 말입니다. 이런 일련의 과정을 통해 삼국 간의 힘의 균형추는 조조 진영으로 이동하게 되는데, 그 결과는 『삼국지연의』의 결말이 증언하는 바대로입니다.

그런데 무엇보다도 중요한 것은 이 시기에 조성된 문화적 르네상스가 이들 덕분에 가능했다는 점입니다. 흔히 '건안풍골'建安風骨로 통칭되는 이 르네상스는 고대 문화사에 있어 매우 중요한 분수령입니다. 이러한 분위기를 이끈 주역을 일러 '건안칠자'建安七子라 불렀는데, 그중 한 사람인 왕찬王粲은 형주를 조조의 휘하로 귀속시킨 장본인이었습니다. 그가 곧 왕필의 적계嫡系 조부인데, 왕씨 집안과 유표 집안의 혼인으로 인해 유표는 또 왕필의 외조부가 됩니다. 훗날 왕필이 조조의 의붓아들이자 사위인 하안何晏을 만나게 되는 것도 이런 든든한 배경과 무관하지 않습니다.[1]

왕필이 정치 활동을 한 시기는 정시正始 연간(240~249)입니다. 조비 사후의 이 10년은 문화사적으로 매우 활기찬 시기였습니다. '정시지음'正始之音이라는 말이 대변하듯 새로운 시작의 기상으로 충만한 시대였습니다. 이러한 기풍을 주도한 이가 바로 하안, 왕필, 하후현夏侯玄 등입니다. 그러나 정시 연간의 정치는 한치 앞을 내다볼 수 없는 혼돈의 연속이었습니다. 명제明帝 사후 황실을 보위하려는 조씨 세력과 지방 귀족을 대표하는 사마씨 세력 간의 주도권 싸움이 그 핵심입니다. 이 과정에서 어린 황제 조방曹芳을 보좌하던 조상曹爽은 정적 사마의司馬懿를 견제하기 위해 하안을 기용하는데, 왕필은 하안에 의해 발탁되어 일찌감치 중앙정치로 진입하게 됩니다. 그러나 249년 사마의의 쿠데타에 의해 조상과 하안이 제거됨으로써 왕필의 정치 인생도 끝이 나는데, 이해 스물 셋의 나이로 병사했다는 기록만 전해질 뿐입니다.

이상의 내용이 왕필에 관한 간략한 프로필입니다. 그런데 여기서 잠시 주목해보아야 할 것이 있습니다. 그것은 그가 병사했다는 대목입니다. 대체 어떤 병이었기에 이 재주 많은 청년을 죽음으로까지 몰고 갔을까요? 일견 사소해 보이는 이 문제는 의외로 이 시대의 분위기를 이해하는 데 중요합니다. 뿐만 아니라 그의 세계관을 이해하는 데에도 적지 않은 단서를 제공해줍니다.

위진 시대의 지식인 문화

정시 연간 문화계의 거두였던 하안은 여러 가지 측면에서 문제적 인간입니다. 일단 현학玄學이라는 새로운 학풍의 개창자라는 점도 그러하거니와, 공담空談의 풍소를 유행시킨 것도 그랬고, 약을 복용하는 풍조를 퍼뜨린 장본인도 바로 그였습니다. 여기서의 약이란 보통 약이 아니라 종유석, 백석영, 자석영 등 다섯 가지 광물을 섞어 만든 '오석산'五石散입니다. 이 약은 비용이 엄청나 웬만한 사람은 먹을 엄두도 내기 어려웠던 모양입니다. 그러나 허약 체질 보강에 탁월한 효과가 있다고 알려져 당시 명사名士를 자처하던 사람들은 너도나도 하안을 따라 이 약을 복용함으로써 지식인 사회에 일대 유행을 만들어냅니다. 그런데 이 약은 일종의 독약입니다. 그러니까 오늘날로 따지면 상습적으로 마약을 복용한 셈인데, 당시 요절한 사람이 유독 많았던 것도 이로 인한 부작용 때문이었습니다. 요즘 말로 하면 광물 중독쯤인데, 왕필의 사인도 이와 무관하진 않았던 것 같습니다.

그런데 왜 멀쩡한 정신을 가진 고급 지식인들이 이처럼 위험한 약을 상습적으로 복용했을까요? 이를 보양과 섭생이라는 관점에서만 설명하기에는 뭔가 미진합니다. 보다 근본적인 원인은 아마 그들의 정신세계에 있을 겁니다. 가령 이런 생각을 한번 해보지요. 꽃나무는 무기물을 빨아들여 아름다운 꽃을 피웁니다. 그렇다면 인간이라고 그러지 못할 이유가 있을까요? 더욱이 영혼을 가진 인간이 무기물을 흡수하여 꽃을 피우게 된다면 그 꽃은 얼마나 아름다울까요? 농담처럼 들릴지도 모르겠지만, 이런 식의 발상은 당시 지식인 사회에선 그리 낯설지만은 않았던 것 같습니다. 여기서 말하는 인간의 꽃이 고도의 정신적 경지를 의미함은 물론입니다. 이게 아니라면 그토록 위험하고 고통스러운 과정을 감내했을 리가 없을 테니까요.

'오석산'은 그 복용 방법도 꽤나 까다로웠던 모양입니다. 약을 먹은 뒤 효험이 나타나면 '산발'散發이라는 것을 해야 하는데, 이를 하지 않으면 목숨이 위태롭습니다. 그래서 약을 먹고 난 뒤 쉬지 않고 걸었는데, 당시엔 이를 '행산'行散이라 불렀습니다. '행산'의 풍경도 꽤나 묘했나 봅니다. 살갗이 쉽게 벗겨지니 꽉 끼는 옷이나 새 옷을 입기가 어렵습니다. 그러니 헐렁한 적삼을 걸친 채

샌들 같은 것을 끌면서 거리를 어슬렁거리는 풍경을 한번 상상해 보십시오. 게다가 진물이 배인 옷에 이가 들끓다보니 몸이 가렵기 마련입니다. 그러다보니 길을 걸을 때나 사람을 만날 때나 연신 몸을 긁어대기 일쑤였습니다. 당시에는 이게 풍류이자 명사의 풍모로 여겨졌던 모양입니다. '행산'을 한 다음에는 온몸에 열이 나면서 이내 오한이 찾아옵니다. 그런데 이때에도 옷을 시원하게 입고 찬밥을 먹으며 찬물에 목욕을 해야 합니다. 춥다고 옷을 껴입거나 더운밥을 먹거나 뜨거운 물로 목욕을 하면 그길로 즉사입니다. 그래도 술만은 예외여서 냉수목욕을 마친 뒤 더운 술 몇 잔은 들이킬 수 있었던 모양입니다. 그리고 '산발'을 할 때 허기는 금물이므로 하루에 몇 번이고 먹어야 합니다. 그것도 급히 말입니다. 당시의 엄격한 예법조차 이들의 각종 무례를 눈감아줄 정도였다고 하니 그 열기를 짐작할 만합니다.

이러한 풍조는 사마씨가 집권을 하게 된 뒤로는 술로 옮아갑니다. 아마 '오석산'의 심각한 부작용 때문이었을 겁니다. 249년의 쿠데타로 정권을 장악한 사마씨는 265년 서진西晉을 세우게 되는데, 사마씨 정권은 공포정치와 예교정치로 유명합니다. 예나 지금이나 정통성이 없는 정권은 늘 예교를 표방하기 마련입니다. 그러니까 어떤 정권이 '정의'를 강조한다고 하면 그 정권이 정의롭지 못하다고 보면 대충 맞습니다. 이 시대를 대표하는 명사는 '죽림칠현'竹林七賢입니다. 공포와 허위가 난무하는 세상을 등지고 죽림에 은거하며 세속과는 무관한 청담淸談을 일삼았던 일곱 지식인을 말하는데, 완적阮籍과 혜강嵇康이 대표적 인물입니다.

완적에 관한 일화는 많습니다. 그는 걸핏하면 허옇게 눈알을 뒤집어 상대를 당혹케 했다고 하는데, '백안시'白眼視라는 말이 여기서 나옵니다. 그가 두 달 동안이나 술에 취해 있었다는 일화는 유명하지만, 그 이유를 보면 술 자체가 목적은 아니었던 것 같습니다. 임금의 청혼을 거절하기 위한 고육지책이었는데, 부도덕한 정권을 인정할 수 없는 상황에서는 아마 부득이한 일이었겠지요. 혜강은 훨씬 더 대담하고 노골적이었습니다. 그는 현실의 질서는 물론 이런 질서를 만든 주공이나 공자까지 다 부정했습니다. 결국 이것이 죽음의 빌미가 되는데, 참수당하기 전 술 한잔을 걸치고 태연자약하게 「광릉산」廣陵散을 연주했다는 일화는 이 살풍경한 시대의 기억으로 역사 속에 남아 있습니다. 그럼에도 그는 자식에게 남긴 유언에서 부디 세상에 책잡힐 일은 하지 말고 조심조심 살아가라고 당부하고 있습니다. 이것만 봐도 이들의 기행奇行이나 음주벽이 일종의 정치적인 행위임을 알 수 있습니다. 대개 그들 앞에 기다리고 있는 것은 죽음이었으니까요. 그것도 예법을 어지럽히거나 불효를 저질렀다는 죄로 말입니다.[2]

사정이 이렇다보니 그들의 성정이 유유자적하거나 평화로울 리 만무합니다. 위진 시대 지식인 하면 으레 떠오르는 것은 호방하고 활달하며 기행을 일삼거나 고약하고 괴팍하며 신경질적인 이미지입니다. 왕필도 예외는 아니었던 것 같습니다. 그가 약관의 나이에 『노자주』와 『주역주』를 지었다고 해서 안회顔回 같은 이미지를 떠올려서는 곤란합니다. 기록에 의하면, 자신의 재주를 뽐내고 타인을 멸시하여 꽤나 미움을 샀던 모양입니다. 뿐만 아니라 사람됨이 경박해서 쉽사리 남을 원망하고 그로 인해 종종 인간관계를 망치곤 했다고도 전해집니다. 그러니까 영락없이 자신의 재주만 믿고 나대는 젊은이의 이미지입니다.[3] 이는 물론 왕필의 성정에서 기인하겠지만 상술한 시대적 분위기를 고려할 필요가 있습니다. 그래야만 많은 것이 제대로 설명됩니다. 현학이라는 학풍의 형성 원인이 그렇고, 이 내부에 형성되는 담론의 대립 구도가 그렇습니다. 왕필의 『노자주』가 당대 현실에 대해 취하고 있는 애매한 태도 역시 이러한 시대적 분위기를 감안할 때 좀 더 분명히 이해됩니다.

현학 논쟁과 그 쟁점

위진 시대와 이어지는 남북조 시대는 일반적으로 현학의 시대로 알려져 있습니다. 현학이란 세계에 대한 형이상학적 태도를 통칭하는 개념입니다. 이 흐름 속엔 일부 유가적 지류도 있고 불가적 지류도 있지만, 아무래도 그 본류는 도가입니다. 그 주요 텍스트는 '삼현경'三玄經이라 불리는 『노자』, 『상자』, 『주역』입니다. 고대 사상사의 맥락에서 보면 현학은 매우 이질적인 학풍입니다. '저 너머'에 대한 물음 자체가 금기시된 이 문화에서 고도의 형이상학을 기대하기란 어려운 일이었으니까요. 그나마 이 학풍도 한 제국의 유가적 문화정치학에 대한 안티테제로써 출발했기에 가능했습니다. 그래서 이 시대가 중요합니다.

　현학은 크게 세 그룹으로 나뉩니다. 첫째는 "왕필과 곽상郭象

과 같은 주류 현학자들로서 반체제적 입장을 지니지 않은 채 정권 내부의 이념 구축에 직간접적으로 동조하는 인물들"입니다. 이들은 노장적이라기보다는 노장을 유가적 관점에서 해석함으로써 양자의 접점을 모색하는 경향을 띠고 있습니다. 둘째는 '죽림칠현', 정확히 말하면 산도山濤와 왕융王戎을 제외한 '죽림오현'으로 "체제에 순응하지 않고 반발하며 지조를 지키고자 했던 매우 도가적인 인물들"입니다. 이들은 하안이나 왕필에 비해 정권에 대해 한층 더 대립각을 세우면서 철저한 자연주의를 표방합니다. 셋째는 도안道安, 지둔支遁 등의 "불교와 관련된 현학자들"입니다. 진晉나라 때부터 시작된 불경 번역 과정에서 이들은 '삼현경'뿐 아니라 유가 경전까지 아우르며 이후에 형성되는 유불도 삼교 전통의 초석을 마련하게 됩니다.'

현학의 쟁점은 크게 두 가지로 정리할 수 있습니다. '명교자연名教自然 논쟁'과 '유무有無 논쟁'이 그것인데, 이 양자는 별개의 것이 아니라 내부적으로 긴밀히 연결되어 있습니다. 여기서 한 가지 환기해두어야 할 것은 이것이 순수 철학 논쟁만이 아니라는 점입니다. 이는 당대의 정치 현실과 긴밀히 맞닿아 있는 것으로, 오늘날 여의도 정가 모모 연구소의 논의를 바라보는 감각으로 접근할 필요가 있습니다.

'명교'名教란 요즘 말로 하면 제도입니다. 제도와 자연의 관계에 관한 이론적 모색이 '명교자연 논쟁'의 근간인데, 그 입장은 크게 두 가지로 압축됩니다. 그 하나는 왕필, 하안 등의 입장으로, "명교는 자연에 근본을 두어야 한다"는 것입니다. 이는 아예 제도 자체를 부정한 '죽림칠현'에 이르면 "명교를 넘어 자연에 맡겨야 한다"는 것으로 발전됩니다. 또 다른 하나는 곽상, 상수向秀 등의 입장으로, "명교가 곧 자연이다"라는 것입니다.[5] 이 양자는 공히 명교를 인정한다는 점에서는 궤를 같이합니다. 그러나 전자는 방점이 자연에 있는 반면 후자는 그것이 명교에 있다는 점에서 차이가 있습니다. 이 차이는 현실정치에 발을 담그고 있는 정도와 대체로 일치합니다.

왕필이 명망가 하안을 통해 정계로 진출했다고는 하나 핵심으로 진입하지는 못했던 것 같습니다. 하안은 "중니仲尼가 뒷사람이 두렵다고 하셨으니 이런 사람과는 가히 더불어 천인의 경계를 말할 만하구나!"라며 왕필을 높이 평가했지만, 당시 법가적 정책을 추진하고 있던 권력자 조상의 입장에서는 무無를 운운하는 왕필이 이뻐 보일 리가 없습니다. 그러니 잠시 대랑臺郞이란 직책에 있다가 이내 떨려날 수밖에 없었을 겁니다.[6] 하물며 '죽림칠현'의 경우는 말할 필요도 없습니다. 여기서 우리는 주변부 정치인이나 재야인사들의 사고가 자연으로 향해 있다는 사실을 알 수 있습니다. 이에 반해 곽상은 서신 정권의 핵심부에서 권력자의 두터운 신임을 받으며 부귀영화를 누린 사람입니다. 이로 보면 예나 지금이나 여권 정치인의 관심사가 명교, 즉 제도와 명분에 있다는 것도 분명해 보입니다.

그런데 문제는 두 입장의 자연관에 차이가 있다는 것입니다. 하안이나 왕필에게 있어서 자연은 무無로 이해되는 데 반해, 곽상에게 있어 그것은 유有로 이해됩니다. 이러한 자연관의 차이가 '유

무 논쟁'을 불러일으키는데, 전자를 귀무론貴無論이라 하고 후자를
숭유론崇有論이라 합니다. 논쟁의 구도는 왕필의 귀무론이 먼저 제
기되고, 배위裴頠의 숭유론이 이를 반박하는 한편 곽상의 독화론獨
化論이 양자를 지양하려는 방향으로 전개됩니다. 그러나 크게 보
면 하안이나 왕필의 '자연 중심주의 철학'과 배위, 곽상 등의 '현
실 중심주의 철학'의 대결로 이해할 수 있습니다.[7] 『노자주』는 이
같은 시대적 문제의식의 좌표 위에 서 있습니다.

『노자주』의 문제의식

『노자주』를 간단히 정리하는 일은 그리 쉽지 않습니다. 그 대상이
다름 아닌 『노자』이기 때문에 그렇기도 하지만 그 형식이 논문이
아니라 주석이기 때문에 더욱 그러합니다. 여기에다 『노자주』가
『노자』의 길만 고집하지 않는다는 점에서 어려움이 가중됩니다.
『주역』으로 『노자』를 해석하거나(以易釋老) 무위의 철학자 공자를
만나는 경우도 적지 않으니까요. 『노자주』가 보여주는 이 같은 스
펙트럼은 종종 왕필 현학의 성격에 관한 논쟁을 불러일으키기도
하는데, 여기서 그 내막을 세세히 검토하기는 어렵습니다. 다만
이 작업의 기본 문제의식을 간략히 검토해보는 데 그치기로 하겠
습니다.

배위나 곽상의 주장대로 "명교가 곧 자연"이라면 제도와 자연
사이에는 하등의 갈등도 없습니다. 그들에겐 제도가 스스로 생겨
난 것이니까요. 그러나 하안과 왕필의 주장대로 "명교는 자연에

근본을 두어야 한다"면 제도와 자연 사이에는 불연속적인 단층이 존재하는 셈입니다. 그들에게 제도는 인위이며 작위일 뿐입니다. 그런데 인위나 작위는 사람의 본성을 왜곡시킵니다. 그래서 이런 인식이 가능해집니다. "스스로 낳으면 사물과 더불어 다투게 되고, 스스로 낳지 않으면 사물은 돌아간다."(7장) 그런데 어디로 돌아가야 하는 걸까요? 왕필의 말을 빌면 "그것을 자연으로 돌아가게 한다"(13장)는 겁니다. 그렇다면 이때의 '돌아감'이란 어떤 사태를 말하는 걸까요? 이것의 함의는 『주역주』에서 보다 분명히 드러납니다. 앞서 사례로 든 적이 있는 복괘의 괘사, 즉 "복復에서 그 천지의 마음을 볼지니라"라는 대목이 그것입니다. 이 대목을 왕필은 이렇게 풀이하고 있습니다.

복이란 것은 근본으로 돌아감을 말한다. 천지는 근본을 마음으로 삼는다. 무릇 움직임이 다 자라나면 고요해지나 고요함은 움직임에 상대되는 것이 아니요, 말을 다하면 침묵하게 되나 침묵은 말에 반대되는 것이 아니다. 그런즉 천지가 비록 커서 만물을 풍부하게 두어 우레가 치고 바람이 행하고 운화運化가 만 가지로 변하나 적연寂然히 무無에 이르니, 이것이 그 근본이다. 그러므로 움직임이 땅 속에서 그치면 이에 천지의 마음이 나타난다. 만약 유有로 마음을 삼는다면 다른 종류는 함께할 수 없다.[8]

'적연지무'寂然至無, 즉 고요함의 극치에서 무에 이른다, 이때 천지의 본질이 환하게 드러난다는 것이 그 요지입니다. 그렇다면 어떻게 무로 돌아갈 수 있을까요? 『노자주』의 서설 격인 「노자지략」老子指略은 그 방법론을 이렇게 제시하고 있습니다.

"『노자』의 글은 한마디로 요약할 수 있으니, 오호라! 근본을 높이고 말단을 그치게 하는 것일 뿐이로다!"⁹ 근본을 높이고 말단을 그치게 하는 것, 즉 '숭본식말'崇本息末이라는 이 한마디는 『노자주』의 핵심 방법론이 됩니다.

여기서 잠시 짚어둘 것은 이 시대의 인식틀이 본말이라는 구도로 전환되어 있다는 점입니다. 이는 원시 유가에서는 보기 어려운 틀입니다. 이미 살펴본 대로 공자는 세계를 이분법적으로 바라보지 않았으니까요. 게다가 한대 '천인감응'의 모식模式과도 사뭇 양상이 다릅니다. 두 세계의 위계가 한층 더 두드러지니 말입니다. 도가적 사유틀에 근거한 이 구도가 화엄 불교의 체용體用론을 내면화하면서 송대 신유학의 리기론理氣論으로 이어지는 과정은 중세 사상사의 굵은 줄기인데, 이에 관해서는 아마 나중에 거론할 기회가 있을 겁니다. 어쨌거나 본말이라는 인식틀이 이 시대의 특징 중 하나라는 점만은 짚어두기로 하지요.

그렇다면 왕필은 본말을 어떻게 쓰고 있는 걸까요? 전후 맥락을 보면 무와 유, 자연과 제도를 본말의 관계로 파악하고 있는 것처럼 보입니다. 유가 무에서 시작되고 제도는 자연에 근거해야 한다는 점을 도처에서 밝히고 있으니까요. 그런데 문제는 이 양자의 관계가 그리 단순하지 않다는 데서 발생합니다. 예컨대 『노자』 38장 주석에서는 또 '숭본거말'崇本擧末이라는 개념이 나오니까요. 이 개념은 어미와 자식의 관계에 비유되고 있는데, "어미를 지켜서 자식을 보존"한다는 것이 그 함의입니다. 그렇다면 '숭본거말'이란 "근본을 높여서 말단을 기른다"는 의미가 됩니다. 그렇다면 당위적으로 근본이 요청되는 데에는 아무런 문제가 없지만 이것과 말단의 관계를 설명하는 데서는 묘한 충돌이 발생합니다.[10] 왜 이런 충돌이 발생할까요? 그에게 본말은 일방적이고 위계적인 관계일까요, 아니면 의존적이고 보완적인 관계일까요?

귀무론의 구조

『노자주』는 위의 물음에 대해 명확한 답변을 제시하지 않고 있습니다. 그러니 그 원인을 현실에 대한 그의 입장에서 추론해볼 수밖에 없습니다. 어쩌면 그는 이런 문제에 봉착해 있었던 것은 아닐까요? 사람의 문명이란 어차피 작위이자 제도가 아닌가? 그렇긴 해도 현실이 보여주는 대로 그것이 곧 허위와 탐욕일 수는 없지 않은가? 그렇다면 이는 어떻게 바로잡을 수 있는가? 이를 원래대로 되돌려야 한다면 그 근거는 무엇인가? 그리고 현실과 근거는 어떤 관계로 서 있어야 하는가? 이 문제는 따지고 보면 문명 일반의 딜레마이자 고뇌에 다름 아닙니다. 이는 동시에 『노자』의 출발점이기도 합니다. 그렇다면 『노자주』 역시 이렇게 읽지 못할 이유가 없습니다.

그 단서는 『노자』 1장의 "무명無名은 천지의 시작이요, 유명有名은 만물의 어미다"라는 대목에 있는지도 모릅니다. 이에 대한 왕필의 주석은 이렇습니다.

무릇 유는 모두 무에서 시작한다. 그러므로 아직 형체가 없거나 이름
이 없을 때가 곧 만물의 시작이 된다. 그 형체가 있거나 이름이 있는
때에 이르면 곧 그것을 자라게 하고, 길러주고, 모양을 주고, 바탕을
이루게 해서, 그 어미가 되는 것이다.[11]

여기서 주목할 것은 '이름', 즉 '명'名입니다. 이는 공자가 바로
잡고자 했던 '명'이자 허신이 『설문해자』를 통해 되돌리고자 했던
그 '명'입니다. 그런데 위 대목을 가만 뜯어보면 무명—유명의 관
계가 근본—말단의 관계가 아님을 알 수 있습니다. 유명도 만물에
대해서는 어미, 즉 근본의 위상으로 서 있으니까요. 이름은 처음
생겨났을 무렵에는 만물의 어미가 됩니다. 여기에는 유가적 '명',
즉 '인의'仁義나 '성지'聖智도 포함됩니다. 다만 그것이 만들어낸
'거짓'(邪)과 '탐욕'(貪)이 문제가 될 뿐입니다.[12] 이로 보면 그의
입장은 공자의 정명론을 향해서도 열려 있는 셈입니다. 그렇다면
왕필의 무—유, 무명—유명 개념은 본말의 구도로 단순화하기가
어려워집니다.

이와 관련해서 주목할 것은 "무릇 유는 모두 무에서 시작한다"
는 구절입니다. 『노자주』를 읽다보면 왕필이 애써 '낳다'(生)라는
말을 꺼리는 듯한 느낌을 갖게 됩니다. 그냥 '무가 유를 낳았다'
고 말하면 될 것을 왕필은 굳이 '시작한다'(始), '말미암는다'(由)
같은 동사를 선택합니다. 왜 그럴까요? 일견하기에 이는 문제를
본체론적 차원에서 현상세계로 끌고 오려는 의지로 읽히기도 합
니다. 이 점은 42장 주석에서도 어렴풋이 드러납니다. "도는 일을

낳고, 일은 이를 낳으며, 이는 삼을 낳고, 삼은 만물을 낳는다. 만물은 음을 지고 양을 품으며, 충기沖氣로써 조화를 이룬다"는 대목입니다. 이에 대한 주석은 또 이렇습니다.

수많은 사물과 모든 형체는 일一로 돌아간다. 무엇으로부터 말미암아서 일에 이르는가? 무에서 말미암는다. 무에서 말미암아 일에 이른다고 했으니 일은 무라고 할 수 있는가? 이미 일이라고 했으니 어찌 말이 없을 수가 있겠는가? 말이 있고 일이 있으니 이二가 아니고 무엇이겠는가? 일이 있고 이가 있으니 드디어 삼三을 낳는다. 무에서 유로 변했으니 수數는 여기에서 끝난다. 이렇게 계속 나아가는 것은 도의 무리가 아니다. 그러므로 만물이 생겨나지만 나는 그 주인을 안다. 비록 수많은 형체가 있다고 하더라도 충기沖氣의 하나일 뿐이다. 백성마다 마음이 있고, 각 나라마다 풍속을 달리하지만, 왕후는 일一을 얻어서 주인이 된다. 일로써 주인이 되니 일을 어찌 버릴 수 있겠는가? 많으면 많을수록 (근본으로부터) 멀어지고, 덜어버리면 (근본에) 가까워진다. 완전히 덜어내 버리면 그 궁극을 얻는다.[13]

여기서는 해석의 중심이 도에 있지 않습니다. 도의 자리에 어느새 무가 자리하고 있습니다. 해석의 방향도 묘하게 현상세계의 높이에 맞추어져 있는 듯합니다. 사람의 문명에서 언어와 개념의 확장은 불가피하다, 그러면 그럴수록 근본에서 멀어지는 것도 불가피하다, 그러므로 이를 덜어내지 않으면 안 된다, 왕필은 지금 이런 말을 하고 있는지도 모릅니다. 『주역주』라면 "득의망상"得意

忘象을 거론했겠지만, 여기서는 대신 『장자』莊子 「외물」外物 편의 '득의망언'得意忘言론을 빌려 정치제도의 문제를 건드리고 있습니다. 이는 그의 관심의 방향이 어디에 있는지를 가늠하게 해줍니다. 뿐만 아니라 '숭본식말'이라는 방법론이 궁극적으로 지향하는 곳에 대해서도 생각해보게 만듭니다.

"백성마다 마음이 있고 각 나라마다 풍속을 달리하지만, 왕후는 일一을 얻어서 주인이 된다." 이 비유에서도 알 수 있듯이 왕필은 현실의 왕정 질서를 부정하지 않습니다. 이는 25장, 42장, 62장 등등의 주석을 통해서도 확인할 수 있습니다. 다만 이때의 정치가 무위의 정치여야 한다는 조건이 따릅니다. 10장, 38장 등등의 주석에서 강조되고 있는 것처럼 말입니다. 이를 위해 군왕에게 요구되는 것은 배치의 기술입니다. 왕필은 이를 '적용'適用이라는 말로 설명합니다. "능력이 있는 자에게는 자리를 내어주고 재능이 있는 자는 취해서 쓴다."(49장) 이 문제는 귀족 문벌 시대로 접어든 당시 상황에서는 매우 민감한 정치적 사안이었습니다. 배위나 곽상 등이 숭유론을 통해 정당화하려 했던 것이 바로 이러한 신분 질서의 고착이었으니까요. 이런 관점에서 보면 왕필은 결국 개인의 능력이 온전히 실현될 수 있는 새로운 질서를 거론하고 있는 셈입니다. 그의 귀무론은 이런 질서를 향한 실천적 모색이었는지도 모릅니다.[14]

자연과 제도 사이에서

이제 정리하겠습니다. 『노자주』에 대해서는 미묘한 입장차가 존재함에도 불구하고 학계의 평가는 대체로 이렇게 모아집니다. 노자의 논리로 유가를 비판하면서도 노자적 방법으로 유가의 이상을 실현하려 했다는 것, 도가의 본체의本體義에 유가의 도덕의道德義를 부여함으로써 가치 초월적이었던 도가의 범주에 인간적 당위와 가치를 부여했다는 것,[15] 따라서 그 출발은 도가적 논리와 방법을 빌리고 있지만 궁극적으로는 그것을 넘어 유가적 가치까지 정당화하고 자연주의화했다는 것, 결국 유가의 인의에 자연성을 근거시킴으로써 유가사상이 사회적 영역을 넘어 자연과 우주로까지 확대될 수 있는 가능성을 제시했다는 것.[16] 무게중심 입장이 유가와 도가 중 어디로 기울어 있건 위와 같은 점에 대해서는 대체로 견해를 같이합니다.

왕필은 『노자주』를 마무리한 뒤 『주역주』에 착수합니다. 이 작업은 결국 미완으로 남게 되지만, 도가적 근본주의와 유가적 현실주의의 접점을 모색하려는 그의 노력은 지금도 두 권의 책 속에 남아 있습니다. 이 두 작업은 때론 화해하고 때론 충돌하면서 사람살이가 만들어내는 딜레마와 고뇌를 한층 우리 앞으로 이끌어내고 있습니다. 무와 유가 병립할 수는 없는지, 제도와 자연이 화해할 수는 없는지…….

그의 사유가 보여주는 이 진동의 폭은 기실 그의 시대가 만들어내는 문제의식의 폭과 다르지 않습니다. 그의 짧은 삶은 이 폭을 섬묘하게 내면화함으로써 이후 사상사의 풍성한 밑거름이 되

는데, 그 결실은 다가올 불교의 시대와 성리학의 시대에서 좀 더
분명히 드러납니다.

바람의 언어들 『전당시』

全唐詩

중국 문명을 한마디로 개괄할 수 있다면 무어라 말해야 할까요? 아마도 적지 않은 이들은 이렇게 답할지도 모릅니다. '시詩의 문명'이라고요. 물론 이때의 시는 장르적 차원에서의 그것을 의미하지는 않습니다. 그렇다기보다는 왠지 리드미컬하고 유연하면서도 조화를 잃지 않으려는 경향의 총체상에 가깝습니다.

대항해 시대 유럽 대륙에서는 이상한 소문 하나가 떠돌았던 모양입니다. 동으로 길을 떠난 선교사들이 보내온 서신에 의하면, 저 극동의 어떤 나라에서는 사람들이 노래로 말을 한다는 것이었습니다. 소문 속의 이 나라가 바로 중국인데, 선교사들의 귀엔 중국어의 성조가 그렇게 들렸던 모양입니다. 잃어버린 '아담의 언어'(Lingua Adamica)에 대한 향수가 중국어를 낙원 시대의 노래처럼 들리게 만든 걸까요. 비유적으로 말하면 이때의 '노래'가 '시의 문명'이라 할 때의 '시'에 가깝습니다.

중국 문명의 시적 성격을 증명하는 자료는 헤아리기가 어려울 정도이지만, 그 가운데에서도 단연 압권은 『전당시』全唐詩 900권입니다. 제복 그대로 당시唐詩 전부를 망라하려는 의도로 편찬된

이 책은, 일단 그 볼륨도 볼륨이거니와 2,200여 시인의 작품 48,900여 수가 빼곡히 수록되어 있다는 점에서 가히 시의 숲이라 할 만합니다. 이런 무지막지한 기획을 구상한 이는 대체 누구였을까요? 그는 어떤 의도로 '당음'唐音의 메아리가 울려 퍼지는 거대한 노래의 숲을 생각해냈던 것일까요?

『전당시』라는 숲

그 주인공은 다름 아닌 청淸 제국의 네 번째 황제 강희제康熙帝였습니다. 주지하다시피 청 제국은 만주족이 중원을 차지해서 세운 나라입니다. 소수의 만주족이 다수의 한족을 지배하기 위해서는 동화정책이 필수적이었겠지요. 백성 다수가 만주 왕실 문화에 젖어들지 않는 한 체제 보장을 장담키가 어려웠을 테니까요. 그리하여 한족의 집회와 결사를 철저히 봉쇄하고 변발을 강요하는 등 단속의 고삐를 늦추지 않았습니다. 물론 이에 대한 저항도 만만치 않았겠지요. 일부 지식인은 출사를 거부하고 입산하거나 아예 머리를 밀고 출가를 하기도 했습니다. 화이론華夷論적 세계관으로 무장한 그들의 관념 세계에서 오랑캐를 섬기는 일은 도저히 용납할 수 없었을 테니까요. 이 과정에서 적지 않은 목숨이 날아간 것은 물론입니다.

이처럼 거센 반청복명反淸復明의 풍조를 완화하고 쇄신한 인물이 바로 강희제였습니다. 60여 년 치세 기간 동안 그는 제국의 경계를 확장하는 한편 안으로 다양한 문화 정책을 펼쳤습니다. 심지어 한족 문화에 심취하여 스스로 '유학의 수호자'를 자처하기도 했습니다. 이 과정에서 사전의 대명사가 되는 『강희자전』康熙字典이나 『패문운부』佩文韻府 같은 운서韻書가 간행되었는가 하면 『주자전서』朱子全書, 『성리대전』性理大典 같은 유학 경전이 속속 복간되기도 했습니다. 『전당시』(1706) 역시 이런 문화 정책의 산물이었습니다. 중원 문화의 정수를 집대성함으로써 만한滿漢 공존의 기틀을 확립하고자 했던 것이지요.

당이라는 시대

당나라는 시의 제국입니다. 그렇다고 이 제국이 하루아침에 이루어진 것은 아니었습니다. 대개의 역사가 그렇듯, 이백李白과 두보杜甫라는 천재가 하늘에서 그냥 떨어지지는 않았습니다. 적어도 그들이 등장하기 위해서는 그럴 만한 토양과 적절한 기후가 뒷받침되지 않으면 안 되었습니다.

'인문'이라는 관점에서 볼 때, 고대 문화사에는 크게 두 개의 고개가 존재합니다. 그 첫 번째는 춘추전국이라는 시대입니다. '백가쟁명, 백화제방'百家爭鳴, 百花齊放의 형국을 연출한 제자백가가 바로 이 시기에 출현했고, 최초의 관학인 직하稷下학파의 일원들에 의해 음양오행과 같은 굵직한 담론이 출몰하던 시기도 바로 이때였습니다. 이러한 문화적 인프라 위에서 진한秦漢이라는 최초의 제국이 가능했던 것이지요. 그러니까 진한 제국은 그냥 진시황이 천하를 통일해서 세웠거나 유방이 항우와의 전쟁에서 이

겨 세운 나라만은 아니었던 것입니다.

그 두 번째는 위진남북조라는 시대입니다. 제국의 분열과 정치적 혼란으로 점철된 이 시대는 의외로 문화사적으로는 풍요로운 시기였습니다. 한마디로 말해 이 시기는 발견과 자각의 시대였습니다. 한나라가 유교적 정치 이념으로 무장한 시대였다면, 위진남북조는 노장적 자연주의의 이상으로 충만한 시대였습니다. 이런 형이상학적 사유에 힘입어 세계의 본질을 캐묻고 또 세계를 하나의 풍경으로 조망할 수 있는 시좌를 확보하게 됩니다. '문학'이라는 형식에 대한 최초의 자각이 이 시기에 가능했던 것도 이 시좌 덕분이었습니다. 물론 여기에는 불교의 역할이 지대했습니다. 열반과 지옥이라는 낯선 개념으로 무장한 이 종교를 중국적으로 소화하는 과정에서 나온 것이 선종인데, 불경 번역을 통해 도달한 언어·문자·사유방식에 대한 자각은 이후의 문화사에서 중요한 밑거름이 됩니다. 지구상에서 가장 논리적인 언어를 가장 구상적인 언어로 옮기는 일이었으니, 그 문화적 충돌과 마찰의 정도가 오죽했겠습니까.

고대 문화사는 이 충돌과 마찰을 자양분 삼아 가파르게 상승곡선을 그려갑니다. 그러다가 8세기 중엽 마침내 찬란한 문화의 봉우리를 만들어냅니다. 우리가 흔히 '성당'盛唐이라 부르는 시대가 이곳이고, 이백과 두보를 배출한 시대 역시 이곳입니다. 뿐만 아니라 바다 건너 서라벌 땅 석굴암의 미소가 피어나던 시기도 바로 이곳이었던 것입니다. 이로써 다음과 같은 사실을 알 수 있습니다. 문화적 자극과 추동력은 주로 분열의 시대에 왕성하다는

것, 그리고 대개 그 결과가 통일적 질서, 즉 제국의 형태로 나타
난다는 것. 그러니 분열을 마냥 미워할 일만은 아닌 것입니다.

흥미로운 것은 문화사의 리듬에 따라 시의 형식에도 변화가 온
다는 사실입니다. 『시경』 시대의 네 마디 형식은 한 제국의 시대
부賦라는 형식으로 산만해지다가 삼국 시대쯤에 이르면 다시 다
섯 마디와 일곱 마디의 형식을 만들어냅니다. 『삼국지』의 주역 조
조의 시에 벌써 이것이 드러나고 있으니까요. 여기서 증가된 글자
수를 그냥 흘려버려서는 곤란합니다. '석서석서'碩鼠碩鼠라는 호흡
과 '공산불견인'空山不見人이라는 호흡이 어찌 같은 세계일 수 있으
며, '유유녹명'呦呦鹿鳴이라는 볼륨과 '벽해청천야야심'碧海靑天夜夜心
이라는 볼륨이 어찌 같은 세계일 수 있겠습니까. 문화의 호흡과
볼륨이라는 차원에서 볼 때 이는 엄청난 성장이자 확장이었습니
다. 이렇게 다져진 지반 위에서 당 제국은 또 다른 노래의 형식을
만들어내는데, 이것이 바로 절구絶句와 율시律詩입니다. 중세 문
화사는 이 모던한 형식—그래서 이를 '근체시'近體詩라 불렀습니
다—에 힘입어 바야흐로 찬란한 시의 화원을 연출하게 됩니다.

앞서 우리는 『시경』을 기행하면서 다음과 같은 사실을 확인한
바 있습니다. 국풍의 시는 삶의 질서에 토대를 두고 있다는 것,
그리고 그 질서가 문자의 질서로 전환되었다는 것. 이 전환의 놀
이는 이제 당시에 이르면 거의 최고의 수준에 도달합니다. 오언
절구는 20개 글자로, 칠언절구는 28개로, 오언율시는 40개, 칠언
율시는 56개, 이런 식으로 독자적인 시의 우주가 만들어집니다.
그러므로 매 글자에는 여전히 육체성과 인격성이 각인되어 있는

셈입니다. 사람이 곧 문자로 대체된 형국이니까요. 이런 글자들이 대립과 화해의 원리에 입각하여 이원성의 놀이를 펼치는데, 그 오묘함이 하늘마저 감동시킬 정도입니다. 어떻게 이런 놀이가 가능할 수 있었을까요?

당시의 일반 원리 (1)

『전당시』 48,900여 수 시의 화원을 산책하기 위해선 유능한 안내자가 필수적입니다. 자칫 하면 제대로 보지도 못한 채 길을 잃기가 십상이니까요. 이번 기행에서 우리를 인도할 안내자는 프랑수아 청Fransois Cheng이라는 학자입니다. 프랑스에서 활동하는 화교인데, 그 내공이 만만치가 않습니다. 그의 저서 『중국 시학』(Ecriture Poetique Chinoise)은 이 화원의 역사와 조성 원리, 조성 기법 등에 관해 풍성한 해설을 곁들여주고 있어서 안내서로 제격입니다. 그럼 이제부터 이 책의 안내를 따라 당시의 세계 속으로 들어가 보기로 하겠습니다.[1]

시는 문자의 예술입니다. 그런 한에 있어서 먼저 당시를 구성하는 문자, 즉 한자라는 매체의 속성을 고려하지 않으면 안 됩니다. 한자는 그 자체가 그림적 요소를 내포하고 있습니다. 그렇다면 이것의 활용은 필수이겠지요. 예를 하나만 들어보겠습니다. 시인이자 화가였던 왕유王維는 나뭇가지 끝에 핀 부용화를 묘사하면서 그 첫 행을 이렇게 시작합니다.

木末芙蓉花

나무 가지 끝에 핀 부용화

── 「목련꽃 언덕」(辛夷塢)

여기선 설령 "중국어를 모르는 독자라 할지라도 시구의 의미와 일치하는 연속적인 이 글자들의 시각적 양상을 느낄 수 있습니다. 순서대로 읽으면서 실제로 우리는 꽃나무의 만개 과정을 보고 있다는 느낌을 받습니다.(첫 글자는 그냥 나무, 두 번째는 가지 끝에 무언가가 피어나는 모습, 세 번째는 꽃눈이 돌출한 모습, 네 번째는 꽃눈이 터지는 모습, 다섯 번째는 만발한 꽃.) 그러나 한 걸음 더 나아가 보이는 것(시각적 양상)과 서술되어진 것(일상적 의미)의 이면에서 중국어를 아는 독자라면 미묘하게 숨어 있는 생각, 즉 정신적 차원에서 꽃 속으로 들어가고 그 변형에 참여하는 시인의 생각을 표의 문자들을 통해 확인할 것임에 틀림없습니다. 세 번째 글자 芙(부)는 실제로 夫(지아비)를 요소로 가지고 있고, 이 夫는 사람을 요소로 가지고 있습니다. 그러므로 첫 두 글자에 의해 표현된 나무는 이제부터 사람이 출현하는 장소가 됩니다. 네 번째 글자 蓉은 容(얼굴, 꽃눈이 터져 얼굴이 되다)을 요소로 가지고 있습니다. 그리고 이 容은 口(입)를 요소로서 지닙니다.(입은 말한다.) 끝의 다섯 번째 글자는 化(변화, 우주 변화에 참여하는 인간)를 요소로 지닙니다. 외연적인 해설에 의지함 없이 생략된 방법으로, 또한 연속적인 단계를 통해 시인의 신비적 체험은 우리의 육안으로 감지됩니다."

그렇다고 해서 한자에 시각성만 두드러지는 게 아닙니다. 소리의 율동과 높낮이도 중요한 요소입니다. 이에 관해선 두보의 시 한 수가 절묘한 운용의 예를 보여줍니다. 안록산安祿山의 난을 피해 파촉巴蜀 땅에 피신해 있던 두보는 머지않아 전쟁이 끝날 거라는 소식을 듣습니다. 오늘날 사천성에 해당하는 이 지역은 험준한 협곡에 싸여 있어 난리가 났다 하면 으레 피난처로 이용되던 곳이었습니다. 유비가 이 땅에 촉나라를 세운 것도 전력의 열세를 지형지세로 만회하려던 것이니까요. 오죽했으면 "어휴! 험하고도 높아라! 촉나라 가는 길의 어려움, 하늘에 오르기보다 더 어려워."(噫吁戱, 危乎高哉, 蜀道之難, 難于上靑天)라는 이백의 시가 있었겠습니까. 일단 이 협곡을 빠져나오면 양자강 물길로 이어지는데, 거기엔 다시 무협巫峽이라는 거대한 골짜기가 버티고 있습니다. '운우지정'雲雨之情이란 말의 유래가 되는 그 운무의 골짜기 말입니다. 여기만 빠져나오면 이제 완만한 평지인데, 전쟁이 끝나 낙양으로 돌아가기 위해서는 이 길을 거치지 않으면 안 되었습니다. 그런데 두보는 귀향의 설렘을 노래하면서 억눌린 감정을 발산하는 대신 중국어에 내재된 음성적 자원을 적절히 동원하는 것으로 그칩니다.

即從巴峽穿巫峽　즉종파협천무협

便下襄陽向洛陽　변하양양향낙양

곧장 파협을 따라 무협을 뚫고

양양으로 내려가 낙양으로 향하자.

— 두보, 「관군의 하남·하북 수복 소식을 듣고」(聞官軍收河南河北)

첫 번째 행은 "4성을 지닌 일련의 단어들과 '좁다, 협곡'의 의
미를 갖는 峽(協) 자로 구성되어 있는 반면, 두 번째 행은 거의 전
적으로 1성을 지닌 단어들과 마지막 음절이 〔-ang〕으로 된 글자
로 구성되어 있습니다. 그리고 이 두 행은 용어의 대구로 이루어
져 있습니다. 여기서 음의 대조는 질식할 것 같은 감금으로부터
해방되는 억누를 수 없는 즐거운 비명의 인상을 자아내게 합니
다." 이리하여 첫째 행의 답답하고 위태로운 분위기는 '이내'(便)
둘째 행에서 평평하고 탁 트인 분위기로 급반전됩니다. 평화란
이런 느낌이라는 식으로 말이지요. 그러고 보면 소리 자체도 엄
연히 의미였던 셈입니다.

다음으로 문장 구조의 측면입니다. 당시가 만들어내는 통사적
질서는 다양하기 그지없지만, 그 기본형은 맹호연孟浩然의 시구
하나에 전형적으로 구현되어 있습니다. 두 사람이 지금 이별을
하고 있습니다. 한 친구는 높은 관직에 올라 서울로 길을 떠나는
데, 시적 화자인 나는 회재불우懷才不遇의 쓰린 가슴을 안고 다시
은둔처로 돌아가야 할 입장입니다. 이 장면을 묘사하기 위해 시
인은 열 개의 글자에 이원적 질서를 부여합니다.

君登靑雲去　그댄 청운을 타고 가고

余望靑山歸　나는 청산을 보며 돌아가네

— 맹호연, 「서울 가는 벗을 보내며」(送友之京)

시구는 정확히 짝을 이룹니다. 그대(君)와 나(余), 오르다(登)와

바라보다(望), 청운靑雲과 청산靑山. 가다(去)와 돌아가다(歸). 대부분의 글자는 두 사람이 처한 상황과 나아갈 방향의 상이함을 암시하는 데 소용되고 있습니다. 그럼에도 둘의 관계는 '靑'이란 한 글자에 의해 단단히 결속되어 있습니다. 청운과 청산, "이 두 자연 요소의 이미지는 관직과 은둔이라는 다른 두 삶을 대비시키면서 동시에 항상 구름에 감싸여 있는 산과 같이 그들의 애정 어린 우정의 결속을 동시에 부각시킵니다." 우정과 이별, 아쉬움과 부러움, 축하의 마음과 쓰린 가슴, 이 미묘한 사태를 표현하는 데 그저 열 글자면 족했던 것입니다.

그렇다면 이와 같은 한자의 특성을 종합해서 다음 시 한 수를 감상해볼까요. 당시 가운데서도 많은 이들이 좋아하는 왕지환王之煥의 「관작루에 올라」(登鸛雀樓)입니다.

白日依山盡　흰 해 산으로 뉘엿한데

黃河入海流　누런 강 바다로 흘러드누나

欲窮千里目　천 리 밖 세상을 다 보고자

更上一層樓　오르네 한 층 계단을 더

첫 연에서 높이 솟은 정자에서 풍경을 찬미하는 시인은 장대한 풍경을 대립시킵니다. 산(山)과 바다(海), 흰 해(白日)와 누런 강(黃河), 하늘과 땅의 대립이 그렇고, 서쪽으로 떨어지는 태양과 동쪽으로 흐르는 강이 그렇습니다. 그런데 둘째 연에서는 두 세계를 대립시키면서(千里↔一層) 동시에 이것이 연속된다는 점을 암시합니다.(欲→更上) 여기서 시인은 한편으로는 무한 공간(1, 2행)과 인간의 고독한 현존(3행)을 대립시키면서, 다른 한편 분할되어 있는 세계(3행의 千은 무수한 사물을 상징)를 넘어 통일성(4행의 一은 통일을 상징)에 도달하려는 욕망을 강조합니다. 이리하여 네 행은 다음과 같은 시각적 건축물로 드러납니다.

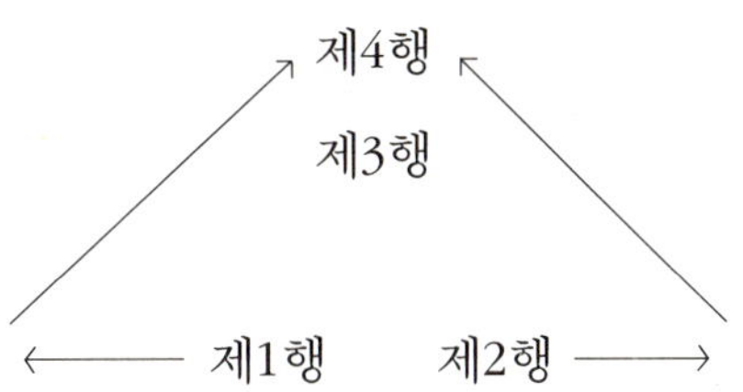

이것이 한자라는 글자 놀이의 특징입니다. 알파벳 문자라면 도저히 구현해낼 수 없는 세계가 이 독특한 문자 매체 덕분에 가능해지는 것입니다. 당시는 이 매체의 효율성이 최고도로 극대화된 형식입니다.

당시의 일반 원리 (2)

그렇다면 이런 효율성을 통해 도달하고자 한 중국 시의 꿈은 무엇이었을까요? 앞서 우리는 바람에 관해 논한 적이 있습니다. 중국적 세계관에 따르면 세계는 정지태가 아니라 운동태로 이해됩니다. 눈에 보이진 않지만 실재하는 그 무언가가 생성·소멸하고 은현출몰隱現出沒하는 장이 바로 세계인 것이지요. 흔히 철학에서 기氣라고 부르는 이 실재는 전통 시학에서는 바람으로 운용됩니다. 중국 문명이 시라는 형식을 통해 부여잡으려 했던 것이 바로 이 바람입니다. 중국 시의 본질을 일러 '허와 실의 결합'(虛實相合)이니 '감추어진 것과 드러난 것의 배합'(隱秀配合)이니 하는 것도 이런 사태를 두고 하는 말입니다. 그러자니 여기서 문제가 발생합니다.

사람의 언어로 흘러가는 세계를 부여잡는다는 것, 여기서 발생하는 모순이 있습니다. 그도 그럴 것이 사람의 언어는 불가피하게도 개념화를 지향하기 때문입니다. 개념화란 흘러가는 것을 멈추게 만드는 일에 다름 아닙니다. 그러므로 유일한 방법은 사람의 언어가 세계와 같이 흘러가는 길밖에 없습니다. 「어부사시사」의 이 상황처럼 말입니다. "동풍이 건듯 부니 물결이 고이 인다／돛 달아라 돛 달아라／……／지국총 어사와 지국총 어사와／앞 뫼는 지나고 뒷 뫼는 나아온다." 바람에 실려가는 배 위에서 지나가는 산을 바라보는 이 사태, 그런데 사람의 언어가 세계와 더불어 어떻게 흘러갈 수 있는 걸까요?

이 물음에 대한 당대 시인들의 대답은 의외로 간단합니다. 애써 채우려 하지 말고 그냥 비우면 된다는 겁니다. 인간의 삶 자체가 수동태니까요. 이 단출한 기본 방침으로부터 다양한 기교가 만들어지는데, 우리의 안내자는 이를 '수동 기법'이라 부릅니다. 이 가운데서도 두드러지는 것은 '생략 기법'입니다.

먼저, 인칭대명사를 생략하는 경우입니다. 당시는 가능한 한 인칭대명사의 사용을 극도로 자제함으로써 인칭 주어로 하여금 사물들과 특이한 관계를 맺도록 만듭니다. 그럼으로써 주어는 외부 세계를 안으로 끌어들이고 동시에 자신은 외부 세계 자체가 되어버립니다. 아래의 오언절구를 한번 볼까요.

香爐最高頂　향로봉 꼭대기
中有高人住　그 속에 은자가 사네
日暮下山來　해 지면 산을 내려오고
月明山上去　달 밝으면 산을 올라가네
— 이단李端, 「감흥」感興

"이 절구의 마지막 두 행을 일상 언어로 고치면 이렇게 됩니다. '해 질 무렵 은자는 산에서 내려오고, 달이 뜨면 산으로 올라간다.' 그러나 시에서 우리는 은자를 우주의 요소와 동일시하려는 시인의 의도를 쉽게 간파할 수 있습니다. 여기서 해와 달은 더 이상 단순한 시간보어가 아닙니다." 즉 해와 달이 주어의 자리에서 은자의 역할을 하고 있는 것입니다. 그래서 산을 오르내리는 주체가 은자인지 해와 달인지가 모호해집니다. 이런 식으로 은자의 일상적인 산책은 어느새 우주적 운동 그 자체가 되어버립니다.

또 다른 예증은 아주 짧고도 강렬합니다. 난리를 피해 피난처를 전전하던 두보는 거기서 피난 온 황제를 만납니다. 그는 누더기를 입고 황제를 대면하는 이 순간을 묘사하면서 "나는 짚신을 신고 천자를 알현했네"라고 하지 않고 그저 다섯 글자를 나열하는 것으로 그칩니다. "짚신이 천자를 알현하네."(麻鞋見天子) 그럼 으로써 황제의 무능에 대한 견책은 한층 날카로운 각을 드러내게 됩니다.

다음으로, 전치사를 생략하는 경우입니다.

潭影空人心
— 상건常建, 「파산사 뒤 선원에 부쳐」(題破山寺後禪院)

이 구절에서는 동사 '空'이 전치사에 의해 표기되지 않음으로 써 최소한 세 개의 번역이 가능해집니다.

① 연못 그림자 속에서 인간의 마음은 비워진다.
② 연못 그림자는 인간의 마음속에서 비워진다.
③ 연못 그림자는 인간의 마음을 비게 한다.

이 중 어떤 것이 가장 정확한 번역일까요? 혹시 이 중 하나를 택했다면 낭패입니다. 시인이 극구 피하고자 한 것이 바로 이것 이니까요. 그가 의도한 것은 이렇습니다. '~에서'(於)라는 전치사 를 생략함으로써 "동사로부터 일체의 방향에 대한 지시를 제거" 하는 것, 그럼으로써 "주객과 내외를 하나의 상관관계 속에 있게 만드는" 것. 즉 의미의 선명성을 포기하는 대가로 풍성함을 얻겠 다는 전략입니다.

또 다른 생략의 대상은 동사입니다. '~와 같다'라는 비교 동사와 '~이다'라는 존재 동사를 소거하는 경우가 그것입니다. 즉 직유와 은유조차 해체시켜버리는 것이지요. 다음 구절을 한번 볼까요.

浮雲遊子意　뜬 구름 나그네 마음
落日故人情　지는 해 남은 자 마음
— 이백, 「벗을 보내며」(送友人)

이 행들에서는 어떤 동사도 없이 시구 전체가 명사의 나열로 이루어져 있습니다. 그러니 무엇이 주어이고 무엇이 목적어인지 가늠하기가 어렵습니다. 이럼으로써 얻게 되는 효과는 무엇일까요? 혹자는 첫 구절을 이렇게 읽을지도 모르겠습니다. "뜬 구름은 나그네 마음이다." 이에 반해 혹자는 이렇게 읽기도 할 것입니다. "뜬 구름은 나그네 마음과 같다." 하지만 딱히 동사가 없다보니 두 세계를 공유할 수밖에 없습니다. 이렇게 본다면 생략이란 '적극적인 비움'과 같은 것이 됩니다. 비움으로써 더 풍성해지니까요.

율시의 세계

이러한 역설은 시로선 매우 유효한 전략이지만 의사소통이라는 관점에서는 꽤나 문제가 됩니다. 흔히 중국적 사유의 한 특징으로 거론되는 모호함이 그것입니다. 마치 한층 안개에 가려져 있는 듯한 그런 상태 말입니다. 중국 문명을 '시의 문명'이라 하는 것도 이런 측면과 무관하지 않습니다. 그런데 이 모호함이 일단 율시라는 세계를 거치고 나면 모호함으로 머물지 않습니다. 이때 모호함이란 차라리 의미의 만다라 같은 지경으로 변모하고 맙니다. 이제 중국 시학의 최고봉인 율시의 세계 속으로 들어가보겠습니다. 그 원리를 시각적 양상으로 표현해보면 이렇습니다.[2]

먼저 아래 퍼즐을 한번 주목해보시지요.

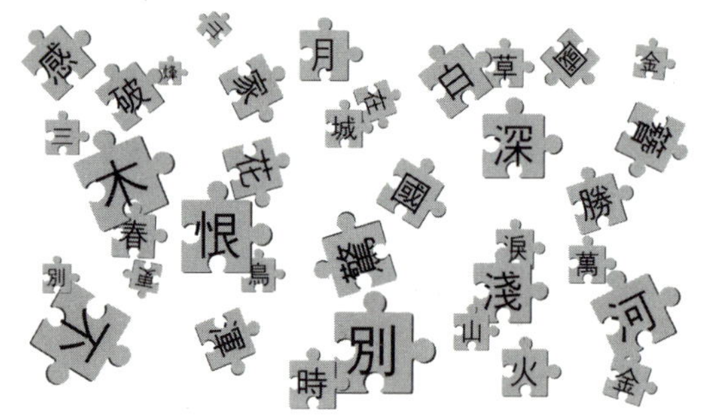

여기 어떤 공간에 '마흔 명의 현자賢者'가 거주한다고 칩시다. 어떤 이는 더 크고 어떤 이는 덜 작고, 어떤 이는 직립해 있고 어떤 이는 뒤집어져 있으며, 어떤 이는 고독히 거하고 또 어떤 이는 벗하고 있습니다. 개별자로서 그들은 크기와 양상, 입장과 태도가 제각각이지만, 전체로서 그들은 모종의 '가족적 유사성'을 공유합니다.

이제 이들을 율시라는 틀에 배치해보면 오른쪽과 같은 형태가 됩니다. 이는 익히 알려진 당시의 절창 두보의 「춘망」春望입니다. 일견하기에 이는 마흔 명의 현자가 구축해낸 미로 같다는 느낌이 듭니다. 중세 문화가 고안해낸 이 특이한 미로 속에서 마흔 명의 현자는 어떻게 서로 관계를 맺고 있을까요? 예를 들어, 왼쪽 제일 상단의 '國'은 제일 오른쪽 중간 끝단의 '心'과 상당한 거리를 보이고 있는데, 어떤 관계망을 통해 서로를 부르고 화답하고 소통할 수 있는 것일까요? 그럼 지금부터 중국 시학이

國 破 山 河 在
城 春 草 木 深
感 時 花 淺 淚
恨 別 鳥 驚 心
烽 火 連 三 月
家 書 抵 萬 金
白 頭 搔 更 短
渾 欲 不 勝 簪

가르쳐주는 기본 지침에 따라 이 미로의 구성 원리를 한 겹씩 걷어내어 보기로 하겠습니다.

(1) 연聯의 관점에서

먼저, 다섯씩 여덟 줄로 늘어선 대오에서 각각의 두 행이 하나의 짝을 이룹니다. 이를 연聯이라 합니다. 그러면 네 개의 연이 나오는데, 이를 포유류 동물의 형상에 빗대어 머리―턱―목―꼬리, 즉 수首―함頷―경頸―미尾라 부릅니다. 머리는 들이밀고, 턱은 받치며, 목은 지탱하고, 꼬리는 균형을 잡습니다. 물론 연 내부에서도 엄연한 차이는 존재합

國 破 山 河 在
城 春 草 木 深

感 時 花 淺 淚
恨 別 鳥 驚 心

烽 火 連 三 月
家 書 抵 萬 金

白 頭 搔 更 短
渾 欲 不 勝 簪

니다. 앞줄의 다섯은 출구出句라 하여 세계를 불러내는 역할을 맡고, 뒷줄의 다섯은 대구對句라 하여 이를 응대하는 역할을 맡습니다. 그러므로 하나의 연 내부에서도 주고–받고, 밀고–당기고, 치고–되먹이는 놀이가 수행되고 있습니다. '國'과 '城', '破'와 '春'의 관계가 그렇고, '山'과 '草', '河'와 '木', '在'와 '深'의 관계가 그렇습니다. 마흔 명의 대가족 내에서 열 명씩의 동아리가 만들어진 뒤, 동아리 내부에서도 이런 운동이 내밀하게 벌어지고 있는 것입니다.

(2) 대구對句의 관점에서

놀이는 연 내부에서만 이루어지는 것이 아니라 연들 간에도 이루어지고 있습니다. 머리와 꼬리가 한 편을 이루고, 턱과 목이 또 한 편을 이룹니다. 이 두 세계는 음성, 어휘, 구문, 상징 등 여러 차원에서 대조를 이룹니다. 이 경우 동아리의 양상은 한층 복잡하고 미묘해져서 어제의 다른 편이 오늘은 같은 편이 됩니다. 예를 들어 세 번째 행의 '感', '時', '花', '淺', '淚'는 '존재론적 거리'상으로는 두 번째 행의 '城', '春', '草', '木', '深'과 훨씬 가깝지만, 이 경우 보다 멀리 있는 여섯 번째 행의 '家', '書', '抵', '萬', '金'과 훨씬 친밀한 관계를 형성하게 됩니다. 이로부터 마흔 명 간의 혼종화가 훨씬 더 강화됩니다.

(3) 각운脚韻의 관점에서

"각운은 하나의 단순한 정확성을 요구합니다. 고려될 수 있는

첫 행을 제외하고는 각운은 항상 짝
수 행에서 이루어집니다. 홀수 행은
각운이 놓일 수 없고―이것이 중국
시의 중요한 특징입니다―이리하
여 홀수 행과 짝수 행 사이에는 보
다 많은 구조적 대립이 형성됩니다.
하나의 율시 안에서 각운의 변화는
없습니다. 오직 하나의 각운이 짝수
행에서 짝수 행으로 시 전체를 '주
행'합니다."

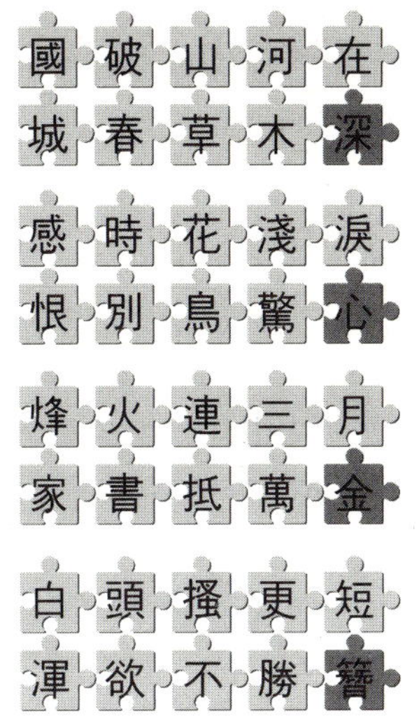

　　오른쪽 그림에서 각운은 '심'深, '심'心, '금'金, '잠'簪입니다. 이
네 글자는 각각의 연을 다리처럼 떠받치고 있습니다. 그래서 각
운의 자리에는 늘 평평한 소리가 옵니다. 이 네 글자는 공히
[in]/[an] 계열의 운을 갖고 있습니다. 이는 결코 우연이 아닙니
다. 만약 [in]/[an]이 아니라 [ing]/[ang] 계열이었다면 시적 완
결성이 상당 부분 손상되었을 겁니다. 이 시의 기본 정조가
[ing]/[ang] 계열의 경쾌하고 발랄한 정조와는 상응하기 어렵기
때문입니다. 그런데 왜 각운은 홀수 행에 쓰면 안 되는 것일까요?
그 원리는 간단합니다. 다리는 땅과 인간을 연접하는 기관인데,
전통적 사유에서 땅은 음陰이고 음수는 짝수이기 때문입니다.

(4) 평측平仄의 관점에서

　　여기서는 전혀 새로운 차원의 질서가 등장합니다. 높고 긴 소

리(平聲)와 측급하게 떨어지는 소리
(仄聲)의 대위법이 그 핵심입니다.
오른쪽 그림에서 짙게 표시된 퍼즐
은 측성이고 나머지는 평성입니다.
이 경우 마흔 개의 퍼즐에는 일대
변혁이 일어납니다. 행과 연에 근거
한 기존의 질서가 무시되면서 가족
전반에 걸쳐 새로운 질서가 만들어
지니까요.

　여기에다 성조들의 교체 패턴이
한 겹 더 덧대어집니다. 이 패턴은 오언이냐 칠언이냐, 첫 글자가
평성이냐 측성이냐에 따라 조합이 달라집니다. 측성으로 시작되
는 이 시에서 '측측측평평'을 A, '측측평평측'을 a 패턴으로, '평
평측측평'을 B, '평평평측측'을 b 패턴으로 놓을 때, 이 시는 1행
부터 'a—B—b—A—a—B—b—A'의
패턴을 띠게 됩니다. 이때 '1행—4
행—5행—8행'의 사슬과 '2행—3행
—6행—7행'의 사슬이 새로 만들어
집니다. 그리고 이 사슬의 내부에서
도 '1행—5행', '2행—6행', '3행—7
행', '4행—8행'의 새로운 하위 사슬
이 만들어지는 것입니다.

　오른쪽 그림은 이 관계를 나타낸

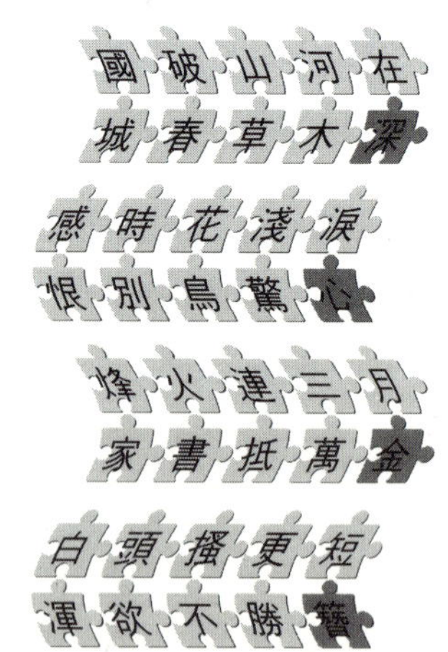

것입니다. 측성으로 시작하는 'A—a' 패턴을 돌출시키고, 평성으로 시작하는 'B—b' 패턴을 후퇴시켰습니다. 이때 각 연의 끄트머리에서 패턴의 교체가 야기한 뒤틀림을 감당하면서 연 전체를 떠받치고 있는 네 개의 운자韻字가 한층 선명히 부각됩니다.

(5) 휴지休止의 관점에서

악보에 쉼표가 있듯이 시에도 쉼표가 있습니다. 오언절구에는 2박자/3박자, 칠언절구에는 4박자/3박자의 호흡이 존재하는 것입니다. 이 리듬에 따라 휴지 이전에는 명사＋명사, 명사＋동사, 동사＋동사, 동사＋명사 등의 질서가 오고, 휴지 이후에는 명사＋동사＋명사, 명사＋명사＋동사, 동사＋명사＋동사, 동사＋명사＋명사 등의 질서가 옵니다. 이로 인해 시에서는 세로

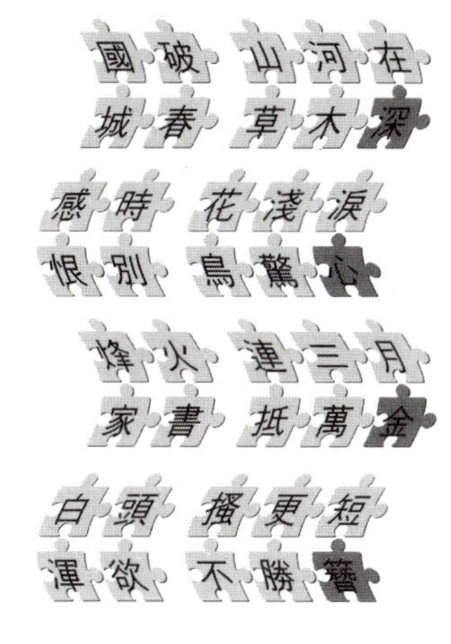

축으로 커다란 균열이 발생합니다. 앞의 소각은 음의 세계이고 뒤의 조각은 양의 세계인데, 대개 이 둘은 대립이나 인과 관계를 띠고 있습니다. 그런데 세로축에는 또 다른 기존의 질서가 존재하고 있었습니다. '1줄—3줄—5줄'의 사슬과 '2줄—4줄'의 사슬, 즉 음수와 양수의 대립이 그것이었습니다. 그렇다면 여기서는 음과 양이라는 두 세계가 이중으로 뒤틀리면서 새로운 질서를 만들어내고 있는 셈입니다.

(6) 강세强勢의 관점에서

"짝 순과 홀 순의 음절이 번갈아 가며 강조되는 이 리듬은 일종의 작은 충돌들로부터 만들어집니다. 이해를 용이하게 하기 위해 비유적으로 말하면 이 휴지는 리듬을 지닌 파도들이 부딪치는 절벽과도 같습니다. 약과 강의 리듬은 돌아오는 파도를 수반하고, 그것은 강—약—강의 반대 리듬을 만들어냅니다. 이

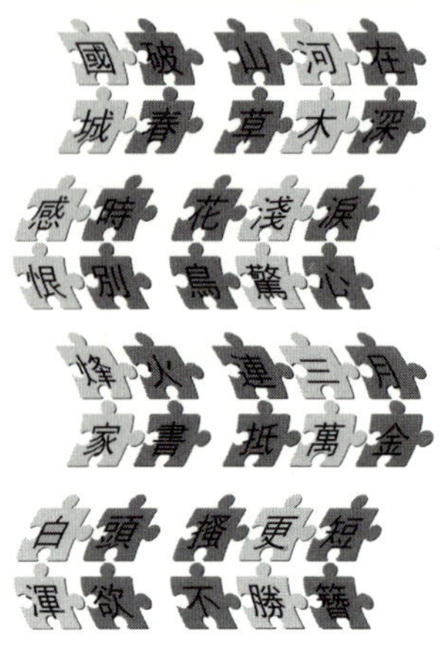

러한 대조적인 운율은 행의 모든 동적 운동을 일으킵니다. 여기서 짝 순과 홀 순 사이의 대립은 음양의 관념에 입각합니다.(짝수는 음, 홀수는 양) 그리고 음과 양의 교체는 주지하듯 중국인에게는 우주의 근본 리듬을 표상합니다."

위 그림은 강약의 리듬을 각각 양각과 음각의 형태로 도상화한 것입니다. 음을 의미하는 앞의 세계는 약강격弱强格에 근거해 있고, 양을 의미하는 뒤의 세계는 강약격强弱格에 근거해 있습니다. 그러니까 이 시의 리듬은 '약—강'으로 절벽에 부딪쳤다가 다시 그 반동력으로 '강—약—강'의 리듬으로 되돌아오는 것입니다. 전통적 사유의 표현을 빌리면, "되돌아오는 것이 도의 움직임"이니까요. 이때 '1줄—4줄'과 '2줄—3줄—5줄' 사이에 유사/대립의 질서가 새로이 창출됩니다.

(7) 의미의 관점에서

　지금까지 살펴본 여섯 겹 위에, 이제 마흔 개 글자에 각인된 의미의 겹을 덧씌워보는 일이 남았습니다. 존재자의 개별성과 독자성은 이 겹에 가장 선명히 새겨져 있습니다. '國'은 '나라', '城'은 '성', '春'은 '봄', 이런 식으로 말입니다. 이때 이 마흔 명이 만들어내는 질서의 그물망은 다시 한 번 크게 요동치면서 전혀 다른 질감의 화이부동和而不同의 질서를 만들어냅니다. 그러고 보면 우리가 읽어내는 시의 세계라고 해야 이 차원이 거의 전부인지도 모르겠습니다. 이런 빈약한 세계 말입니다.

　　나라는 망했건만 산하는 의연하고

　　성에 봄이 드니 초목이 우거졌다

　　시대에 느꺼워 하니 꽃을 보고도 눈물 흩뿌려

　　이별이 한스러워 새소리에도 마음이 놀라는구나

　　봉화가 석 달이나 이어지니

　　고향 편지는 만금의 값어치

　　흰머리 긁을수록 더욱 적어져

　　이젠 비녀조차 이기지 못하네

　아무 하자도 없어 보이는 이 번역은 그럼에도 불구하고 지금까지의 논의 과정을 거의 담아내지 못하고 있습니다. 이는 인정할 수밖에 없는 번역 작업의 한계입니다. 그래도 번역이 아래 정도 수준이 되면 이야기가 좀 달라집니다. 김소월의 번역입니다.

이 나라 나라는 부서졌는데
이 산천 여태 산천은 남아 있더냐
봄은 왔다 하건만
풀과 나무에뿐이어

오! 서럽다 이를 두고 봄이냐
치어라 꽃잎에도 눈물뿐 흩으며
새무리는 지저귀며 울지만
쉬어라 이 두근거리는 가슴아

못 보느냐 벌겋게 솟구는 봉숫불이
끝끝내 그 무엇을 태우려 함이료
그리워라 내 집은
하늘 밖에 있나니

애닮다 긁어 쥐어뜯어서
다시금 떨어졌다고
다만 이 희끗희끗한 머리칼뿐
인제는 빗질할 것도 없구나[3]
—김소월 옮김, 「봄」

당시의 우주

지금까지 우리는 율시의 우주를 한 겹 한 겹 들추어보았습니다. 하나의 시적 우주가 만들어지기 위해 최소한 일곱 겹의 차원이 동시에 그것도 즉흥적으로 작동되어야 한다면, 이를 가능케 하는 문화의 두께는 어느 정도이겠습니까.

당唐이라는 시대는 이런 두께를 향유한 시대였습니다. 여기서 시는 『시경』 이래 지속적으로 추구된 우주론적 열망을 한층 더 넉넉하고 세련되게 담아내면서 화려한 화원을 연출한 주역이었습니다. 그것이 만들어낸 수준은 두보의 시구 하나에 잘 응축되어 있습니다. "시가 만들어지자 귀신이 흐느꼈다."(詩成泣鬼神) 한갓 인간의 언어로 만든 구조물이 얼마나 교묘했으면 귀신마저 울렸겠습니까. 시인 이하李賀는 여기에 한 술을 더 떠서 아예 하늘이라는 존재 자체를 무색하게 만들어버립니다. "붓이 천지조화를 도우니 하늘은 더 이상 할 일이 없네."(筆補造化天無功)

이 우주적 사업의 핵심은 허의 세계와 실의 세계를 화해시키는 일입니다. 다시 말해 보이는 세계 속에 보이지 않는 세계를 불러들이는 일이었습니다. 사람의 언어로 바람의 언어를 부여잡을 수 있다는 믿음, 지상의 삶으로 우주적 질서를 구현해낼 수 있다는 믿음, 이 믿음을 한마디로 표현하면 우주론적 섹슈얼리티의 구현 정도가 아닐까 싶습니다.

『전당시』 900권은 이런 열망을 책으로 묶어내려는 시도였습니다. 이는 이민족이 지배하던 청대 현실정치에서 만한滿漢 공존의 질서를 모색하며 조성한 노래의 숲이기도 했습니다. 동시에 이는

중원 문화의 패트런patron 강희제가 꿈꾼 르네상스의 한 양식이기
도 했던 것입니다.

중원 문화의 패트런patron 강희제가 꿈꾼 르네상스의 한 양식이기
도 했던 것입니다.

고승들의 불립문자 『벽암록』

碧巖録

여기 한 무리의 언어들이 있습니다. 이는 당唐에서 오대五代까지 중국 선종禪宗의 황금기를 거치며 응결된 언어들입니다. 이 언어들은 흡사 말 바깥세계(言外之致)로부터 온 언어인 양 통상적인 말의 규칙을 대번에 말소하면서 의미의 경계를 훌쩍 넘어서버리는 그런 세계입니다. 그리하여 말이 말 바깥의 벼랑으로 추락하는 곳, 말의 욕망이 말 바깥의 경계로 잦아드는 곳, 그 어름에서 우리는 『벽암록』碧巖錄(1128)이라는 책 하나를 마주하게 됩니다.

『벽암록』은 중국 선불교의 황금기 선문禪門을 주름잡던 선지식들의 언행록입니다. 이를 평석評釋한 자는 송대의 승려 원오극근圜悟克勤(1063~1135), 선분에 전해져 내려오던 실두중헌雪竇重顯(980~1052)의 『백칙송고』百則頌古(당나라 때 선문에서 유행한 대표적인 공안 1,700칙 가운데 1백 칙을 선별하여 게송偈頌을 붙인 책)에 수시垂示(일종의 이끄는 말)와 착어著語(부분적인 단평), 평창評唱(전체적인 강평)을 가한 것이 바로 이 책입니다. 책으로의 편찬은 그 제자들에 의해 이루어졌는데, 이것의 위험성을 우려하여 대혜종고大慧宗杲라는 제자가 이를 회수해 불태웠다는 이야기는 선송사의 흥미로운 뒷담화로 남아 있습니다.

　이번 기행은 이 책을 중심으로 당송 불교문화의 단면들을 엿보는 데 중점을 두기로 하겠습니다. 이는 중국 문화의 한 축을 보아내는다는 측면에서도 중요하지만, 다음 장에 이어질 신유학의 시대를 이해하는 데도 짚어두어야 할 대목입니다. 송대 신유학이 '불교로써 불교를 배척하는'(以佛排佛) 궁색한 전략을 취할 수밖에 없었다면, 설산을 넘어온 이 종교의 위력이 어느 정도였는지는 어렵지 않게 짐작할 수 있을 테니까요. 그럼 먼저 초기 불교사의 흐름을 간략하게 짚어본 뒤 이 불립문자의 세계 속으로 들어가 보도록 하겠습니다.

초기 중국 불교의 흐름

불교가 중국에 처음 소개된 것은 동한 명제明帝(58~76) 때, 불경 번역이 본격적으로 이루어진 것은 진晉나라에 이르러서입니다. 위진 시대 불교는 당시 유행하던 현학과 맞물려 지식인 사회에 급속히 유포됩니다. 당시 현학자들은 불교적 개념을 중국적으로 받아들였습니다. 이를테면 '공'空과 '열반', '진여'眞如를 노장의 '무'와 '무위', '본무'本無로, '계'戒를 유가의 '예'禮로 이해하는 식이었습니다. 그러다보니 필연적으로 오독이 수반되기 마련이었는데, 이런 오독적 해석 방식을 일러 '격의'格義라고 합니다. 그러니까 "인도 불전에 나오는 전문 술어를 중국의 고전에 나오는 말에 견주어 유비類比 과정을 통해 이해시키는 방법"을 일컫는 개념이었습니다.[1] 흔히 중국 불교를 '격의 불교'라고 부르는 이유가 바로 여기에 있습니다.

　남북조 시대에 들어 불교는 비약적인 발전을 이룩합니다. 그 주역은 선비족이 세운 북위北魏(386~534)였습니다. 북위 불교의 특징은 '국가불교적' 성격에 있습니다. 중국의 '3대 석굴'로 알려진 돈황, 운강, 용문 석굴이 모두 이 시기에 조성되었는데, 이는 국가적 사업이 아니면 불가능한 일이었습니다. 황실의 불교열도 대단했습니다. 북위의 경우 문성제文成帝와 헌문제獻文帝가 '황제보살'로 불렸다면, 남조에서는 양梁나라의 무제武帝와 간문제簡文帝가 그랬습니다. 양나라의 경우 불교 사원이 무려 2,846곳, 승려의 수가 82,700여 명에 이르렀는데, 이는 동진 시대에 비해 세 배나 증가한 숫자입니다. 다만 남조의 경우 북위에 비해 출세간出世間적인 성격이 상대적으로 두드러졌는데, 이는 남조 사회의 귀족주의적 특성상 불가피한 일이었습니다.[2] 우리네 삼국의 역사에 처음 등장하는 불교가 바로 이 시대의 불교라는 점도 참고삼아 기억해 둘 필요가 있습니다.

　당시의 불교는 이미 조직적인 포교 활동을 통해 기층 사회 깊숙이까지 파고들고 있었습니다. 당시 사찰에는 포교를 위한 분업 체계가 이미 가동될 정도였으니까요. 이를테면 경전을 강독하는 승려를 '경사'經師로, 경전 해석 전문승을 '강사'講師로, 강사의 도우미를 '도강'都講, 알기 쉽게 노래로 포교하는 전문승을 '창도사'唱導師로 부르는 식이었습니다.[3] 여기서 특히 '창도사'의 포교 행태는 당대 이후의 문학사에서 '변문'變文이라는 장르로, '강창'講唱

이라는 양식으로 자리매김 되기에 이릅니다.

당나라 때가 되면 불교의 위세는 도교와 더불어 권력을 양분하는 지경까지 이르게 됩니다. 당 말에는 전국의 사찰 수가 4,600여 개, 암자가 4만여 개에 이르렀는가 하면, 무종武宗 때의 훼사毀寺 정책으로 환속된 승려의 수가 무려 26만여 명에 달할 정도였으니까요. 당시 전국의 호구수가 5백만 정도에 불과했다는 점을 감안하면 이는 엄청난 규모입니다. 이 같은 억불抑佛 정책의 이면에는 물론 도교 세력과의 권력 투쟁뿐 아니라 사원 경제가 국가 경제에 미치는 막중한 부담을 해소하려는 정치적 의도가 작용했다는 사실도 짚어둘 필요가 있습니다.

당 불교의 특징은 '종파'의 출현에 있습니다. 천태종, 화엄종, 법상종, 선종 등의 종파가 바로 이 시대에 출현하게 되는데, 마음의 주체적 작용을 공히 중시하면서도 마음을 이해하는 관점, 수행 방법 등에 따라 입장차가 드러난 결과입니다. 아울러 인도 경전의 원래 의미를 캐묻기보다는 번역된 한문 경전에 의거하여 독자적인 사유를 개진하려는 흐름이 대세로 자리 잡게 됩니다. 일종의 자주화의 움직임이었던 것이지요. 이는 이 시대에 이르러 불교가 중국화의 길로 접어들었음을 의미합니다. 심지어 오리지널한 인도 불교를 경시하는 풍조까지 만연할 정도였으니까요.⁴

그런데 여기서 환기해둘 사실이 하나 있습니다. 그것은 이 시대의 불교를 어떻게 바라볼 것인가 하는 점입니다. 이를 요즘과 같은 관점으로 바라보면 많은 것이 설명되지 않습니다. 그러니까 이 시대의 불교 역시 한대 유학이 그랬던 것처럼 정치 이데올로기라는 차원에서 접근할 필요가 있다는 말입니다. 이는 통일 신라의 역사에서 서라벌 정권의 화엄 이데올로기에 대해 지방 호족들이 내세운 '구산선문'九山禪門을 떠올리면 쉽게 이해가 됩니다. 서라벌 정권의 입장에서는 화엄종을 내걸지 않을 수 없었을 테고, 지방 호족의 입장에서는 또 대항 이데올로기로써 선종을 내세울 수밖에 없는 속사정이 있었을 테니까요. 이는 호족 중의 한 세력이었던 왕건이 고려 건국 후 선종을 버리고 화엄종으로 개종한 데서도 잘 드러납니다. 그러니까 우리가 중국 불교를 바라볼 때에도 이런 정도의 감각이 뒷받침되어야 한다는 이야기입니다.

선종사 개관

'격의' 불교의 산물은 선종입니다. 선종은 중국 문명이 인도 불교라는 위대한 사유 체계를 자기 식으로 소화한 결과물입니다. 그런 만큼 이 속에는 중국 문명의 자양분이 오롯이 녹아들어 있습니다. 선종의 계보는 북위 시대 천축天竺으로부터 건너온 보리달마菩提達磨에서 시작되어 혜가慧可(二祖)—승찬僧璨(三祖)—도신道信(四祖)—홍인弘忍(五祖)으로 법통이 이어집니다. 다시 홍인의 문하에서 두 명의 걸출한 제자가 나오는데, 신수神秀와 혜능慧能이 그들입니다. 신수는 측천무후則天武后와 중종中宗으로부터 두터운 대접을 받았던 당대 최고의 석학이었습니다. 이에 반해 혜능은 나무꾼 출신으로 문자 해독 능력조차 없었던 무지렁이였습니다. 이 둘의 라이벌 관계는 이후 동아시아 불교사에 두 갈래 흐름을 만

들어내는데, 이에 관한 일화는 너무 유명해서 거론할 필요조차
없을 정도입니다.

판본에 따라 조금씩 다르긴 하지만, 홍인에게 바친 수제자 신
수의 오도송悟道頌은 이랬습니다.

몸은 보리수　　　　　　　　　身是菩提樹

마음은 명경대　　　　　　　　心如明鏡臺

늘 부지런히 털고 닦아　　　　時時勤拂拭

티끌 엉겨 붙지 않게 하리　　勿使惹塵矣

이 시의 곁에 혜능이 대필로 다음과 같은 시를 적어 넣습니다.

보리야 본시 나무랄 게 없고　　菩提本無樹

명경 역시 대가 아니리　　　　明鏡亦非臺

자성은 본시 청정하거늘　　　　自性本清淨

어디에 티끌이 엉겨 붙으리　　何處惹塵矣

이 한 수의 시로써 혜능은 은밀히 홍인의 의발을 전수받은 뒤
남쪽 땅 광동廣東 조계산曹溪山으로 피신하여 선종의 법통을 이어
가게 되는데, 그가 곧 육조六祖입니다. 위의 두 세계의 차이는 곧
북종의 점수漸修 전통과 남종의 돈오頓悟 전통을 만들어내는데, 동
아시아 불교사의 해묵은 논쟁거리 중 하나인 '돈오점수'의 문제가
여기서 시작됩니다. 얼마 전 우리 불교계에서 이 논쟁이 다시 수

면에 떠오른 것을 보면 이 문제가 갖는 무게를 짐작할 만합니다.

남돈南頓의 입장에서 번뇌와 고통은 실재하는 것이 아니라 마음이 만들어낸 환상으로, 급격한 인식의 전환을 통해 본래의 청정심을 회복할 수 있다는 것입니다. 이에 반해 북점北漸의 입장에서는 번뇌와 고통은 실재하는 것으로, 점진적이고 단계적인 수양을 통해 이를 없애가야 한다는 것입니다. 이 대립은 결국 남돈의 승리로 끝나는데, 그 결과 중국 선불교의 종지는 다음의 네 구절로 집약됩니다. "불립문자, 교외별전, 직지인심, 견성성불."不立文字, 敎外別傳, 直指人心, 見性成佛.(문자를 세우지 않고, 가르침 밖에 따로 가르침을 전하여, 마음자리를 곧바로 가리킴으로써, 그 성품을 보아내어 부처를 이룬다.) 남돈의 이러한 종지를 담은 바이블이 바로 혜능이 지었다고 전해지는 『단경』壇經입니다.

혜능 사후 선종의 법통은 하택신회荷澤神會로 이어지다가 다시 청원행사靑原行思 계열과 남악회양南岳懷讓 계열로 나뉘게 됩니다. 이 두 계열에서 다섯 개 종파가 생겨나는데, 이를 간략히 계보화해보면 이렇습니다. 청원 계열에서 석두희천石頭希遷—천황도오天皇道悟—용담숭신龍潭崇信—덕산보감德山寶鑑—설봉의손雪峯義存—운문문언雲門文偃으로 이어지는 굵은 줄기가 그 하나이고, 석두로부터 다시 약산유엄藥山惟儼—운암담성雲巖曇晟—동산양개洞山良价—조산본적曹山本寂으로 이어지는 지류가 다른 하나이며, 설봉으로부터 다시 현사사비玄沙師備—지장계침地藏桂琛—청량문익淸凉文益으로 이어지는 지류가 또 다른 하나입니다. 한편 남악 계열은 마조도일馬祖道——백장회해百丈懷海—황벽희운黃檗希運—임제의현臨濟義玄

의 줄기가 그 하나이고, 백장으로부터 다시 위산영우潙山靈祐—앙산혜적仰山慧寂으로 이어지는 지류가 다른 하나입니다. 이를 굳이 복잡하게 나열하는 이유는 이들 하나하나가 바로 『벽암록』을 수놓는 주역이기 때문입니다.

이 과정에서 다섯 개 종파가 세워지는데, 임제의 임제종臨濟宗, 운문의 운문종雲門宗, 위산과 앙산의 위앙종潙仰宗, 동산과 조산의 조동종曹洞宗, 문익의 법안종法眼宗이 그것입니다. 임제종은 통쾌함, 운문종은 고고高古함, 위앙종은 근엄함, 조동종은 세밀함, 법안종은 간명함을 그 특징으로 삼고 있는데, 이러한 종풍은 『벽암록』의 내용을 통해서도 어느 정도 확인이 가능합니다. 송대에 들어서면 대부분 종파의 법맥이 끊어지지만, 북방의 임제종만은 그 법맥으로부터 황룡파黃龍派와 양기파楊岐派를 만들어내는데, 이리하여 이 둘을 합쳐 선종사에서는 '오가칠종'五家七宗이라 부르는 것입니다.[5]

여기서 한 가지 짚어둘 것은 『백칙송고』의 저자 설두가 운문종 계열이고, 『벽암록』의 편찬자 원오가 임제종 양기파 계열이라는 사실입니다. 이 점은 『벽암록』을 읽을 때 중요합니다. 이 책에 단골로 등장하는 덕산이나 설봉, 운문이 바로 설두의 종사宗師들이기 때문입니다. 이는 설두가 지은 송의 해석학적 잣대에까지 미묘하게 영향을 미친다는 점에서 반드시 염두에 둘 필요가 있습니다.

송대에 접어들어 선종은 황실의 지원에 기생하는 수준으로 급격한 쇠락을 맞이합니다. 그러다보니 애초에 가지고 있던 산림 중심적이고 민중적인 성격을 거의 상실하게 됩니다. 이와 더불어

두 가지 경향이 생겨나는데, 그 하나가 문자선文字禪이고 다른 하나가 간화선看話禪입니다. 문자선은 문인 학사들과의 교류가 빈번해짐에 따라 생겨난 풍조인데, 고래로 전해오는 공안에 게송 등을 덧붙인 일종의 시와 선의 결합물이었습니다. 설두의 『백칙송고』가 바로 이런 풍조의 발로였는데, 원오의 『벽암록』은 이 풍조의 끝자락에서 나온 산물이었습니다.

이 대목에서 제자 대혜가 『벽암록』을 회수해 태울 수밖에 없었던 까닭이 드러납니다. 선이 문자의 울타리에 갇힐 위험성이 그것인데, 이 경우 선이 불립문자적 성격을 상실할 것은 자명한 이치입니다. 이에 대해 대혜가 대안으로 제시한 것이 바로 간화선인데, 시화詩化되고 이야기화된 공안 가운데 중요한 화두를 뽑아 이를 선의 방편으로 삼는 방식을 말합니다. 이를테면 누군가 조주종심趙州從諗에게 개한테도 불성이 있냐는 질문을 던졌는데, 이에 대해 '없어'라는 대답이 나왔다고 합시다. 이것이 '구자무불성'狗子無佛性이라는 이른바 조주공안인데, 이때의 '無'라는 한 글자를 걸어두고 이를 깊이 파고들며 참선에 임하는 방식을 말합니다. 이와 더불어 묵조선默照禪의 풍조도 생겨났는데, 성좌하여 명상을 통해 마음을 성찰하는 방식이었습니다.[6] 『벽암록』이 서 있는 좌표는 대체로 이 정도입니다. 그리고 보면 『벽암록』은 중국 선종사의 쓸쓸한 황혼기를 장식한 불립문자의 우주였던 셈입니다.

선승들의 무협지

『벽암록』을 펼치면 우리를 맞이하는 것은 고즈넉한 산사의 풍경이 아니라 강호의 무림 세계를 방불케 하는 대결의 국면들입니다. 여기에 등장하는 선문 고수들의 초식 하나하나가 곧 『벽암록』의 내용이 되는데, 이런 점에서 이 책을 무협지라 불러도 손색이 없을 정도입니다. 차이가 있다면 그들의 손에 들린 것이 시퍼런 무쇠 검이 아니라 가파른 정신의 검이라는 정도입니다. 선문의 무차無遮대회는 요즘 말로 하면 계급장 떼고 맞짱을 뜨는 일종의 '배틀'인 셈인데, 선림에 한가닥 한다 하는 선객禪客들이 여기에 모여 저마다의 선기禪機를 겨루었습니다. 선문의 이러한 전통은 분명 중국 문화에 내재된 협의俠義 전통의 차원에서 조망해볼 만한 주제입니다.

자부심으로 가득 찬 강호의 젊은 검객이 초절 고수를 찾아가 결투를 청하는 것은 무협지의 기본 문법입니다. 이는 『벽암록』에서는 일상사에 속합니다. 제9칙 '조주사문'趙州四門의 경우도 그중 하나인데, 『벽암록』의 체제를 확인해보는 차원에서 수시와 본칙, 송의 전문을 한번 인용해보겠습니다.

【수시垂示】 수시하기를, 명경明鏡이 제대로 경대 위에 서 있으면 예쁘고 못생긴 것이 저절로 구분된다. 막야鏌鎁라는 명검이 손에 있으니 죽이고 살리는 것이 그의 마음대로이다. 한漢 사람이 가건 호胡 사람이 오건, 그저 그대로 비춰줄 따름이다. 사지에 있는 자를 살릴 수도 있고, 살아 있는 자를 죽일 수도 있다. 자, 말해보라. 그런 경우에 어

떻게 하면 되겠느냐? 만약 난관을 극복하는 눈과 전신轉身의 수단이 없는 사람이라면, 그런 경우 어쩔 수 없을 게 뻔하다. 난관을 극복하는 눈과 전신의 수단이란 무엇인가? 다음 이야기를 살펴보라.

【본칙本則】 여기 재미있는 이야기가 있다. 어느 날 한 운수雲水가 조주 화상을 찾아와 물었다. (세상 사람들이 조주, 조주 하는데) "조주란 본래 어떤 겁니까?" 조주는 다음과 같이 대답했다. "조주에는 동문도 있고 서문도 있고 남문도 있고 북문도 있지."

【송頌】 조주가 뭐냐고 다그쳤지만, 금강안金剛眼은 티 없이 맑기만 하다. 동서남북 어디에나 문이 있다네, 쳐도 두들겨도 열리지 않을 뿐.[7]

여기서 수시는 『벽암록』의 저자 원오의 말입니다. 보시는 대로 너스레를 떨듯이 본칙을 위한 법석을 깔면서 생각의 길과 맥을 짚어주고 있는데, 모든 칙에 수시가 있는 것은 아닙니다. 본칙과 송은 설두가 편찬한 『백칙송고』의 내용인데, 본칙은 예로부터 전해져오는 공안이고 이를 시적으로 해석한 송이 곧 설두의 이야기입니다. 여기에 착어가 있어 필요한 부분에 개입을 하기도 하고, 말미에 긴 편폭의 평창이 있어 공안 전체를 시적으로 마름질하는 식입니다.

조주는 『벽암록』에 12회나 등장하는 인물인데, 사실상 주인공에 가깝습니다. 그의 내공은 스승 남전보원南泉普願을 모시던 수좌 시절의 일화를 통해 가늠해볼 수 있습니다. 어느 날 승들이 고양이 새끼를 놓고 다툼을 벌이느라 법당 앞마당이 시끌벅적합니다. 이를 보다 못한 남전이 고양이 새끼를 낚아채고는 소리칩니다. "누구든 한마디 해보라! 그러면 살려주겠다." 그러나 모두가 묵묵부답, 결국 남전은 살생계를 범하고 맙니다.(제63칙) 저녁 무렵이 되어 출타한 조주가 돌아오자 남전이 이 일을 들려주며 "너 같으면 어떻게 했겠느냐?"라고 묻습니다. 그러자 조주는 아무 말 없이 짚신을 머리 위에 얹더니 그냥 나가버립니다. 이때 남전의 말이 이렇습니다. "네가 그때 있었다면 고양이 새끼를 구할 수도 있었을 텐데."(제64칙)

조주는 품성 탓이었는지 아니면 공력 때문이었는지 그에게는 유난히도 구도의 칼을 겨누는 선객들이 들끓었던 것 같습니다. 그럴 때마다 그는 따뜻하면서도 가파르게 자신을 향한 칼끝을 상대방에게 되돌려줍니다. 제2칙 '지도무난'至道無難에서 그러한 면모를 확인할 수 있습니다. 맞짱의 긴장감과 묘처를 살리기 위해 좀 맛깔스런 번역을 인용해보겠습니다.

들어보자! 조주가 법회에 모여든 대중에게 다음과 같이 설법했다. "3대 조사께서 이런 말씀을 하셨지 않은가? '지극한 도는 어렵지 않다. 오직 선택적 판단을 싫어할 뿐이다'라고 말야. 인간의 언어가 있게 되면 곧 선택적 판단에 떨어지지 않으면, 곧 명명백백한 절대 경지로 가게 되지. 그런데 이 조주 늙은이는 말야, 그 명명백백한 절대 경지에도 있지 않단 말야. 그런데 그대들은 아직도 그 절대 경지를 구하고 있지 않은가?"

이때 어떤 스님이 일어나 물었다.

"좋습니다. 그런데 명명백백한 절대 경지에도 있지 않다면 구할 대상
조차 없어지는 것이 아닙니까? 저희가 뭘 구하겠습니까?"

조주가 말했다.

"나도 몰라."

그 스님이 또 집요하게 물었다.

"스님께서 '나도 몰라' 하신다면, 왜 명명백백한 절대 경지에도 있지
않다고 아는 체하셨습니까?"

조주 스님이 말했다.

"다 물었냐? 그럼 이제 절하고 가봐."[8]

이때 이 패기 발랄한 선객의 표정이 어떠했을까요? 좌절하고
돌아섰을까요? 아니면 분별지의 미망으로부터 벗어났을까요? 다
음 이야기는 조금 더 드라마틱합니다. 제4칙 '덕산도위산'德山到潙
山의 본칙인데, 덕산이 용담을 통해 '한 소식'을 한 뒤 그 자신감
을 바탕으로 위앙종의 개조 위산을 찾아가 맞짱을 뜨는 이야기입
니다. 그러니 만큼 현란한 소식과 불꽃 튀기는 섭선을 기대해볼
만합니다. 그런데 이 대결은 의외로 싱겁게 끝나고 맙니다. 그 전
말을 한번 보겠습니다.

들어보자! 덕산이 드디어 위산에 당도하였다. 바랑을 걸머멘 채 법당
에 성큼 올라서서 동쪽에서 서로, 서쪽에서 동으로 뚜벅뚜벅 왔다 갔
다 하더니만 좌우를 돌아보고 하는 말이,

"없다! 없어! 쥐뿔 개뿔 아무것도 없다!"

그러곤 곧바로 나와버렸다.

(설두 스님 착어하여 이르기를, "간파해버렸군!")

덕산은 대문간에 이르러 다시 되돌이켜 생각하기를,

'내가 너무했군. 소홀할 수는 없지.'

그래서 허엄! 위엄과 예의를 갖추어, 다시 돌아와 상견례를 하기에
이르렀다.

위산이 앉으려 할 때 덕산은 방석을 들어올려 "스님!" 하고 크게 불
렀다. 이때 위산이 총채를 잡으려 하자, 덕산은 잽싸게 냅다 소리를
질러댔다. 그러곤 소매를 스치면서 다시 나와버렸다.

(설두스님이 또 착어하여 이르기를, "간파해버렸군!")

덕산은 법당을 등 뒤로하고 짚신을 신더니 곧 떠나버렸다.

위산은 이날 밤이 으슥해지자 슬그머니 수좌에게 물었다.

"아까 왔던 신참내기 지금 어디 있누?"

그랬더니 수좌가 말하기를,

"그때 법당을 등 뒤로하고 짚신을 신더니 나가버렸어요."

위산이 말했다.

"이 녀석이야말로 훗날 외로운 봉우리 정상에다 초가 암자 하나 짓고
둥지 틀고 앉아 부처님을 꾸짖고 조사들을 욕할 놈이로다!"

(설두 스님이 착어했다. "설상가상! 눈 위에 서리 그려본들.")'

여기서 주목할 필요가 있는 것은 본칙 사이사이에 끼어드는 설
두의 착어입니다. 설두는 이 회전會戰에서 심판과도 같은 역할을

하고 있습니다. 그런데 심판의 판정이 왠지 공정치가 않다는 느낌을 줍니다. 덕산이 그가 속한 종문의 조사이다보니 자연스레 해석의 무게중심이 그에게로 쏠렸던 것이지요. 그렇다면 위앙종 쪽에선 이런 불공정한 판정을 두고 불만이 일지 않았을까요? 공안 자체는 오히려 위산이 가진 그릇의 크기를 보여주고 있으니 말입니다. 이런 이유로 인해 『벽암록』은 운문종이나 임제종 외에 다른 종파로부턴 제법 따가운 시선을 받았던 것 같습니다.

언어도단의 사법들

『벽암록』을 선문의 사법師法이라는 측면에서 읽어보는 일도 흥미롭습니다. 선이 언어도단의 세계라고는 하나, 그래도 거기까지의 길과 결이 있기 마련이고, 이것이 각 종파의 종풍과도 무관하지 않기 때문입니다. 『벽암록』에 제일 많이 등장하는 운문종의 개조 운문을 예로 들어보지요. 그의 선기는 뭐랄까, 왠지 고졸古拙하면서도 고상하단 느낌을 갖게 만듭니다. 이를테면 이런 식입니다. 어느 날 어떤 선객이 그를 찾아와 대뜸 이렇게 질문을 던집니다. "나뭇잎이 시들어서 떨어지면 어떻게 되는 겁니까?" 그런데 이 질문에 대한 운문의 대답이 걸작입니다. "나무는 앙상한 모습을 드러내고 천지에 가을바람만 가득하지." 이는 선어로서는 고도의 경지겠지만, 생활자의 담박한 깨달음이라 해도 이상할 것이 없는 그런 세계입니다. 여기에 이를 평하는 설두의 언어도 가관입니다. "물음도 대답에도 깊은 뜻 서렸구나, 세 구절을 헤아려라 화

살은 먼 구름 밖……. 넓은 들에 찬바람 온 하늘에 가랑비, 그대
는 아는가 소림사의 나그네, 웅이산熊耳山 깊은 숲에 잠든 듯 깨어
있음을……."(제27칙)

또 이런 장면도 있습니다. 어느 날 현사 스님이 수행자들에게
설법을 하고 있습니다. "요즘 이곳저곳의 중들이 모두 포교다 전
도다 남을 돕는다 하는데, 세 가지 병신이 불쑥 찾아오면 어떻게
교화시키겠느냐? 장님에겐 쇠몽치를 쥐고 총채를 세운들 보일 리
가 없고, 귀머거리에겐 입이 아프게 지껄여봤자 들릴 리 없으며,
벙어리에겐 아무리 말을 하라고 한들 말할 리 없으니 대체 어떻
게 교화시키겠느냐? 그런 사람들을 교화시킬 수 없다면 불법의
영험 따위란 없지 않느냐!" 그런데 이를 알아먹지 못한 어떤 제자
가 부리나케 운문을 찾아가 자초지종을 고합니다. 그러자 운문이
말합니다. "내게 먼저 절을 하거라!" 이에 넙죽 절을 하고 나니
운문이 죽장으로 내려칠 태세입니다. 그러자 제자가 얼른 물러납
니다. "너 장님은 아니구나." 그러면서 운문은 다시 앞으로 오라
고 합니다. 제자가 다가오자 운문은 또 이렇게 말합니다. "너 귀
머거리도 아닌 모양이구나." 그러면서 묻습니다. "어때? 알겠느
냐?" 그러나 제자는 아직도 무명無明의 세계를 헤매고 있는 듯 그
저 눈망울만 껌벅일 뿐입니다. 그러자 운문이 어이가 없다는 듯
이렇게 말합니다. "허, 벙어리도 아닌데!" 이때 제자의 눈에 비로
소 얼마간 반짝임이 일기 시작합니다.(제88칙)

또 다른 공안은 교학의 적실성과 방법론에 관해 많은 생각을
하게 만듭니다. 어느 날 위산, 오봉五峰, 운암이 백장을 모시고 서

있습니다. 그런데 뜬금없이 백장이 위산에게 이렇게 묻습니다. "목도 입도 쓰지 않고 말할 수 있느냐?" 그러자 위산은 이렇게 받습니다. "스님께서 먼저 말씀을 해주시지요." 이때 백장이 보인 반응은 이렇습니다. "내가 말해주기는 쉬우나 그랬다간 법이 쇠해버릴 게다."(제90칙) 이번엔 오봉에게 동일한 질문을 던집니다. 그러자 오봉은 이렇게 받습니다. "스님께서 먼저 목도 입도 없애보시지요." 그러자 백장의 반응은 이렇습니다. "아무도 없는 경지에 가서 멀리 바라보며 네가 오기를 기다리지."(제91칙) 이번엔 또 운암에게 같은 물음을 던집니다. 그러자 운암은 이렇게 받습니다. "스님께선 이미 다 없애버리신 줄로 알았더니 아직 목과 입이 남아 있습니까?" 이때 백장이 보인 반응은 또 이렇습니다. "그 따위 소리를 하면 우리 법이 끊어지고 만다!"(제92칙)

백장의 사법은 섬세하고도 주밀하지만, 『벽암록』에는 훨씬 과격한 방식도 많이 등장합니다. "덕산의 문하에 들어가면 몽둥이질을 당하고, 임제의 문하에 들어가면 고함 세례를 당한다"는 이른바 "덕산방, 임제할"德山棒, 臨濟喝이 그것인데, 이들에게 몽둥이와 고함은 깨우침을 주는 주요 방편입니다. 이를테면 이런 식입니다. 어느 날 정상좌定上座라는 제자가 임제에게 가르침을 구합니다. "불법의 대의는 무엇입니까?" 그러자 임제는 선좌에서 내려와 다짜고짜 그의 뺨을 한 대 갈기고는 확 떼밀어버립니다. 그러자 제자는 넋이 나간 채 어쩔 줄을 모릅니다. 그때 곁에 있던 도반이 슬쩍 옆구리를 찌르며 속삭입니다. "정상좌, 어찌 예를 올리지 않는 겐가?" 그러고는 황급히 절을 올리는데, 이때 그는 홀

연 자신이 던진 물음의 의미를 스스로 깨닫게 됩니다. 이 재미있는 장면을 두고 설두는 또 이렇게 추임새를 넣습니다.

"황벽黃檗의 발랄한 선기, 그대로 임제에게 계승되었으니, 그걸 송두리째 갖고 온 임제가 어찌 태연히 있으랴! 거령신巨靈神이 번쩍 손을 들어 화산華山의 겹겹이 쌓인 산맥을 단숨에 쪼개버린 솜씨와도 같구나."(제32칙)

또 이런 장면도 있습니다. 어느 날 한 운수납자雲水衲子가 암두巖頭를 찾아와 가르침을 구하는데, 둘 사이에 이런 대화가 오갑니다. "어디서 왔느냐?" "장안에서 왔습니다.""황소黃巢의 난이 평정되었으니 그럼 칼을 주워왔겠군.""네 주워왔습니다." 이때 갑자기 암두가 목을 쳐보라는 듯 고개를 불쑥 내밀며 소리를 꽥 지릅니다. 그런데 그는 지지 않으려는 듯 이렇게 맞받습니다. "스님의 목은 이미 떨어졌습니다." 그러자 암두는 어이가 없다는 듯 껄껄 웃음을 터트리고 맙니다. 그리하여 이번엔 다시 설봉을 찾습니다. 그러자 설봉이 그에게 묻습니다. "어디서 왔느냐?""암두 스님에게서 왔습니다.""무슨 말씀을 하시더냐?" 그러자 그는 짐짓 뻐기는 태도로 그간의 일을 설봉에게 고합니다. 이때 설봉이 갑자기 몽둥이를 들더니 30방을 갈기고는 그를 내쫓아버립니다. 이를 지켜보던 설두는 쯧쯧 혀를 차기라도 하듯 이런 게송을 덧붙입니다. "도둑떼 물러간 뒤 칼을 주웠다니, 껄껄 웃은 그 뜻 설봉은 알리. 30방 몽둥이는 아직 가볍지만, 덕 본 사람 없으니 모두 헛수고."(제66칙)

『벽암록』의 자리

이제 정리를 해보겠습니다. 중국 문화는 인도 불교를 자주적으로 소화하는 과정에서 선종이라는 산물을 만들어냅니다. 선종의 발전 과정에서 남방을 중심으로 한 돈오주의가 주류를 이루게 되는데, 그 핵심은 언어문자를 통한 점진적인 수양에 있는 것이 아니라 단번의 가파른 깨달음에 있습니다. 이는 인도 선이나 혜능 이전의 선에 비하면 대단히 파격적인 것인데, 이런 파격으로 인해 선종은 산림을 중심으로 민초들의 생활 세계 깊숙이 파고들게 됩니다. 부처가 되는 데에 난해한 경전이나 고행 어린 수도가 필수적인 것이 아니라면, 그리고 깨달음이란 것도 특정한 길이 있는 게 아니라 마음의 성찰만으로 가능하다면, 선종이 민초들의 세계에 어떻게 받아들여졌을지는 어렵지 않게 짐작할 수 있습니다. 이 점이 선종의 황금기를 만들어내지만, 마조나 임제에 이르면 이제 선이라는 형식조차 불필요한 것이 되어버립니다. 일상의 행주좌와行走坐臥가 불성의 구현인 바에야, 내면의 불성을 깨닫기만 하면 부처가 될 수 있으니까요.

그런데 황금기를 구가하던 신불교는 송대에 접어들면서 여러 가지 문제점을 드러내기 시작합니다. 이를테면 일상의 행주좌와나 희로애락이 모두 불성의 작용이라고 한다면 자칫 무비판적이고 무선택적인 행동주의로 전락할 위험이 그것입니다. 예컨대 손으로 물건을 잡는 일이 불성의 작용이라면 칼을 쥐는 일도 불성의 작용이요 사람을 죽이는 일도 불성의 작용일 수밖에 없습니다. 그렇다면 이때의 살인이라는 행위는 어떻게 설명할 수 있을까요? 이는 이러한 행동을 비판하고 통일하는 가치판단의 근거를 인정해야만 설명이 가능합니다. 그렇지 않다면 모든 삶은 우연의 소산이 될 뿐 아니라 인간의 윤리마저 설 자리가 없어지고 말기 때문입니다. 북송 초 신흥 지식인들이 선불교를 비판하고 나선 이유가 여기에 있고, 신유학이라는 새로운 이념이 자기 자리를 주장하는 근거도 바로 여기에 있었던 것입니다.[10]

『벽암록』이라는 책이 서 있는 지점은 바로 이 어름입니다. 당말 오대라는 혼란기를 틈타 꽃을 피운 선종이 송이라는 새로운 시대 질서에 적응해 세속화의 길을 걷던 그 어디쯤에서, 선종의 무차별적 돈오주의가 신유학이라는 새로운 이념에 의해 위협받던 그 어디쯤에서, 이 책이 서 있던 자리를 확인하게 됩니다. 이렇게 보면 대혜가 이 책을 불태워버린 행위를 이해할 수도 있을 것 같습니다. 남송이라는 피난 왕조 시대, 그것도 금나라와의 화친을 주장하던 진회秦檜에 맞서다가 10년이나 유배 생활을 했던 그라면, 게다가 주희朱熹라는 거유巨儒에게 한때 불법을 전수한 바 있던 그라면, 이 책의 콘텍스트는 훨씬 복잡할 수밖에 없었을 겁니다.

그럼에도 『벽암록』은 '선문의 제일가는 책'으로 지금도 우리 앞에 남아 있습니다. 여기서 우리는 중국의 선불교가 시 전통을 내면화하면서 만들어낸 불립문자의 우주를 만나게 됩니다. 말이 말 바깥의 벼랑으로 추락하는 곳, 말의 욕망이 말 바깥의 경계로 잦아드는 곳…… 이 우주는 지금도 분별지의 미망을 헤매고 있는 우리에게 이런 이야기를 들려주고 있는지도 모르겠습니다. 이 공안 하나를 이번 기행의 결론으로 삼습니다.

들어보자! 어느 날 중이 법안에게 물었다. "소승은 혜초慧超라고 합니다만, 스님께 여쭙겠습니다. 부처란 뭡니까?" 이에 법안이 답했다. "자네가 혜초였군."(제7칙)

四書集注

도학 시대의 바이블 『사서집주』

사람살이에 조리가 있고 자리가 있듯이, 문장에도 엄연히 조리와 자리가 있습니다. 원문은 원문대로 고유한 위상이 있는가 하면, 주석은 주석대로 고유한 역할이 있기 마련입니다. 중국의 전통적 글쓰기는 대개 이 두 세계가 만들어내는 복화술에 의존하고 있는 것처럼 보입니다. 원문의 절대적 권위를 손상시키지 않으면서 그것을 효율적으로 전달·유포·확산하는 담론의 기술 말입니다.

그런데 안사安史의 난 이후 250여 년 혼란 끝에 등장하는 송대宋代 역사에서 우리는 주석의 언어들이 만들어내는 강렬한 솟구침 같은 것을 목도하게 됩니다. 주석 속의 언어는 더 이상 원문의 조력자이기를 거부하는 듯 원문 속으로 건너가 그 속의 언어들을 쪼개고 결합하며 어디론가 끌고 가고 있는 것처럼 보입니다. 그 지향처는 '명체달용'明體達用의 빛나는 이상, 즉 우주의 본질을 밝혀 지상에 달하게 한다는 이상으로 무장한 '도학'道學의 세계입니다. 역사는 이러한 충동의 솟구침을 일러 '도학 시대의 발흥'이라 부르고 있습니다.

이번 기행에서는 이 시대를 가능케 한 어떤 운동에 관해 주목해보기로 하겠습니다. 이 운동의 주역은 정치권력의 주변부에 있던 지방 출신의 지식인, 그들의 바이블은 '사서'四書라 불리는 서물입니다. 그러므로 먼저 이런 질문이 필요합니다. 11세기 문화정치의 현장에서 재야 운동에 불과했던 도학운동이 어떻게 헤게모니를 잡을 수 있었는지, 이 운동은 왜 '사서'라는 서물을 이론적 진지로 요청할 수밖에 없었는지, 그리고 '사서'는 '성리학'이라는 체계의 수립에 어떠한 역할을 담당했는지 등등이 그것입니다. 이제 이런 질문을 염두에 두면서 고상한 충동으로 일렁이는 송학宋學의 세계 속으로 들어가 보도록 하겠습니다.

사서의 성립

유학사의 관점에서 볼 때, 당대가 '오경'五經의 시대라면 송대는 '사서'四書의 시대입니다. 이로부터 '사서오경'은 20세기 초 과거제가 폐지될 때까지 그 권위를 놓치지 않는데, 이것이 만들어낸 빛과 그늘에 대해서는 조선의 역사를 통해 우리도 익히 경험한 바 있습니다. 주지하는 대로 사서란 『논어』, 『맹자』, 『대학』, 『중용』을 말합니다. 그런데 여기서 적잖이 문제가 되는 것은 『대학』과 『중용』입니다. 그것은 원래 『예기』禮記 49편중 두 편장으로 제42편 「대학」과 제31편 「중용」이 그것입니다. 그러다보니 전문이라고 해야 『대학』은 고작 1,753자, 『중용』은 3,568자에 불과합니다. 이는 『논어』 15,917자, 『맹자』 35,374자와 비교해봐도 턱없이 부족한 분량입니다.[1] 그럼에도 이를 독립시켜 책으로 묶은 것이 우리가 접하는 텍스트인데, 여기서 당연히 이런 물음이 발생합니다. 두 텍스트의 어떤 점이 이런 작업을 가능하게 만들었을까요? 그리고 이런 작업을 감행한 주체들의 의도는 또 무엇이었을까요?

『중용』이라는 텍스트는 한대 이후의 학술사에 꾸준히 등장하지만, 『대학』은 송대에 와서야 겨우 그 존재가 사람들의 인식 세계로 들어옵니다. 『맹자』조차도 당唐 중기 한유韓愈 그룹이 출현하기 전까지는 유가 경전에 대한 주석서에 불과했으니까요. 그런데 송대 인종仁宗 때 과거 급제자에게 『중용』과 『대학』이 하사된 것을 보면, 이 시기쯤엔 이미 이들의 독자적 가치가 인정되었을 뿐 아니라 내용상 두 텍스트가 짝이 된다는 의식도 자리 잡고 있었던 것 같습니다. 이는 도학운동의 핵심 인물인 이정二程, 즉 정호程顥·정이程頤 형제의 문제 제기와 개편·교정 작업에 힘입은 것으로 알려져 있습니다.[2] 이 작업을 이어받아 최종적으로 완성시킨 이가 주희朱熹(1130~1200)인데, 그 결과물이 곧 『사서집주』, 즉 『논어집주』論語集注, 『맹자집주』孟子集注, 『대학장구』大學章句, 『중용장구』中庸章句입니다.

그런데 여기서 생각해보아야 할 것이 하나 있습니다. 주희는 왜 데카르트처럼 「방법서설」과 같은 논문을 쓰지 않고 하필이면 주석이라는 형식을 취했을까요? 이는 의외로 중국 문화사의 생리와 전통 학술의 토대에 깊숙이 연계되어 있는 문제입니다. 먼저 이 점을 짚어둘 필요가 있습니다. 전통적인 주석은 오늘날의 그것과는 차원이 달랐다는 점 말입니다. "기술할 뿐 억지로 짓지 않는

다"는 '술이부작'述而不作의 전통에서 자신의 생각을 구성적(com-
positional)으로 표현하는 글쓰기는 설 자리가 많지 않습니다. 더욱
이 진리가 고대 성현들의 언행 속에 이미 완벽히 구현되어 있는
상황이라면, 이를 전달하는 기술적(descriptive) 글쓰기가 주요 양
식이 되는 것은 자연스런 일입니다. 중국 전통의 담론화 작업이
주로 '주'注, '소'疏, '주해'注解, '정의'正義, '광의'廣義, '해의'解義 등
의 형식을 띠게 되는 것도 바로 이 때문입니다. 성현의 권위를 빌
려 자신의 입론을 강화하기가 용이했으니까요.

주희 역시 예외가 될 수 없습니다. 우리 시대의 감각에 따르면
주희는 위대한 사상가니까 당연히 논문을 많이 썼을 거라 생각하
겠지만 실상은 그렇지가 않습니다. 그의 사상은 대개 주석이나
어록에 담겨 있으니까요. 그런데 11세기경에 이르면 좀 낯선 현
상이 나타나기 시작합니다. 자신의 생각을 주동적으로 표출하는
논문적 글쓰기가 점차 일반화되는가 하면, 주석의 위상이 한층
강화되어 원문을 포위해버리는 경우가 더러 생겨나게 됩니다. 게
다가 '어록'이라는 또 하나의 형식이 주요 담론 양식으로 자리 잡
게 됩니다. 이는 이 시대에 들어 글의 구성적 욕망이 전반적으로
확장되는 한편, 글의 형식적 규율로부터 말의 탈주가 시작되고
있음을 의미합니다. 『사서집주』와 『주자어류』는 이런 시대적 추
이 속에 자리하고 있습니다.

이와 관련하여 또 하나 주목할 것은 구성적 글쓰기에 내재된
체계에의 요구입니다. 11세기의 시대정신과도 무관하지 않은 이
요구치는 사서의 설계 의도에도 그대로 반영되어 있습니다. 이

시기에 사서는 이미 도학이라는 학문의 정규 커리큘럼으로 기능하고 있었던 것 같습니다. 『주자어류』 권14의 다음 대목은 당시 사대부들에게 사서가 어떻게 인식되고 있었는지를 엿보게 해줍니다.

> 먼저 『대학』을 읽어 그 규모를 정하고, 다음으로 『논어』를 읽어 그 근본을 세우며, 그 다음으로 『맹자』를 읽어 그 발휘한 것을 살피고, 마지막으로 『중용』을 읽어 옛사람들의 미묘한 지혜를 구할 일이다.

이는 사서가 정밀한 사상 체계를 가지고 있으며, 각 텍스트 사이에 논리적 연계가 존재한다는 것을 의미합니다. 즉 『대학』을 통해 체계의 대문으로 들어가, 『논어』를 통해 이것의 근본을 정립한 뒤, 다시 『맹자』를 통해 이를 전개·발휘하고, 마지막으로 『중용』을 통해 그 진수를 구하는 체계적 절차가 그것입니다. 이는 정자程子 학단과 주자朱子 학단에서 매우 중요한 규칙이었습니다. 이를 어기면 진정한 의미의 학문에 도달하기가 어렵다는 것이 그들의 신념이었으니까요.[3]

아울러 『대학』과 『중용』이 체계의 시작과 대미를 이루고 있다는 점에 주목할 필요가 있습니다. 주희가 죽기 사흘 전날에도 『대학장구』를 손질하고 있었다는 일화는 잘 알려져 있는데, 그만큼 이것이 중요했다는 이야기입니다. 『대학장구』의 경經 제1장과 전傳 제5장, 『중용장구』의 서序와 제1장을 읽어보면, 도학 진영이 왜 이 두 텍스트에 그렇게 강한 집착을 보였는지가 좀 더 분명히 드

러납니다. 이 대목이 사실상의 '주자학 개론'에 다름 아니었으니까요.[4]

고문운동

중국의 문文 전통에서 볼 때 11세기에 들어 본격화된 도학운동은 가장 근본적이면서도 급진적인 전환점을 보여줍니다. 이 운동은 문 전통의 토대에 가장 충실하면서도 저항적인 성격을 동시에 드러냅니다. 이것이 무슨 말일까요? 이 점을 이해하기 위해 우리는 좀 먼 길을 거슬러 올라가지 않으면 안 됩니다. 8세기 말 9세기 초 당 중기의 문화적·사상적 르네상스가 모색되던 '고문古文운동'의 시기로 말입니다.

문제의 시발점은 755년에 일어난 안사安史의 난입니다. 이 난은 당 제국의 토대를 근저에서 뒤흔들어 놓았을 뿐 아니라 현종玄宗이 취한 예악禮樂 정치 기획의 한계를 절감하도록 만들었습니다. 이로부터 '과거의 문화적 모델들이 의도했던 대로 작동하지 않을 것이라는 확신'이 널리 유포되는데, 이는 동시에 '인간의 행동에 영향을 미치는 문화의 능력에 대한 신념의 위기'를 의미하는 것이었습니다.[5] 이런 현실에 즉하여 고대의 문장으로 돌아가 다시금 문화의 도덕적 효용을 회복해야 한다는 믿음이 대두되기에 이르는데, 이것이 바로 '고문운동'입니다.

그런데 왜 '고문'이었을까요? 왜 하필이면 이 고리타분한 문체(style)가 이 운동의 핵심 의제로 제기되었을까요? 오늘날의 관점에선 한가로운 문제 제기로 보일지도 모르지만, 중국의 문 전통에서 보면 이는 중차대한 문제입니다. 그도 그럴 것이 문이라는 개념에는, 지금까지 우리가 확인해온 대로, 사람의 질서와 하늘의 질서라는 두 차원이 중층적으로 스며들어 있기 때문입니다. 어떤 의미에서 문은 고대의 성인들이 만든 모범적 질서(人文)가 되지만, 또 어떤 의미에서는 하늘이 부여한 도리(天道)를 의미하기도 합니다. 그러므로 중국 문인에게 있어 글을 쓰는 행위는 성인들이 만들어놓은 '고대의 모범'을 재현하는 행위이면서 동시에 하늘이 부여한 도리를 실현하는 행위가 됩니다. 그러므로 글을 쓴다는 행위의 거룩함과 숭고함, 이 점이 전제되지 않으면 앞으로 논의는 의미를 잃고 맙니다.

이런 측면에서 '고문운동'이 문文과 도道의 구도를 중심으로 전개된 것은 결코 우연이 아닙니다. 글(文)의 존재론적 토대(道)와 문화(文)의 궁극적 근거(道)에 대한 물음이 이 운동의 핵심이었으니까요. 여기서 문과 도의 관계는, 요즘 말로 하면, 때로는 현상과 본질이 되기도 하고, 때로는 현실정치와 내면세계, 때로는 문학과 철학, 때로는 형식과 내용이 되기노 합니다. 이 구노는 3세기 뒤 다시 동일한 운동이 발발할 때까지 대부분 지식인의 사고를 규제하고 있다는 점에서 매우 중요합니다. 여기서 미리 이 점을 언급해두는 것이 필요할 듯합니다. 이 3세기간의 사상사를 통해 문에서 도로의 쏠림 현상이 가속화되고 있다는 사실 말입니다. 이런 추이가 도학운동의 정착 과정과 맞물려 있음은 물론입니다. 그리하여 송학의 창도자 중 한 사람인 주돈이周敦頤(1017~

1073)는 이제 문장은 도를 싣는 도구(文以載道)일 뿐임을 서슴없이 선포할 수 있었던 것입니다. 이 과정의 윤곽을 간단히 그려보면 이렇습니다.

도학의 시대

당대 고문운동의 주역 한유韓愈(768~824)에게 고문은 고대 문장에 대한 단순한 모방이 아니라 쇠락한 문화를 회복하는 수단, 나아가 문인의 행동 방식을 변화시키는 수단을 의미합니다. 이는 동시에 '글쓰기의 개인적인(인격적인, personal) 방식'이기도 했습니다. 그는 고문을 쓰는 행위가 문화적 전통으로부터 새로운 가치를 이끌어낼 수 있다고 믿었던 것 같습니다. 뿐만 아니라 문인 개개인에게 '스스로 사유하는' 힘을 가져다줄 수 있을 거라 믿었던 것 같습니다.[6] 「맹동야를 보내며」(送孟東野序)에 등장하는 '불평즉명'不平則鳴이라는 대목이 그래서 나옵니다. 즉 외부 세계와의 불균형과 마찰에서 발생하는 내면의 울음이 곧 글이라는 것입니다. 이런 식으로 그에게는 문체의 문제가 내면성의 문제로 연결되는데, 이를 실현하기 위해 시도한 실험적 글쓰기는 그 괴벽스러움으로 인해 종종 비판의 대상으로 지목되기도 합니다.

그 가운데 '원'原으로 시작되는 다섯 편의 글—흔히 '오원'五原으로 불리는—은 논설적 글쓰기의 전형을 제시함으로써 이후 문화사에서 '原○'라는 스타일 글의 효시가 됩니다. 여기서 '原'이 '근원을 탐구한다'는 의미이니, 이는 곧 사변적이고 논구적인 성격의 글인 셈입니다. 그 전형이 「원도」原道라는 글인데, 여기서 그는 도덕적 질서에 관한 성현들의 견해를 바탕으로 문명의 역사를 설명하면서 이것이 쇠락한 책임을 도교와 불교로 돌리고 있습니다. 이 과정에서 한유는 『대학』의 8조목─격물格物, 치지致知, 성의誠意, 정심正心, 수신修身, 제가齊家, 치국治國, 평천하平天下─을 끌어들임으로써 쇠락한 도를 도교와 불교라는 '사악한 가르침'으로부터 구원해내고 있습니다. 이 과정에서 유학의 '도통'道統이 제기되는데, 그가 제시하는 도의 계보학은 이렇습니다.

요임금은 이것을 순임금에게 전했고, 순임금은 이것을 우임금에게 전했으며, 우임금은 이것을 탕왕에게 전했고, 탕왕은 이것을 문왕·무왕·주공에게 전했으며, 문왕·무왕·주공은 이것을 공자에게 전했고, 공자는 이것을 맹가에게 전했는데, 맹가가 죽자 이것이 전해지지 않게 되었다.

여기서 맹자 다음의 빈자리가 한유 자신 세대의 몫임은 물론입니다. 그리고 이 자리는 "도덕적 인간이 된다는 것은 인간적 이해관계로 가득한 세계에 참여하는 것"이라는 신념에 의해 채워집니다.[7] 그런데 3세기 뒤 이 자리는 일군의 지식인에 의해 다시 한 번 주목되기에 이르는데, 범중엄范仲淹(989~1052)의 세대가 이 자리를 자기 세대의 몫으로 주장한 데에는 허약한 송대 문화정치의 현실이 자리하고 있었습니다.

범중엄의 세대는 '서곤체'西崑體라는 화려한 문풍으로 대변되는

송 초 문치정책의 부도덕성을 비판하면서 자각적인 정치세력으로 부상하게 됩니다. 이는 동시에 정치권력에 굴하지 않는 재야 사상계의 출현을 의미했습니다. 비록 실패로 돌아가긴 했지만, 그가 주도한 경력慶歷 개혁의 정신은 사실상 도학 시대의 출발을 알리는 선성先聲이었습니다. 그것은 다음 네 가지로 집약됩니다. ① 무위無爲적 통치 방식을 지양하고 현실의 문제점에 관한 유위有爲적 통치의 필요성 ② '천하를 걱정하고' '세상을 구원하는' 공공적 의식의 회복 ③ 불교와 도교를 거부하고 지방의 학교 교육을 통한 유교적 가치의 회복 ④ 문학적 기술로서의 학문이 아닌 성인의 도를 중심으로 한 학문의 추구.[8]

이를 추진하기 위해 범중엄은 과거科擧라는 제도를 문제 삼습니다. 일견 사소해 보이는 이 문제는 도학운동의 입장에서는 중요한 의미를 갖는 것이었습니다. 당시 과거 과목은 시詩·부賦·책策·논論으로 구성되어 있었는데, 시와 부로 문학적 역량을 테스트하고 책과 논으로 정치철학과 도덕적 역량, 정책적 능력을 테스트하는 시스템입니다. 당시는 문치 정책의 방향상 그 중점이 아무래도 시부에 놓일 수밖에 없었습니다. 그런데 범중엄이 책론에 중점을 둘 것을 제안하고 나선 것입니다.[9] 이 건의는 반대파에 의해 묵살되고 말았지만, 1057년 이 그룹이 다시 부상하게 되었을 때 구체적인 현실이 됩니다. 이 그룹의 일원으로 과거 감독관을 맡게 된 구양수歐陽脩(1007~1072)는 관료 수급 시스템의 방향을 좀 다른 쪽으로 끌고 갑니다. 이해 과거의 책론 문제는 이런 식이었습니다. ① 『상서』尙書 「우공」禹貢 편을 인용하여 치수治水에 대한 자신의 생각을 논하라. ②『주례』周禮에 드러난 정부와 사회 사이의 올바른 관계에 대한 자신의 생각을 논하라. ③『주역』「계사전」繫辭傳에 팔괘의 기원에 관한 네 가지 모순된 설명을 포함시킨 성인의 의도를 논하라. 이런 파격적인 출제가 어떤 결과를 초래했을지는 쉽게 상상이 갑니다. 시험에서 탈락한 수많은 학생이 울분을 쏟아냈고 그 분노가 시위로 이어지기도 했지만, 오히려 구양수는 이로 인해 글의 '문체를 변화시키고 그 본질을 회복'시킨 주역으로 떠오르게 됩니다.[10] 고문운동은 이렇게 다시 한 번 송대 현실정치의 현장에서 핵심 이슈로 부상하게 됩니다.

한번 생각해보지요. 국가고시 과목을 예고도 없이 조정한다고 할 때 얼마나 많은 혼란이 따르겠습니까. 그것도 응시자가 몇 십만이나 되는 상황이라면 말입니다. 그러나 새로운 비전을 가진 신진 세력을 끌어들이는 데 있어서 이보다 더 효율적인 길은 없습니다. 범중엄 그룹은 이 점을 잘 알고 있었습니다. 구양수가 감독관으로 있던 시기, 과거를 보기 위해 수도 낙양洛陽 언저리를 맴돌고 있던 인물들의 면면이 이 문제의 민감성을 잘 대변해줍니다. 소순蘇洵과 그의 두 아들 소식蘇軾과 소철蘇轍, 도학운동의 주역이 되는 정호와 정이 형제, 그리고 정씨 형제의 삼촌인 장재張載가 바로 그들이었으니까요. 송대 사회가 관료 사회로서의 성격을 갖추게 되는 것이 이때였고, 귀족 문벌 사회로서의 당대와 결별하는 지점도 바로 이때였습니다.

범중엄과 구양수 세대의 문제의식이 어떻게 쓸 것인가에 있었다면, 그 다음 왕안석王安石(1021~1086)과 사마광司馬光(1019~1086)

세대의 문제의식은 정치적인 방향으로 급선회합니다. 고대의 도를 사용하여 국가와 사회를 어떻게 변화시킬 것인가 하는 문제가 그들의 주요 관심사가 됩니다. 이에 관한 두 사람의 해결 방식의 차이가 신법당新法黨과 구법당舊法黨의 정치투쟁을 만들어내는데, 이 와중에서 다시 이들과 구분되는 또 다른 세대의 문제의식이 싹트게 됩니다. 이들이 바로 소식(1037~1101)과 정이(1033~1107)의 세대입니다.[11] 이들은 모두 고문으로 글을 썼고 또 구양수처럼 어떻게 도덕적인 능력을 키울 수 있으며 어떻게 성인에 이르는 학문을 이룰 수 있는지를 고민합니다. 그러나 성인이 된다는 것이 무얼 의미하는지, 인간이 된다는 것이 무얼 의미하는지에 이르면 입장을 달리하게 됩니다. 소식이 '성인과 인간의 감정적 반응'에 주목한 데 반해, 정이는 '성인과 인간의 본성'의 문제에 눈을 돌림으로써 도학운동의 굵은 물줄기를 만들어냅니다.[12] 정이는 그 단초를 『중용』의 첫 구절에서 발견합니다.

하늘이 명한 것을 일러 성性이라 하고, 성을 따르는 것을 일러 도道라 하며, 도를 닦는 것을 일러 교教라 한다.

그는 달랑 이 구절 하나로 세상을 휩쓸고 있던 불교와 도교의 교리에 맞섭니다. 이것에 의하면 인간의 도덕 본성은 하늘에서 오는 것일 뿐 성인들의 만들어놓은 문화에서 오지 않습니다. 그리하여 그는 과거 시험을 위한 제도적 공부가 도덕적 삶에 불필요하다는 주장을 하기에 이릅니다. 중세 문화사에서 진정한 의미에서의 재야 지식인 문화는 이렇게 탄생합니다.[13] 그리고 몇 십 년 뒤 이 문화 속에서 한 인물이 나와 이들의 이상을 한층 정밀하고 체계적으로 종합해내는데, 정문程門의 4대 제자 주희(1130~1200)가 바로 그였습니다.

성리학의 구도

주희가 종합한 체계는 다음의 세 구절로 어느 정도 집약이 가능합니다. '성즉리'性卽理, '존천리거인욕'存天理去人欲, '격물치지'格物致知. 이들은 각각 성리학이라는 거대한 체계 속에서 존재론, 인성론, 인식론의 역할을 맡고 있는데, 앞서 언급한 바대로 정연한 논리적 구조물로 제시되는 것이 아니라 '사서'의 주석과 제자들과의 대화 속에 산재되어 있습니다. 그래서 이 체계를 일목요연하게 정리하기가 용이하지 않습니다. 이를 위해선 『주자어류』 권1에서 권6의 내용을 검토하는 것이 첩경捷徑이겠지만, 여기서는 『사서집주』의 주석을 통해 얼개만 확인하는 데 그치도록 하겠습니다.

도학운동의 선언문처럼 제시된 위의 『중용』 첫 구절에 대해 주희가 덧붙인 주석은 이렇습니다.

명命이란 영令과 같다. 성性은 곧 리理이다. 하늘은 음양오행으로 만물을 화생化生한다. 기氣로써 모양을 만들고 리理 역시 여기에 부여되니, 명령과도 같은 것이다. 이에 사람과 사물의 태어남이 각기 부여받은 바의 리를 얻음으로써 건순健順과 오상五常의 덕을 삼으니, 이른바 성性이라 하는 것이다.

여기서 주희는 정이를 따라 '성즉리'를 거론합니다. 여기서의 성은 가치 개념인데 반해 리는 존재 개념입니다. 그러니까 성은 도덕의 영역인데 반해 리는 자연의 영역인 것입니다.[14] 그런데 이 상이한 두 차원을 '즉'이란 한 글자로써 다리를 놓아버린 것입니다. 이 위대한 '조작'에 의해 성리학은 이후의 영광을 구가하게 되지만, 리기이원론이 남긴 석연치 않은 여지는 훗날 해동海東의 유학사를 뜨겁게 달구는 주제가 되기도 합니다. 위의 주석에 따르면 사람과 사물은 물질적인 기와 정신적인 리로 이루어져 있습니다. 그 설명 방식은 플라톤이 이데아를 설명하는 방식과도 유사합니다. 가령 여기에 컵이 하나 있다고 칩시다. 이때 컵을 구성하는 물질이 기가 되고 컵을 컵으로 만드는 원리는 리가 됩니다. 여기서 리는 기보다 더 본질적이고 선행하는 것으로, 물질로서의 컵이 사라져도 원리로서의 컵은 여전히 존재합니다. 이 개별 컵의 리가 모여 컵 일반의 리가 되고 이런 리들이 모여 최종 심급의 리가 되는데, 주돈이의 용어를 빌리자면 이곳이 곧 '태극'입니다. 이 유일자인 태극이 나뉘어 세계가 구성되는데(一理萬殊, 理一分殊), 그리하여 사람 역시 강건과 유순, 인의예지신仁義禮智信의 오상五常을 행위의 준칙으로 부여받게 되는 것입니다.

그런데 인간에게 리와 기가 부여되어 있다면 인성 역시 두 가지로 나뉠 수밖에 없습니다. 『대학장구』 「서」에서 주희는 이 점을 이렇게 말하고 있습니다.

대저 하늘이 생민生民을 내리시며 인의예지仁義禮智의 성性을 부여하지 않음이 없건만, 그 기질氣質의 품부稟賦가 혹 가지런하지 못하니, 이로써 모두 그 성이 있는 바를 알아 그것을 온전히 할 수가 없는 것이다. 한 사람이라도 총명하고 예지로와 능히 그 성을 다하는 자가 그 사이에 나오게 된다면, 하늘이 반드시 그에게 명하시어 억조億兆의 군사君師로 삼아, 그로 하여금 그들을 다스리고 가르쳐 그 성으로 돌아가게 할 것이다.

여기서 리에 의해 '천지지성'天地之性이 나온다면 기에 의해서는 '기질지성'氣質之性이 나옵니다. 하늘로부터 부여받은 인간의 본성은 원래 맑은 것이지만 몸의 기질로 인해 개성의 차이가 난다는 것인데, 여기서 '천리'와 '인욕'은 가파르게 대립합니다. 이로부터 '복성'復姓, 즉 타고난 본성으로 되돌아가기 위해서는 '천리를 보존하고 인욕을 제거하는'(存天理去人欲) 일이 과제로 떠오르게 됩니다. 이를 위해서는 마음의 성찰이 중요해집니다. 마음 역시 두 가지로 나뉘는데, '천지지성'은 '도심'道心에, '기질지성'은 '인심'人心에 상응합니다. 결국 '인심'을 통제하여 '도심'을 회복하는 역량이 요구되는데, 이것이 곧 '거경'居敬, 즉 마음을 집중하고 있는 어떤 상태인 것입니다.

이는 내면적 도덕 세계에 대한 앎을 말합니다. 그러면 외부적 객관 세계에 대한 앎은 어떻게 가능할까요? 『대학』 전傳 제5장은 특별히 '격물보전'格物補傳이라 불리는 장인데, 망실된 내용을 정이의 견해에 의거해 주희가 보충한 134자를 말합니다. 여기서 주희는 '치지재격물'致知在格物에 대한 주석을 통해 객관 세계에 대한 앎의 과정을 이렇게 설명합니다.

이른바 앎을 투철히 함이 사물을 구명하는 데 있다(致知在格物)는 것은, 나의 앎을 투철하게 하려면 사물을 대하여 그 이치를 궁구함에 있다는 것이다. 대개 인심의 영험함은 앎이 있지 않은 것이 없고, 천하의 사물은 리가 있지 않음이 없건만, 오직 그 리에 미처 구명되지 못함이 있기 때문에 그 앎에 미진한 곳이 있게 되는 것이다. 이로써 대학의 처음 가르침에 있어 반드시 배우는 자로 하여금 천하의 사물을 대하여 그 이미 알고 있는 리에 따라 더욱 추구해가서 그 궁극에까지 도달하게 했는데, 오랫동안 힘쓴 연후에 하루아침에 확 트이는 경지에 이르면 모든 사물의 표리表裏와 정조精粗가 드러나지 않음이 없게 되고, 내 마음의 전체全體와 대용大用이 밝혀지지 않음이 없게 되리니, 이를 일러 사물이 구명됨(物格)이라 하고, 이를 일러 앎이 투철해짐(知之至)이라 하는 것이다.

주희가 무리수를 두면서까지 이 구절을 복원한 이유는 이 대목이 그만큼 중요하기 때문입니다. 그도 그럴 것이 『대학』 8조목의 출발이 바로 여기이기 때문입니다. 요컨대 사물에 다가가(格物) 그 앎에 이르고(致知) 그 뜻을 성실히 하여(誠意) 그 마음을 바르게 하고(正心) 그 자신의 몸을 닦아(修身) 그 집을 가지런히 하고(齊家) 그

나라를 다스려(治國) 마침내 천하를 평온케 하는(平天下) 일련의 과정이 그것입니다. 이것이 학문의 전체 과정인데, 이는 『대학』 첫 구절에서 세 가지 강령의 형태로 제시됩니다. "대학의 도는, 명덕을 밝히는 데 있고, 백성을 새롭게 하는 데 있으며, 지극한 선에 머무르는 데 있다."(大學之道, 在明明德, 在親民, 在止於至善.) 이를 좀 더 형이상학적으로 이야기하면 『중용』 제1장의 사태가 됩니다. "중과 화가 지극한 데에 이르면, 천지가 제자리에 있게 되고, 만물은 잘 자라게 된다."(致中和, 天地位焉, 萬物育焉.)[15] 도학의 궁극적인 목표는 바로 이것입니다. 11세기 문화사에 일렁이던 '전체대용'全體大用(세계의 본체를 온전히 하고 그 작용을 크게 한다)에의 충동과 '명체달용'明體達用(세계의 본체를 밝혀 현상세계에 달하게 한다)에의 이상 역시 이런 사태에 다름 아니었던 것입니다.

『사서집주』의 자리

이즈음에서 마무리를 하겠습니다. 도학운동은 11세기에 본격화된 재야 지식인 운동입니다. 당대 '고문운동'으로부터 이념적 자원을 계승한 이 운동은 송대 문화정치학의 판도를 내면적이고 형이상학적인 방향으로 끌고 갑니다. '사서'는 이 운동을 이념적으로 보증하고 정당화한 이론적 진지였습니다. 그 가운데 『대학』과 『중용』은 이 운동의 이념을 오롯이 담고 있다는 점에서 『예기』로부터 분장되어 독자적인 형태를 갖추게 됩니다. 이 일련의 과정이 12세기 중엽에 이르러 주희에 의해 집대성되는데, 그 결과가 곧 『사서집주』이고 그 결실이 곧 성리학이라는 사상 체계입니다.

그렇다고 해서 성리학이 주희 당대에 빛을 본 건 아니었습니다. 심지어 '가짜 학문'(僞學)이라는 오명을 쓰기도 했으니까요. 그러던 것이 주희 사후 9년이 되던 1209년 남송의 영종寧宗에 의해 국가적 차원의 인정을 받기에 이릅니다. 1212년 『논어집주』와 『맹자집주』가 학관에 올라 공식적인 유학 교과서로 자리 잡게 되고, 다시 1313년 원元나라 인종仁宗 때에 '사서'가 과거 시험의 공식 과목으로 채택되기에 이릅니다. 이로부터 1905년 청나라 정부에 의해 과거제가 공식적으로 폐지될 때까지 『사서집주』는 거의 6백여 년 동안 중국 문화정치학에서 바이블의 지위를 구가하게 됩니다. 이는 몇 권의 책이 누린 영광으로서는 분명 과분한 것이었지만, 충동의 순도와 이상의 고도라는 차원에서 보면 당연한 것이었는지도 모릅니다.

어느 선교사와 유학자의 대화 『천주실의』

天主實義

여기 어떤 대화가 있습니다. 한 사람의 질문과 한 사람의 답변으로 이루어진 이 대화는, 분명 두 목소리가 만들어내는 것인데도 가만히 들어보면 하나가 다른 하나를 '호명'하며 제 의지를 관철해가고 있는 양상입니다. 일상의 소소한 대화라면 이것이 크게 문제될 리 없습니다. 그러나 두 문명이 처음 만나 나눈 대화라면 이야기가 좀 달라집니다. 왜냐하면 이 대화의 주제가 다름 아닌 두 문명의 토대를 건드리는 것이기 때문입니다.

이 대화록의 이름은 『천주실의』天主實義(1603)입니다. 한 목소리의 주인공은 이마두利瑪竇라 불리는 이탈리아 출신의 예수회 선교사 마데오 리치Matteo Ricci(1552~1610), 또 한 목소리의 주인공은 원양을 건너온 복음에 귀 기울이는 익명의 중국 유학자입니다. 이 둘이 주고받은 교리 문답이 이 책의 내용을 구성하는데, 일방적인 교리의 설파가 아니라 상대에 대한 도타운 이해에 기반하고 있다는 점에서 비교문명사적 가치를 점하게 된 텍스트입니다.

이번 기행은 이 기우뚱한 대화 속으로 떠나보도록 하겠습니다. 여기서 우리는 르네상스 유럽과 명대明代 중국이 처음으로 조우하는 장면을 목격하게 됩니다. 뿐만 아니라 유럽의 형이상학 전통과 중국의 유학 전통이 충돌하며 만들어내는 진풍경들도 적잖이 목도하게 될 겁니다. 그러니 이런 물음이 필요할지도 모르겠습니다. 문명 간의 '이상적인 대화 상황'이란 과연 가능한 것일까? 가능하다면 그건 어떤 상태를 말하는 것일까? 비록 대책이 없는 물음이긴 하지만 이제는 현실이 되어버린 우리 시대의 화두이기도 합니다. 이 화두를 놓지 않으면서 이제 16세기가 저물어가는 중국 남방의 한 도시로 눈을 돌려보겠습니다.

『천주실의』가 나오기까지

마테오 리치가 인도의 고아Goa로부터 광동 땅 조경肇慶에 도착한 것은 1583년 9월 10일, 포르투갈 왕실의 지원 아래 리스본을 출발한 지 5년 반 만의 일이었습니다.[1] 예수회가 동방 선교의 방향을 지팡구(일본)에서 카타이(중국)로 전환하는 과정에서 사역의 적임자로 그를 지목했던 것입니다. 당시 예수회의 동방 선교는 그 초점이 고급 지식인에게 맞추어져 있었습니다. 이에 리치는 현지 언어문화를 익히며 지식인들과의 접촉을 시도하게 되는데, 그 매개가 된 것은 유럽에서 습득한 지식이었습니다. 그 지식의 폭과 양이 중국 지식인들의 이목을 집중시켰는데, 그들이 특히 관심을 보인 것은 천문·지리·수학·과학 등 실용학문 분야였습니다.

　여기서 미리 짚어둘 것은 당시 선교사들의 지적 역량과 수준입니다. 세계 최고의 문명국에 복음을 전하는 사업에 리치가 발탁

된 것도 이 때문인데, 그의 학문이 보여주는 폭과 수준은 단순히 개인의 역량으로만 설명하기 어려운 대목이 있습니다. 이는 교회가 최고의 학문 기관이라는 중세 이래의 전통, 인쇄술의 발달과 더불어 형성된 근대 지식 네트워크, 유럽 국가들이 추진한 '대서양 프로젝트',[2] 그리고 그 일환으로서의 동인도무역과 예수회의 동방 진출 등을 복합적으로 고려해야만 제대로 이해할 수 있습니다. 그렇지 않으면 그의 저술 목록이 보여주는 스펙트럼을 설명하기가 어려워집니다.

그 목록 가운데 눈길을 끄는 것은 〈곤여만국전도〉坤輿萬國全圖라는 지도입니다. 이는 16세기 과학과 테크놀로지의 수준이 고스란히 담긴 첨단의 세계지도였습니다. 주지하는 대로 '대항해 시대' 지도는 국가의 일급 기밀 사항이었습니다. 항로 하나의 개척에 의해 국운이 좌우되던 시절이니까요. 리치가 초기 적응 단계에서 이것을 출간하게 된 데에는 여러 가지 복선이 없지 않았을 겁니다. 고급 지식인들과의 접촉에 유효한 수단이 될 거라는 판단이 분명 작용했겠지요. 그리하여 리치는 중국을 지도의 정중앙에 배치함으로써 시리적 중화관과의 충돌을 피하게 됩니다. 여기서 우리는 중국 선교의 특수성과 이에 대해 예수회가 취한 선교 전략의 방향을 엿볼 수 있습니다. 현지 중심의 '상황적' '적응주의'가 그것입니다.[3]

그렇다면 중국 선교의 최대의 난관은 무엇이었을까요? 그건 바로 제사였습니다. 조상에 대한 의례는 유교 문화의 핵심입니다. 그러므로 이에 대해 어떤 입장을 취하느냐가 선교의 성패를

좌우할 수밖에 없습니다. 이를 두고 교황청 내에서 벌인 '전례 논쟁'은 지금도 문헌으로 남아 있는데, 예수회가 보인 타협적인 태도는 훗날 예수회 해체(1773)의 빌미가 되기도 합니다. 조경 시절 리치가 승복을 입고 생활한 것이나 소주韶州 시절부터 유자儒者를 자처하게 된 것도 아마 이런 맥락이었을 겁니다. 이것이 좀 더 심화되어 중국 문화에 대한 심층적인 학습으로 나아가게 되는데, 그 결과가 바로 사서의 번역 작업이었습니다.

중국 지식인들의 영혼 속으로 스며들기 위해 넘어야 할 산이 사서라는 건 자명한 사실입니다. 리치는 이를 구태소瞿太素라는 인물로부터 유학을 배우는 과정에서 터득하게 됩니다. 이러한 인식은 사서 번역의 원동력이 되었을 뿐 아니라 곧바로『천주실의』의 집필로 이어진다는 점에서 매우 중요합니다. 어쩌면 이 인물이『천주실의』에 등장하는 성실한 질문자 '중국 선비'였는지도 모를 일입니다. 리치에 의해 천주의 품으로 인도된 최초의 중국인이 바로 그였으니까요.

그렇다면『천주실의』이전에 별도의 선교용 교리서는 없었던 것일까요? 그렇지는 않았습니다.『신편 서쪽 천축국 천주실록』(新編西竺國天主實錄, 1584)이라는 것이 있긴 했는데, 지팡구 선교 경험을 토대로 한 것이어서 중국의 현실과는 맞지 않았던 모양입니다. 난해할 뿐더러 불교 용어 투성이였으니 유교 이념으로 무장한 지식인들에게 외면을 당한 것도 무리는 아니었습니다.' 이에 중국 버전의 새로운 교리서가 절실하게 되었는데,『천주실의』는 이런 요구의 산물입니다.

대화의 조건들

『천주실의』는 상·하 2권 총 8편으로 구성되어 있습니다. 그 내용의 대강은 아래 목차에 어느 정도 드러납니다.

제1편: 천주가 만물을 창조하고 그것을 주재하며 안양安養하심을 논함

제2편: 세상 사람들이 천주를 잘못 알고 있는 것에 대한 풀이

제3편: 사람의 영혼은 불멸하여 동물과 크게 다름을 논함

제4편: 귀신 및 사람의 혼에 관한 이론異論을 분석하고, 천하 만물은 한 몸이라고 말할 수 없음을 풀이함

제5편: 윤회輪廻 및 육도六道와 살생을 금하는 오류를 논박하며 재계齋戒 및 소식素食을 올리는 바른 뜻을 논함

제6편: 의지는 소멸될 수 없음을 설명하고, 아울러 사후에 반드시 천당과 지옥의 상벌로써 세인들이 행한 선악에 응보가 있음을 논함

제7편: 인간 본성의 본래적 선을 논하고 천주교인의 올바른 배움을 서술함

제8편: 서양 풍속이 숭상하는 바를 일괄하여 말하고, 서양의 성직자가 결혼하지 않는 까닭의 의미를 논하며, 아울러 천주께서 서양에 강생하신 이유를 해석함[5]

이런 내용을 당시 중국 지식인들은 어떻게 받아들였을까요? 모르긴 해도 분명 씨도 먹히지 않았을 겁니다. 그래도 이 신기한

이야기에 관심을 보인 사람들이 없진 않았던 것 같습니다. 초고가 나오자마자 적지 않은 이들이 돌려 읽었다고 하니까요.[6] 그런데 흥미로운 것은, 이 책에 대한 관심이 단순한 신앙의 차원에서 비롯되었다기보다는 대개 전통 학문이 처한 위기의식에서 출발하고 있다는 점입니다. 이 점을 우리는 리치의 유력한 후원자였던 풍응경馮應京의 경우를 통해 확인할 수 있습니다. 『천주실의』「서문」에서 그는 이 책을 이렇게 소개하고 있습니다.

『천주실의』는 대서방국 이마두 및 그의 수도 회원들이 우리 중국인들과 문답한 글이다. '실'實이라 함은 공허하지 않은 것이다. ……공허한 이론은 한나라 명제 때 인도로부터 들어온 것이다. ……중국에서 성인(의 자취)은 멀어지고 그 말씀도 없어지니 불가의 마음을 극복하여 그 기세를 막을 수가 거의 없다. ……옛날의 선비들은 '하늘'을 알고 '하늘'에 순명하였다. 그러나 지금은 염불을 하고 불상을 만든다! ……저들의 임금 스승(부처)이 하늘을 모욕하고 그 위에 올라타고서 말하는 셈이다. ……저들 나라가 이것을 따른다면 책망할 것은 없을 것이다. 우리가 배운 것을 버리고 저들을 따른 것은 무슨 이유인가? ……이 책은 우리나라 육경의 말을 두루 인용하여 그 '사실됨'을 증명하고 '헛됨'을 논하는 잘못을 깊이 있게 비판하고 있다. 서방(서양)으로 서쪽(인도)을 공격하고, '중도'中道(천天)로써 '중국의 도리'를 교화한 것이다.[7]

이지조李之藻의 재판 서문은 이 책에 대해 갖는 관심의 실체를 좀 더 명확히 해주고 있습니다.

하늘을 말한 것으로 『주역』보다 (잘) 말해진 곳이 없다. 『주역』은 문자의 시조가 되며, 건원乾元은 하늘을 통달하니 곧 임금이요 아버지가 됨을 말하였다. 또한 "'하느님'(帝)은 천둥(震)에서 나왔다"고 말하니 주희는 이를 해석하여 '하느님'이란 하늘을 주재하는 것으로 여겼다. 이렇다면 천주의 뜻이 이利 선생으로부터 시작된 것이 아니리라! ……마테오 리치 선생은 한결같이 하늘을 모시는 것을 본으로 삼고 '하늘'이 '하늘'이 되는 이유를 매우 명백히 논하였다. ……일찍이 우리 주돈이, 정호, 정이, 장재와 주희의 해석을 답습하지 않았다. 그러나 특별히 '하늘을 알고'(知天) '하늘을 섬긴다'(事天)는 큰 뜻은 바로 (유교) 경전에 근거한 바와, 신표信標(의 두 쪽)처럼 꼭 합치한다. ……진실로 동양과 서양은 마음도 같고 이치도 같은 것이다! 다른 것은 다만 언어 문자뿐이다. ……도심을 온존하여 본성을 기르는 배움(存心養性之學)에 마땅히 도움이 되는 바 없지 않을 것이로다![8]

말인즉슨, 불교의 망령된 내면주의가 세상을 뒤덮고 유자들조차 이를 추종하기에 여념이 없는—즉 당시 유행하던 양명학陽明學 풍조를 말함—퇴락한 현실에서, 비록 성리학의 궁구 방식과는 다르긴 하지만 이 책이 진리의 궁극적인 근원을 잘 밝히고 있고, 그럼으로써 왜곡된 풍조를 바로잡고 학문의 본래적 방향을 되돌리는 데 일조를 하고 있다는 것입니다. 여기에다가 리치가 말하는 과학이란 것이 하나같이 만물의 이치에 들어맞을 뿐 아니라 따지고 보면 성리학의 격물치지와도 상통하는 것이어서 충분히 신뢰할 수 있으며, 무엇보다도 "자신을 단속하고 마음을 섬김에 엄격하여 조금도 나태하지 않은" 그의 태도가 믿음이 간다는 것입니다.

이는 물론 보고 싶은 것만 보았거나 나무만 보고 숲은 보지 못한 결과이지만, 그럼에도 여기에는 문명 간의 대화를 위한 최소한의 조건 같은 것이 드러나고 있습니다. 두 문명에 공히 걸쳐 있는 '공동의 자리' 같은 것 말입니다. 이를테면 성리학의 이기이원론과 헬레니즘의 형이상학, 헤브라이즘의 기독교를 동렬에 놓고 거론할 수 있는 조건이 형성되었다는 것이 그것입니다. 그리하여 이제는 아리스토텔레스의 형상─질료 개념이 주희의 리─기와 어떻게 같고 다른지, 기독교의 '천주'가 신유학의 '태극'과 어떻게 같고 다른지를 물을 수 있게 된 것입니다. 이것이 『천주실의』가 걸쳐 있는 비교문화사적 자리인 셈인데, 1편에서 2편까지의 내용이 대개 이것입니다. 그렇다면 이 '공동의 자리'는 앞으로의 대화에 어떤 작용을 하게 될까요? 이 점을 살펴보기 위해서는 먼저 두 사람이 주고받는 대화 방식에 주목해볼 필요가 있습니다. 왜냐하면 이 형식에 이미 어느 정도 내용이 각인되어 있기 때문입니다.

대화의 형식들

『천주실의』의 총론에 해당하는 제1편은 이렇게 시작됩니다.

중국 선비가 말한다: 자신을 닦는 학문은 세상 사람들이 받드는 일입니다. 그저 생명만을 받아서 금수의 무리와 같이 되고자 하기를 바라지 않는 사람들은 반드시 이에 힘을 씁니다. ……우리가 자신을 닦아 나아가는 길은 어디에서 끝날 것입니까? 이 현세의 일은 이미 대략 안다고 하겠으나, 사후의 세계가 어떠한지를 모르겠습니다. 선생께서는 온 세상을 편력하면서 천주의 근본 뜻을 전수하며 사람들을 착한 데로 이끄신다고 들었습니다. 큰 가르침을 받고자 합니다.

서양 선비가 대답한다: 관심을 가지고 물어주시니 감사합니다. 천주의 어떤 형편, 어떤 일을 물으시는지 모르겠습니다.

중국 선비가 말한다: 그리스도교의 도리는 연원이 깊고 뜻이 현묘하여 몇 마디 말로는 다 알 수 없다고 들었습니다. ……저는 아직 그 점을 익히 들어본 바 없고, 옛날 도학자들이 그런 것을 논의한 적도 없습니다. 저에게 가르쳐주신다면 다행이겠습니다.[9]

도입부 자체가 이미 이 대화의 권력관계를 명시해주고 있는데, 발화자와 청취자의 비대칭성은 본론으로 들어가면서 점점 더 심화됩니다.

서양 선비가 대답한다: 이 천주의 도리는 한 사람, 한 가족, 한 나라의 도리가 아닙니다. 서방에서 동방에 이르기까지 여러 큰 나라들이 모두 그 도리를 몸에 익혀서 지키고 있습니다. ……선비님 나라의 유학자들은 다른 나라에는 그다지 가지 않았기 때문에 우리 지역의 문자와 언어를 터득하여 우리의 사람과 문물을 잘 알 수 없습니다. 저는 이제 천주의 '보편적 교의'(公敎)를 해설하여 그것이 '참된 교의'(眞敎)임을 증명해 보이고자 합니다. ……(교리 내용)…… 지금 선비님께서 '천주 교의'의 '근본'을 듣고자 하시니, 저는 바로 이런 이치로써 대답하겠습니다. 단지 이치에 의거하여 분석할 뿐이니, 만일 이론異論이 있으면, 마땅히 모두 철저하게 따지시고, 저를 허탄하다고 여기지 마십시오![10]

매 편의 대화가 이런 식입니다. 질문자는 늘 '중국 선비'이고 답변자도 늘 '서양 선비'인데, 이 기우뚱한 양상을 도식화해보면 이렇습니다. ① 서양 선비와 중국 선비의 만남 ② 중국 선비가 서양 선비에게 어떤 의문을 질의 ③ 서양 선비가 중국 선비에게 답변 ④ 중국 선비가 서양 선비의 답변에 반응(수용, 찬사, 다른 의문 제기) ⑤ 서양 선비가 중국 선비의 호응에 답변 ⑥ 중국 선비가 서양 선비의 답변을 수긍. 여기서 알 수 있는 대로 '중국 선비'는 '서양 선비'의 '호명'에 대해 한 번도 그것을 거부하거나 문제 제기를 하는 법이 없습니다. 간혹 반문이 있긴 하나 어디까지나 '서양 선비'의 언술을 위한 촉매제 역할에 그칠 뿐 전적으로 그의 언설을 수용하고 있습니다.[11] 그리하여 대화는 이런 식으로 끝이 납니다.

중국 선비가 말한다: 우리의 몸은 천주로부터 나왔는데도 오랫동안 천주의 도리에 어두웠습니다. 다행히 선생께서 8만 리 풍파를 마다하지 않고 먼 곳에까지 성스러운 가르침을 전수하시고, (중국의 가르침

과) 다르고 같은 점을 환하게 드러내어주시며 어리석은 자로 하여금 그것을 듣고서 지난날의 잘못을 훤하게 깊이 깨닫게 하였으니 은혜를 입음이 참으로 많습니다. 또한 우리 명나라의 세상에 큰 아버지의 뜻을 얻어서 그것을 받들어 지키게 하였습니다. 제가 그것을 고요히 생각하니 큰 기쁨을 이길 수 없고 또한 깊은 슬픔을 이길 수 없습니다. 저는 마땅히 집으로 돌아가서 받은 것을 온습하고 궁구하며, 그것을 회념하고 기록함으로써 뜻을 잊지 않겠습니다. (저는) 근원으로 귀의하는 곧은 도를 다 듣기를 바랍니다. 천주께서 선생의 어진 가르침을 도우시어 천주의 교리를 현양하고, 우리 중국에 집집마다 전하고 사람마다 읽게 함으로써, 모두 선을 닦아 악이 없는 백성이 되기를 원하는 바입니다.[12]

결론으로만 보자면 영락없는 전도서입니다. 그러나 그렇다고 해서 내용 전체를 종교적 교시로 일관하고 있지는 않습니다. 책의 성격상 교시가 주가 되겠지만, 내용적으로는 당위와 현실 사이에서 고심한 흔적이 역력히 읽힙니다. 그 대표적인 예가 기독교 교리의 핵심이라 할 수 있는 '계시 신학'을 의도적으로 누락시킨 경우입니다. 이로 인해 『천주실의』는 엄밀한 의미에서 '교리서'(Cathecism)가 아니라 '전교예비대화록'(Pre-evangelical Dialogue)이 되고 만 셈이지만,[13] 이런 배려 덕분에 이 책은 비교문명사적 차원의 의미를 얻게 된 것입니다.

대화의 양상들

서사적 측면에서 『천주실의』는 불교와 도교를 배척하고 유학을 비판·보완하면서 기독교를 정당화하는 형태를 띠고 있습니다. 이를 '보유론'補儒論이라고 하는데, 신학 쪽에서는 더러 '유교적 기독교' 내지 '유교적 신학'이라고 평가하기도 합니다.[14] 이를 비교문명사적 차원에서 확대해보면, 크게 두 가지 문제로 집약됩니다. "그 하나는 무신론적 사상이 지배하는 유교적 세계관, 특히 송명 이학의 순수한 존재론적 도덕형이상학에 맞서서, 어떻게 하느님의 존재증명을 설득하려고 했는가에 대한, 리치의 천주증명에 대한 소개론이고, 또 다른 하나는 『천주실의』의 3편에서 8편에 걸쳐서 그가 유교 윤리에서 강조되는 '인간의 자기완성' 또는 '도덕적 자기계발'을 의식하면서, 기독교의 신앙에 바탕을 둔 인간 수양론 또는 기독교 윤리 이상론을 어떻게 전개하고 있는가 하는 점"입니다.[15] 이 문제를 접근하는 논리적 경로는 꽤나 복잡한데, 그것을 간추려보면 이렇습니다.

『천주실의』를 떠받치고 있는 이론적 토대는 스콜라 철학의 결정체라 할 수 있는 토미즘입니다. 좀 더 정확히 말하면 아리스토텔레스 철학의 맥락에 서 있는 토마스 아퀴나스의 신학입니다. 특히 아리스토텔레스의 '4원인'설에 의거한 신 존재증명은 '서양 선비'가 '중국 선비'에게 '궁극적 원인자'로서의 '천주'를 논증하는 틀을 제공해줍니다.[16] 이런 식으로 말입니다.

사물의 소이연을 한번 논의해보면 네 가지가 있습니다. 이 네 가지는 무엇입니까? 운동인, 형상인, 질료인, 목적인입니다. 운동인은 그 사물을 만들어서 그 사물이 되게끔 하는 것입니다. 형상인은 그 사물의 모습을 드러내어 본래의 범주에 자리 잡게 하여 다른 부류와 구별되게 하는 것입니다. 질료인은 그 사물 본래의 물질적 재료로써 형상인을 수용하고 있는 것입니다. 목적인은 그 사물이 지향하는 바, 소용되는 바를 정해주는 것입니다. 수레가 그렇게 되는 것을 예로 들어봅시다. 수레 만드는 목수가 운동인이고, 수레의 법식이 형상인이고, 목재는 질료인이고, 사람을 태우는 바가 목적인입니다. ……이 넷 중에서 형상인과 질료인, 이 둘은 그 사물에 내재하여 그 사물의 본래 몫을 이루니, 혹 (중국식으로 바꿔 말하면 개체들에 내재하는) 음과 양 같은 것이라 할 수 있습니다. 운동인과 목적인, 이 둘은 그 사물 밖에, 그 사물에서 초월하여 먼저 존재하고 있는 것이니 그 사물의 본래 몫일 수 없습니다. ……만약 천주가 이 천지를 주관하고 있지 않다면 천지가 어떻게 만물을 낳고 기를 수가 있겠습니까? 그렇다면 천주는 진실로 위에 있는 것이 없는 지극히 위대한 소이연입니다. 따라서 우리의 옛날 학자들은 소이연 중에 원초적 소이연이라 했습니다.[17]

'천주'의 존재는 운동인과 목적인을 통해 논증되는데, 문제는 이 틀에 의거해 성리학의 '리'를 설명한다는 데 있습니다. 리치에 의하면 '리'는 실체(Substance)가 아니라 속성(Accident)에 불과합니다. 따라서 '리'는 '천주'와 차원을 달리할 수밖에 없고 이로 인해 도덕의 근거가 될 수 없다는 것인데, 여기서 당연히 이런 비판이 제기될 수밖에 없습니다. 리치가 과연 성리학을 제대로 이해하고 있는지, 도덕적 형이상학을 존재론적 신학으로 재단해버리는 것은 아닌지 등등의 물음 말입니다.[18] 왜냐하면 '리'는 바깥에 존재하지 않는다는 점에서 실체도 아니지만 '기'에 선행한다는 점에서 속성이 될 수도 없기 때문입니다. '리'와 '기'의 관계를 '4원인'설로 설명하면 '리'는 형상인과 목적인, '기'는 운동인과 질료인이 됩니다.[19] 그런데 리치는 '리'와 '기'의 관계를 형상인(또는 목적인)과 질료인의 관계로 축소시켜버리는데, 이런 오해는 도덕의 자리를 설명할 때도 그대로 이어집니다.

여기서 문제는 운동인에 있습니다. 왜냐하면 이로부터 인간 도덕의 근거가 나오기 때문입니다. 아퀴나스 신학과 성리학의 결정적인 차이는 목적인이 동시에 운동인이 될 수 있느냐 하는 데 있습니다.[20] 리치에게 있어서 '천주'는 목적인이면서 동시에 운동인입니다. 그런데 '리'는 운동인이 될 수 없다는 데에 비판의 핵심이 있습니다. 그러므로 '리'를 통해 도덕적 자기완성을 기대하기란 사실상 어렵게 됩니다. 그렇다면 인간으로 하여금 도덕적 선으로 나아가게 하는 원동력은 '천주'로부터 나올 수밖에 없습니다. 리치는 이를 아퀴나스의 '의지'(will) 개념을 빌려 설명하고 있는데, 천당과 지옥의 존재 이유 역시 이런 맥락에서 설명이 됩니다.

그럼에도 불구하고 리치는 기독교적 윤리가 유교적 윤리와 다르지 않음을 역설하느라 무진 애를 씁니다. 그는 아퀴나스의 '이성'과 '의지'를 원시유가의 '의'義와 '인'仁으로 등치시키면서 '천주에 대한 사랑과 인간에 대한 사랑'의 통합체로서 '기독교적 인

仁'을 제시합니다.[21] 그리고 이 '기독교적 인' 속에서 두 문명의 대화는 아슬아슬한 타협을 이루어냅니다.

이성의 큰 공능은 (사회적) 의義의 (인식에) 있고, 의지의 대본大本은 인仁을 (실천함에) 있다고 하겠습니다. 따라서 '올바른 선비'(君子)들은 '어짊'과 '도의'를 소중하게 여깁니다. 이 둘은 서로 필요한 것이니, (어느) 하나도 폐할 수 없습니다. 그렇습니다. 오직 이성만이 '인'의 선함이 (어디에 있는지를) 인식할 수 있습니다. 그 다음에 의지가 그것을 애호하여 지키고자 하는 것입니다. 의지는 의의 덕을 욕구합니다. 그 다음에 '이성'이 그것을 추구하는 것입니다. 그러나 인은 또한 '의'의 최고의 핵심입니다. '인'이 지극하면, 이성(의 활동)은 더욱 분명해집니다. 따라서 '올바른 선비'의 배움은 '인'을 위주로 하는 것입니다.[22]

따라서 『주역』에 "원元이란 선善의 으뜸이다. 군자는 인을 체현하였으니 사람들의 으뜸이 될 만하다"고 하였습니다. '인'이란 바로 두 마디로 그 뜻을 다 말할 수 있습니다. "천주를 사랑하라, 천주를 사랑하는 것보다 더 높은 것은 없다! 천주를 사랑하는 사람은 남을 자기처럼 사랑하라!"[23]

"천주를 사랑하라!", "천주를 사랑하는 사람은 남을 자기처럼 사랑하라!" 이 두 마디는 마치 『천주실의』라는 기이한 대화록의 결론처럼 들립니다. 이마두라는 한 서양인이 스콜라적 이상과 유

학적 이상 사이로 난 좁은 길을 걸으며, 복음이라는 당위와 중국
이라는 현실 사이로 난 좁은 길을 걸으며 도달한 결론 말입니다.

호명과 통섭 사이

동서 문명의 만남에 대한 첫 기록은 13세기 말 베네치아 무역상
의 아들 마르코 폴로가 쓴 『동방견문록』입니다. 그러나 이 만남은
'허풍선이 이야기'라는 원 제목이 드러내주는 대로 문명 교류의 현
실 속에서 구체적인 결과를 만들어내진 못합니다. 이로부터 3백여
년 뒤 다시 동방의 제국을 방문한 한 선교사는 27여 년간의 선교
활동에 임하다가 거기서 자신의 삶을 마감합니다. 그의 무덤은
지금도 그 제국의 수도를 지키고 있지만, 그가 쓴 책 한 권은 이
제는 좀 다른 의미로 우리 앞에 놓여 있습니다.

지금 입장에서 이 책의 내용을 두고 시비를 따지는 일은 그리
의미가 있어 보이진 않습니다. 다만 문명 간의 대화가 화두로 떠
오른 오늘날, 이 책에 담긴 대화의 콘텍스트에 주목해보는 일은
여전히 의미가 없진 않습니다. 토대와 체질이 다른 두 문명이 어
떻게 만날 수 있는지, 강력한 구심성을 갖는 두 문명이 어떻게 서
로에게 말을 건넬 수 있는지, 이 책은 우리에게 이런 가능성에 대
해 고민해보라는 권고처럼 읽힙니다. 여기에 담긴 '호명'의 목소
리는 19세기 중반 동아시아 역사에서 현실이 되지만, 이역만리
낯선 땅에서 그가 삶으로 보여준 대화의 의미는 여전히 신기루처
럼 남아 있습니다. 그러므로 이런 질문이 필요한지도 모르겠습니

다. 마테오 리치, 그는 과연 두 문명의 통섭자였을까요? 아니면 오리엔탈리즘의 원조였을까요?

明夷待訪錄

기다림의 밤은 깊어 『명이대방록』

17세기 중반 명말청초明末淸初의 사상계를 이끈 주역 가운데 황종희黃宗義(1610~1695)라는 인물이 있습니다. 고염무顧炎武(1613~1682), 왕부지王夫之(1619~1692)와 더불어 명말청초 사상계를 주도한 그는 일반적으로 '절동사학浙東史學의 개조'로 알려져 있습니다. 그의 저작 가운데 『명이대방록』明夷待訪錄(1663)이라는 텍스트 하나는 그 래디컬함이 종법宗法 사회의 근간을 뒤흔들 정도라는 점에서 많은 사람들의 입을 오르내리게 됩니다. "옛날에는 천하 만민이 주인이고 군주가 객이었는데, 지금은 군주가 주인이고 천하 만민은 객이 되어버렸다." 이 한마디에 담긴 래디컬리즘은 청朝淸朝 역사 속에 잦아들고 말지만, 20세기 초반 새로운 세상을 꿈꾸던 일군의 후배들에 의해 다시 한 번 근대사의 현장으로 소환됩니다. 그들이 그를 소환한 명분은 '민권'의 발견자, 그 명목은 '중국의 루소'였습니다.[1]

이번 기행은 이 불순한 텍스트와 이를 만들어낸 시대로 잡아보았습니다. 그러므로 먼저 이 텍스트를 관통하고 있는 강렬한 파토스에 주목해볼 필요가 있습니다. 이를 위해서는 적어도 다음과 같은 점들이 전제되어야 합니다. 명나라가 북방의 오랑캐에게 멸망했다는 사실, 이로부터 비롯된 엄청난 충격, 그리고 이 치욕에 대한 뼈저린 회한 등등 말입니다. 여기에다 또 중세 사상사의 흐름을 겹쳐볼 필요가 있습니다. 송명 이학과 양명학으로부터 실학이라는 풍조가 출현하는 맥락이나 이학理學과 심학心學의 대립구도로부터 기학氣學이라는 학풍이 대두되는 맥락 말입니다. 그래야만 저 강렬한 파토스의 정체가 밝혀질 수 있기 때문입니다.

황종희의 시대

역사를 보다보면 대개 왕조사의 마지막 페이지는 다음과 같은 현상으로 점철되기 십상입니다. 파행적인 통치 구조와 이로 인한 정치 능력의 마비, 여기에 이은 농민반란 등등 말입니다. 명나라의 경우도 예외는 아니었습니다. 그 징후는 신종神宗(1573~1620), 즉 만력제萬曆帝 치세기에 분명히 드러나는데, 이 가운데에 환관의 권력 독점이라는 문제가 자리하고 있습니다. 황종희의 표현을 빌리면 그 폐해가 이 지경이었습니다.

환관의 화는 한·당·송 이래로 그치지 않았지만, 명나라만큼 심하지는 않았다. 한·당·송대에는 조정의 정치에 간여한 환관은 있었지만, 환관을 봉행奉行한 조정의 정치는 없었다. ……한·당·송의 환관은 군주의 혼미함을 이용한 다음에야 뜻을 이룰 수 있었다. (그런데) 명나라에서는 법과 형국이 이미 결정되어 있고 서로 연결되어 있어서

의종과 같은 명철한 군주가 처음 그것을 의심하였다. (그런데) 결국 그것을 그만두게 하지 못하였고, 마침내 죽음에 임박해서도 조정의 신하와 한 번 만나지도 못하였다. 이처럼 그 화가 심한 경우는 없었도다! ……환관이 독약이나 맹수와 같다는 말은 수천 년 이래로 사람들이 모두 알고 있는 바이다. 마침내 (그들에게) 간을 찢기고 목을 잘리게 된 것은 어찌된 까닭인가? 어떻게 법으로 그들을 제지할 수 없는가?[2]

이 문제는 급기야 천계天啓 연간에 환관 위충현魏忠賢 일파와 동림당東林黨 그룹의 권력투쟁으로 구체화됩니다. 이 싸움은 결국 위충현 일파의 승리로 일단락되지만, 그럼으로써 문제는 한층 더 심화됩니다. 이를 인식한 숭정제가 위충현을 제거하며 수습해보려 하지만, 사태는 이미 돌이킬 수 없는 지경에 이르게 됩니다. 불합리한 토지제도와 과도한 세금 추징, 기근, 수탈 등으로 인해 농촌 경제는 파탄에 이르고 이로 인한 농민들의 불만은 극에 달하는데, 이것이 마침내 이자성李自成의 난으로 표출됩니다. 파죽시세로 북상한 농민군이 북경을 점령하자 1644년 숭정제는 목을 매어 자결함으로써 명나라의 역사는 막을 내리게 됩니다.

이때 동북 지역을 장악한 만주족은 후금後金의 건국(1616)에 이어 '대청'大淸 제국을 선포(1636)하면서 스스로 황제국을 자처합니다. 그 여파는 조선반도에까지 미치게 되는데, 이것이 삼전도의 치욕을 가져온 병자년의 호란胡亂입니다. 그 기세를 몰아 청군은 북경을 접수(1644)함으로써 이로부터 268년간 중원을 통치하게 됩니다. 이에 명의 일부 유신遺臣들이 왕실의 후손을 옹립하여 남명南明 정권을 수립합니다. 복왕福王·당왕唐王·익왕益王·노왕魯王·계왕桂王으로 이어지는 이 정권은 운남雲南, 미얀마 등을 전전하며 중원 회복의 꿈을 놓지 않지만, 1662년 계왕이 미얀마에서 피살됨으로써 반청복명反淸復明 운동도 실패로 돌아가고 맙니다. 이해가 바로 강희제康熙帝 즉위 원년입니다.

이처럼 천하가 바뀌는 와중에서도 사회경제사적으로는 활력이 없지 않았습니다. 대표적인 것이 남방을 중심으로 한 상업도시의 출현인데, 이와 더불어 '자본주의의 맹아' 현상이 속속 출현하게 됩니다. 그 중심에 면직물 산업이 있었는데, 이로부터 소주蘇州·항주杭州·가흥嘉興·남경南京 등 양자강 유역의 신흥 상업도시들이 새로운 경제 축으로 부상하게 됩니다. 경제 질서의 재편은 계층 질서의 변화뿐 아니라 의식의 변화를 가져오게 되는데, 이를 이론적으로 뒷받침한 것이 양명학이었습니다. 자아와 내면에 대한 각성, 그리고 인간의 욕망이 긍정되는 상황이라면 사적 소유와 이윤 추구가 정당화되는 것은 자연스럽습니다. 불평등한 사회 구조에 대한 인식 역시 이로부터 이론적 근거를 제공받게 됩니다.

저술 동기

황종희가 살았던 시대의 분위기는 이랬습니다. 그는 절강성浙江省 동쪽 여요餘姚의 명문대가 출신입니다. (이후 그의 학맥을 '절동학파'浙東學派라 부르게 되는 것은 이 때문입니다.) 동림당 활동을 하던 그의 부친은 위충현 일파의 정치 공세로 옥사를 하고 마는데, 그의 나이 17세 때의 일입니다. 아버지의 유언에 따라 명말의 거유巨儒 유종주劉宗周의 문하에서 수학을 하게 된 그는 21세 때 동림당 계열의 지식인 결사체 '복사'復社를 통해 수많은 인물들과 교류하게 됩니다. 35세 때 맞이한 명 왕조의 종말은 '하늘이 무너지고 땅이 갈라지는'(天崩地解) 충격을 가져다주는데, 이것이 이후의 삶을 실천적인 방향으로 이끄는 계기가 됩니다. 항주 봉기 기간 중 스승이 절식絶食 끝에 사망하자 그는 고향의 청년 수백 명을 이끌고 노왕 진영에 투신하여 병부주사兵部主事, 감찰어사監察御史 등의 관직을 맡기도 합니다. 일설에는 원군을 요청하기 위해 일본을 가기도 했다고 하는데 그 진위는 분명하지 않습니다. 그 뒤 노모의 병환으로 귀향하게 되지만, 각지를 전전하는 피신 생활은 계속 이어집니다. 마침내 계왕의 피살 소식을 접하고는 오로지 저술에만 몰두하게 되는데, 1년간 집필한 결과가 바로 『명이대방록』입니다.

그렇다면 이 책의 정조나 내용이 어떠할지는 어렵지 않게 짐작할 수 있습니다. 이는 제목에서 어느 정도 명시되고 있습니다. '명이'란 『주역』 64괘 중 서른여섯 번째 괘명입니다. 그 괘상은 이하곤상離下坤上으로 '밝은 빛이 땅 속 깊이 빠져 있는 상태'인데, 여명조차 기대할 수 없는 캄캄한 밤 그 자체인 셈입니다. 혹자는 이를 명나라(明)와 청나라(夷)의 관계로 풀이하기도 하는데, 백척간두에 선 명나라의 운명을 말하고 있다는 점에서는 큰 차이가 없습니다. 그러면 '대방'이란 무슨 뜻일까요? 축자적으로 풀이

하면 누군가의 '방문을 기다림' 정도가 되는데, 그 구체적인 함의
는 서문에 드러나 있습니다.

옛날 왕면王冕이 『주례』周禮를 모방하여 저서 한 권을 내고 스스로 말
하기를 "내가 아직 죽지 않았으니 이 책을 가지고 현명한 군주를 만
난다면 이윤伊尹·여상呂尙과 같은 사업을 이루는 것이 어렵지 않을
것이다"라고 하였지만, 마침내는 조금도 시험해볼 기회를 얻지 못하
고 죽었다. ……내가 비록 늙었어도 기자箕子에게 주나라 무왕武王이
질문한 것과 같은 기회가 혹 있을지 기대한다. 어찌 "태양이 아직 떠
오르지 않았고, 빛이 아직 대지를 비추지 않았다"는 것 때문에 이 말
을 감추어두겠는가!³

여기에 등장하는 기자는 폭군의 대명사 상나라 주紂왕의 숙부
인데 조카의 폭정을 간언하다가 노예가 된 인물입니다. 그런데
무왕이 상나라를 정벌한 뒤 그를 찾아가 천하 경영에 대해 가르
침을 구하자 자신의 정치 구상을 담은 홍범구주洪範九疇를 그에게
전수해주었다고 알려져 있습니다. 그렇다면 '대방'이란 자신의
정치적 비전을 들어줄 현명한 군주를 기다린다는 의미가 됩니다.
결국 이를 종합해보면 '명이대방록'은 '정치'(爲治)의 '대법'大法에
관한 어느 지식인의 청사진에 다름 아닙니다.

황종희의 학문

황종희는 대단한 독서 마니아였던 것 같습니다. 소년 시절부터 당대 이름난 장서가들을 찾아다니며 지적 허기를 채웠다는 일화가 전해지는 걸 보면, 그는 천성적으로 사변적 기질보다는 학자적 기질이 승한 인물이었던 것 같습니다. 이런 기질은 그의 학문 이력에서도 그대로 드러납니다.

그의 학문적 출발점은 양명학입니다. 주지하는 대로 양명학은 성리학의 태내에서 나온 한 지류입니다. 송학의 두 전통—정주程朱의 '성즉리'性卽理 전통과 육구연陸九淵의 '심즉리'心卽理 전통—가운데 '심즉리' 전통을 명대라는 현실에 맞게 재구한 철학이 바로 그것이니까요. 그것의 핵심은 도덕철학인데, 수양의 방법론을 둘러싸고 왕양명王陽明 이후 두 파로 나뉘게 됩니다. 양명학 좌파—태주학파泰州學派로 불리는—는 마음의 본체를 중시함으로써 선문禪門의 돈오주의에 근접해 있습니다. 이들이 강조한 '동심'童心, '적자지심'赤子之心의 개념은 문학사의 영역에서 낭만주의 운동의 기폭제가 되기도 하지만, 과도한 내면주의로 인해 망국의 원흉으로 지목되기도 합니다. 이에 반해 우파는 공부를 강조합니다. 마음의 본체와 작용 사이의 거리를 공부로 메워야 한다는 것인데, 그래서 그들은 성리학에 보다 가까우며 폭넓은 독서를 통한 박학博學을 중시합니다. 황종희는 스승 유종주의 학맥을 따라 이러한 입장에 서 있습니다. 그가 쓴 『명유학안』明儒學案은 양명학 우파의 관점에서 총결한 명대 학술사이기도 하니까요.⁴

그런데 흥미로운 것은 폭 넓은 공부를 강조하는 그의 입장이

기학氣學적 우주론에 토대를 두고 있다는 점입니다. 이는 심학으로 출발한 그의 입장을 생각하면 좀 의외인데, 여기에 이 시대의 특징이 있습니다. 황종희에게서 보이는—나아가 명말 양명학자들에게서 종종 드러나는—심학과 기학의 회통 현상은 명학明學에서 청학淸學으로 나아가는 과도기의 한 징후입니다. 심학적 내면주의와 기학적 현실주의가 만들어내는 강력한 비판정신이 그래서 가능해지는 것입니다. 물론 이들에게 성리학은 일종의 교양 필수입니다. 황종희 역시 천지를 메우고 있는 것이 리와 기라고 생각합니다. 그러나 주희의 경우와는 달리 그에게는 기가 리에 선행합니다. 그러므로 그의 리는 어디까지나 '기의 리'일 뿐입니다. 심성론 역시 기 일원론의 맥락에서 설명됩니다. 사람의 마음 역시 기에서 비롯됩니다. 기 이외에 따로 성性이 있는 것이 아니라 '기의 본연' '기질의 본연' 그 자체가 곧 성입니다. 이렇게 보면 그의 입장은 '심즉기'心卽氣 세 글자로 요약될 수 있습니다.[5] 이는 정주이학程朱理學의 '성즉리'와 구분되면서도 동시에 육왕심학陸王心學의 '심즉리'와도 구분되는 입장인데, 그의 학문은 이 양자를 비판적으로 지양하는 과정에서 성립합니다. 그 지양의 과정은 이런 식입니다.[6]

유자儒者의 학은 천지를 질서 지우는 것이다. 그런데 후세에는 어록을 최고의 것으로 생각하고, 문답한 두 조條를 이락伊洛(정자와 주자 등이 주장하는 유교)의 말류에 덧붙여주는 것만으로 유자의 중간에 들어가고, 그 이름을 빌려 세상을 속이고 있다. ……세도世道는 이 때문에 부패·추락하고, 유식자有識者들도 세상을 위해 사업을 성취하는 그와 같은 일은 유자에게는 무연無緣한 별문제인 것 같이 생각되게 되었다.[7]

최근 심학을 말하는 자는 독서궁리讀書窮理를 일삼지 않고, 이학을 말하는 자는 경생經生의 장구章句만 읽을뿐더러 궁구하는 리理라고 해야 자의字意의 이동異同에 불과하다. ……천지가 붕괴되어도 평안하게 상관하지 않는 태도를 취하고, 계속해서 이렇다 저렇다 변명할 뿐이며, 여기에다 이른바 도학자의 중간에서 어깨를 나란히 할 작정이다.[8]

서적을 많이 읽지 않게 되면, 리의 변화를 증명하는 것이 불가능하다. 많이 읽고서도 심에서 구하여지지 않게 되면, 속학俗學으로 되어버릴 것이다.[9]

학문은 경술經術에 근거하여야 비로소 공허하지 않게 된다. 사적史籍에서 증거를 구하여야 비로소 실제의 쓰임에 유용하게 될 수가 있다.[10]

요지인즉슨, 명대의 학문은 이학과 심학을 불문하고 '불학'不學과 '무용'無用, 즉 공부도 안하고 쓸모도 없다는 것으로 요약된다, 학문이 실제로 쓰임새를 가지려면 '다독'多讀과 '박학'博學의 자세가 필요한데 그러기 위해서는 경학과 사학을 공부하지 않으면 안 된다, 이것입니다. 그의 학문적 모토라 할 수 있는 '경세치용'經世致用의 '경사지학'經史之學은 이런 과정을 통해 형성됩니다. 그러면 그가 강조하는 '경세치용'이란 구체적으로 어떤 사태를 말하는 걸까요? 아래에서는 이 점을『명이대방록』의 내용을 통해 짚어보기로 하겠습니다.

『명이대방록』의 내용

『명이대방록』은 총 13장 21편으로 구성되어 있습니다. 위로는 군주로부터 아래로 말단 관리에 이르기까지, 안으로 도성 건설에서부터 밖으로 변방 자치에 이르기까지 다양한 정치적 현안을 다루고 있습니다. 이 모든 내용은 결국 다음과 같은 물음 하나로 집약됩니다. 대체 명나라는 왜 망했을까? 이에 대한 진단과 대안 제시가 이 책의 내용을 구성하는데, 이를 간략히 요약해보면 이렇습니다.

모든 인간은 자신의 이익을 도모하는(自私自利) 존재다. 그러나 '공리'公利를 도모하고 '공해'公害를 제거하기 위해 자신의 이익을 돌보지 않는 자가 있으니 그가 곧 군주다. 그러므로 군주는 누구나 다 꺼리는 자리가 되어야 마땅하다. 그런데도 지금은 군주가 주인이고 천하 백성이 객이 되어버렸다. 그러므로 천하에 가장 큰 해악이 되는 것은 군주다. 이전엔 그가 없을 때에는 천하의 백성이 각자 자신의 이익을 도모하며 살 수 있었지만, 이제는 군주 일개인의 사사로운 이익을 위해 살아가는 형국이 되고 말았

다.(「군주론」原君)

군주가 정치를 함에 있어 홀로 다스리기 어려운 까닭에 신하를 두어 업무를 분담한다. 따라서 벼슬을 한다는 것은 천하 만민을 위한 것이지 군주 일개인이나 그 일가를 위한 것은 아니다. 따라서 신하가 만민을 위해 정치를 할 때 정당한 군신관계가 성립하는데, 곧 신하가 군주의 스승과 친구가 되는 게 그것이다. 그런데도 이러한 이치를 알지 못하고 신하는 스스로 군주의 명을 받드는 자라 생각하고, 또 군주는 군주대로 신하를 자신의 명을 받는 사용자라 생각한다. 이는 모두 큰 잘못이다.(「신하론」原臣)

군주와 신하가 천하 만민을 위한 존재인 이상, 법도 천하 만민을 위한 것이어야 한다. 하·은·주 삼대의 법은 군주 일개인을 위한 법이 아니었건만, 진나라 이후에는 왕조의 수명이나 왕실의 보존을 위한 법이 되어버렸다. 그래서 옛날의 법은 대략적이어도 세상이 혼란스럽지 않았지만, 후세의 법은 세세하고 너저분한데도 세상의 혼란을 가중시킨다. 그래서 옛날의 법은 '법 없는 법'이라 할 수 있지만, 후세의 법은 '법이라 할 수 없는 법'이 되고 말았다.(「법제론」原法)

옛날에는 군주의 자리를 현자에게 넘겼지만 세습제가 확립된 이래 그런 일은 없어졌다. 그런데 문제는 천자의 아들이 모두 현명하지 않다는 데에 있다. 그래도 재상이 현명한 자에게 전해졌으므로 이를 보충할 수 있었다. 명대에 좋은 정치가 없었던 것은 명 태조가 재상제도를 폐지한 데서 비롯된다.(「재상론」置相) 바로 이 자리를 환관들이 차지해 전횡을 일삼고 있다. 군주가 신하를 친구로 삼고 환관을 노비로 생각해야 하거늘 상황이 거꾸로 되고 말았다. 환관의 숫자는 수십 명으로 제한해야 한다. 환관이 많아지는 것은 군주의 과욕 탓이다.(「환관」奄官)

학교는 선비를 양성하는 기관이자 관료를 육성하는 기관이다. 모든 시비 판단의 기준이 여기서 마련된다. 그런데 언제부턴가 군주에게 종속됨으로써 이 모든 기능을 상실해버렸다. 그리하여 무능한 인간들이 관료의 자리를 채운다.(「학교」學校) 이를 막기 위해서는 경전 암기 위주의 출제 방식을 원리 탐구 방향으로 바꾸어야 한다. 합격자 관리 시스템도 필요하다. 과거 시험 이외에 인재를 선발할 수 있는 별도의 제도도 필요하다.(「관리 선발」取士) 아울러 폐해가 속출하는 서리제도도 개편해야 한다. 유능한 사인士人을 채용함으로써 그 해악을 제거해야 한다.(「서리론」胥吏)

북경은 북쪽에 치우쳐 있어 한 나라의 수도로는 부적절하다. 경제적 관점에서도 그렇지만 국방의 영역에서 더욱 그러하다. 수도로는 물산이 풍부한 화중華中·남경이 적절하다.(「수도 건설」建都) 지방에 군대가 없었던 것도 명나라 멸망의 원인 중 하나다. 변경에 옛날의 방진方鎭과 같은 강력한 군사력을 지닌 반독립적 행정기구가 필요하다. 이는 대외 수비력을 강화한다는 측면에서도 중요하지만, 중앙정부의 독선을 견제하는 데도 요긴하다. 아울러 지방의 문제는 그 지방에서 처리하게 하는 것이 좋다.(「변방 자치」方鎭)

민생의 안정을 위해서는 토지제도와 세제의 개편이 절실하다. 과중한 세금으로 농민의 고통이 날로 커지고 있다. 가장 낮은 수준의 기준을 적용한 감세가 필요하다. 둔전屯田은 문제가 많다. 둔

전이 가능하다면 정전제井田制를 시행하지 못할 리 없다. 이를 통해 한 가구당 토지를 50무畝씩 분배하고, 여분의 토지는 부민富民의 점유를 인정하며, 세율은 1/10로 하고, 현물로 납세하는 게 바람직하다.(「토지제도」田制)

명나라 군사제도의 문제점은 군과 민의 분리에 있다. 군과 민이 분리되어서는 안 된다. 장수는 매우 중요하다. 그 자리는 무인에게 맡겨서는 안 된다. 그 같은 막중한 자리는 문무와 학식과 지략을 겸비한 문인이 맡아야 한다. 아울러 서로 모반이 불가능한 군사제도를 만들어야 한다.(「군제」軍制)

통화로 사용되는 은의 고갈로 은값이 폭등하고 이로부터 많은 경제적 문제가 발생한다. 은의 유통을 금하고 동전과 지폐 유통을 확대하여 유통 질서를 바로잡아야 한다. 아울러 사치·허례·미신 등 민간의 소모적인 지출을 줄이도록 계도할 필요가 있다. 전통적인 사농공상士農工商의 관념은 철폐되어야 한다. 마땅히 공상工商을 근본으로 삼아야 한다.(「재정」財計)

민본주의에 관하여

이상의 내용에서 핵심은 아무래도 「군주론」과 「신하론」에 놓여 있습니다. 그 핵심은 '민본주의'라는 한마디로 어느 정도 정리가 가능합니다. 그런데 이 문제를 좀 더 파고들다보면 여기서도 묘한 입장차가 존재합니다. 분명한 건 황종희가 군주제를 정면으로 부정하지 않았다는 점입니다. 그러므로 이를 '반군주적 사상'이라 할 수는 있어도 '반군주제 사상'이라고 부르기는 어렵습니다."
이런 상황에서 이때의 '민본'이 어떤 민본인지, 이때의 '민'을 어
떻게 규정할 것인지 하는 문제가 끼어들게 되는 것입니다. 이 문
제는 종종 근대적 '민주' 개념과의 관련성을 질문하는 과정에서
한층 미묘해집니다.

가장 역사적인 맥락에 충실한 분석은 이렇습니다. 황종희의 민
본사상은 종래의 민본주의를 탈피한 것으로, 종래의 민은 군주가
일방적으로 은혜를 베푸는 대상이었던 데 반해 그의 민은 "자신
의 힘으로 존립하고 있다고 자각하고 있는 주체적 존재"라는 점
이 그 근거입니다. 이로부터 종래의 군민君民 일원 체제로부터 '부
민'富民과의 분권적 전제專制를 주장했다는 것이 이 입장의 핵심입
니다. 이에 근거하면 황종희가 말하는 민이란 "민 일반이 아니라
당시 실력을 키워온 자영적 소경영농을 포함한 지주층 및 이와
연결된 도시 상공층, 요약하면 부민층"이 됩니다. 따라서 그가 주
장한 '만민을 위한 정치'란 것도 따지고 보면 이들을 위한 정치가
됩니다. 이는 동림당 계열의 지식인들이 견지해오던 입장인데,
이러한 '역사적 목소리'를 체계적으로 정리하고 집대성한 데에
『명이대방록』의 의미가 있다는 것입니다. 결국 황종희의 '반군주
적 사상'은 엄밀하게 말하면 명대의 이갑제里甲制적 전제—명 태
조 때부터 실시된 향촌 지배제도. 110호를 기준으로 편성하여 상
등호 10호가 각각 10호씩을 지배하는 구조—에 반대한 것이 됩
니다. 이러한 주장은 청조에 의해 대부분 수용되는데, 그렇다면
사실상 이 싸움은 '황종희 측의 승리'가 되고, 황종희가 말한 '기

다림'도 사실상 실현된 것이 됩니다. 그 기다림의 대상이 한족 군주가 아니라 만주족 군주였다는 차이점을 제외하면 말입니다.[12]

이 입장은 분석의 치밀성만큼이나 논쟁적인 요소가 다분합니다. 그래서 이에 대한 반론도 만만치가 않습니다. 가장 일반적인 반론은 이런 식입니다. 역사적 분석의 정당성은 인정하지만 그렇다고 해서 『명이대방록』의 의의를 '부민'이란 구체성 때문에 말살해서는 안 되고, 또 전통적 민본사상의 연속선상에서 드러나는 질적 전환으로서의 의의를 지나치게 봉쇄해서는 안 된다는 것입니다.[13] 여기서 한 걸음 더 나아가 유교사상 자체에 내재된 '민본적 민주주의'의 관점에서 이를 비판하는 견해도 있습니다. 유교 자체에 이미 민주적 요소가 있다는 것인데, 이는 근대 서양 역사의 산물인 '민주'를 중세 중국에 그대로 들이댈 수 없다는 문제의식에서 출발합니다. 이 견해에 의하면 황종희를 '중국의 루소'라고 할 게 아니라 백여 년 뒤에 태어난 루소가 오히려 '프랑스의 황종희'가 되어야 합니다.[14]

중국 학계의 평가 역시 위의 견해만큼이나 관대합니다. 그러나 그 맥락은 좀 다릅니다. 혹자는 『명이대방록』으로부터 '시민선언'이나 '인권선언과 유사한 성격'을 보아내고 또 '책임내각제적 요소'와 '의회정치의 맹아사상' 등을 끌어내는가 하면, 혹자는 이로부터 '민주적 정치사상'을 도출해내고 싶어 하기도 합니다. 또 다른 혹자는 여기서 진도를 좀 더 나아가 이런 결론에 도달하기도 합니다. "황종희는 중국 역사상 처음으로 민주자유를 제창한 현대적 개량주의사상을 정돈된 형태로 제기했는가 하면 자산계

급의 개량주의와 구 민주주의혁명을 위한 사상적 무기를 제공했
다."[15]

민주의 길에서

후세의 평가가 어찌되었건, 20세기 초반 새로운 세상을 꿈꾸던
일군의 지식인들에게 이 책이 앞길을 인도하는 등불이 되었던 건
분명한 사실입니다. 이는 계몽을 주장하던 사람들이나 혁명을 주
장하던 사람들에게 공히 해당되는 사실입니다. 이러한 분위기를
우리는 1902년 『신민총보』新民叢報에 실린 양계초의 글 한 편을 통
해 감지할 수 있습니다.

우리 중국에도 루소는 있었다. 누구인가? 이주梨洲(황종희) 선생이다.
……우리 이주 선생을 중국의 루소라고 하는 나의 말은 결코 일미溢美
의 언言(과도한 찬사: 인용자)이 아니라고 믿는다. ……그러나 루소가
나온 뒤 19세기 유럽은 저처럼 되었는데 이주가 나온 뒤 2백 년래의
중국이 구태의연함은 무슨 까닭인가. 말하노니 이는 이주를 탓할 것
이 아니다. 유럽에서는 한 루소가 일어난 뒤 천백의 루소가 접종하듯
일어나 천하에 널리 퍼져 나갔다. 그런데 중국에서는 한 이주가 나오
고서도 2백 년래 제2의 이주는 끝내 나오지 않았다. 루소의 책은 한
번 세상에 나오자 판을 거듭하기를 수십 회, 번역이 거듭되기가 10여
나라에서 이루어졌는데 이주의 저술은 2백 년래 훈고고증訓詁考證의
휴지 같은 것들 아래 매몰되어 완전한 인멸은 아니었다 하더라도 크

게 주목받지 못하면서 가는 명맥을 유지하며 존재해왔을 따름이다. 아아, 이것이 과연 이주의 죄일 것인가.[16]

이로부터 90여 년이 지난 1990년대에 '시민사회'와 '공공영역'의 문제를 둘러싸고 벌어진 일련의 논쟁을 통해 이 책은 다시 한 번 지식인들의 독서 목록 속에 편입되기에 이릅니다. 애덤 스미스의 『국부론』, 루소의 『사회계약론』, 몽테스키외의 『법의 정신』 등과 함께 말입니다. 그러고 보면 '명이대방', 그 기다림의 밤은 아직도 지속되고 있는지도 모르겠습니다. '민이 주인이 되는' 공동체를 향한 모색의 길 위에서 말입니다.

열다섯 번째 이야기

呐喊 아이를 구해야 할 텐데…… 『외침』

자넨 저쪽이 평지라고 여기는 게지? 그렇지가 않아. 알고 보면 모래 산인데, 그 속엔 옛 성이 하나 있어. 이 성엔 줄곧 세 사람이 살고 있었어.

성은 그리 크진 않았지만 엄청 높았어. 문은 하나밖에 없었는데, 그게 갑문이었단 말야.

푸르죽죽한 농무濃霧가 황사를 휘말고는 파도처럼 몰려왔어.

소년이 말했지. "모래가 몰려온다. 살아남긴 글렀어. 애야, 빨리 도망가."

그런데 노인이 이러는 거야. "쓸데없는 소리. 아무 일도 아냐."

이렇게 삼 년 하고도 열두 달 하고도 여드레가 흘렀던 거야.

소년이 말했어. "모래가 너무 높이 쌓여 살아남긴 어렵겠어. 애야, 빨리 도망가라니까."

노인이 가로막았어. "쓸데없는 소리. 아무 일도 없다니까 그래."

소년은 갑문을 들어 올리려 했지만 너무 무거웠어. 왜냐면 그 위에 모래가 잔뜩 쌓여 있었거든.

소년은 있는 힘을 다해 갑문을 들어 올려 손발로 떠받쳤지만 채 두 자도 되지 못했어.

소년이 그 아이를 떠밀며 말했어. "빨리 도망가래도."

노인은 그 아이를 잡아당기며 말했어. "아무 일 없대두 그러네."

소년이 말했어. "빨리 도망 가! 이건 이론이 아냐. 벌써 사실이 되어 버렸다니깐."

푸르죽죽한 농무가 황사를 휘말고는 파도처럼 몰려왔어.

그 뒤의 일은 나도 잘 몰라.

자네가 알고 싶다면 모래 산을 파보면 볼 수 있을 걸. 갑문 아래엔 아마 시체가 하나 있겠지. 그럼 말이야, 갑문 안엔 시체가 둘이겠나 아니면 하나겠나?"[1]

중세의 황혼에서

이 짤막한 이야기는 노신魯迅(1881~1936)이 청년 시절 쓴 「옛 성」(古城)이라는 글입니다. 한 편의 산문시 같기도 하고 우화 같기도 한 이 이야기는 중국이라는 '지속의 왕국'에 대한 일종의 알레고리입니다. 여기서 '푸르죽죽한 농무'가 1840년 아편전쟁 이래 생생히 경험한 서양의 침탈을 의미한다는 것도 자명합니다. 실제로 이 시기 중국의 역사는 서쪽으로부터 몰려오는 이 모래 폭풍을 감당하고 소화하는 데 거의 모든 페이지를 할애하고 있습니다. '중체서용'中體西用의 기치 아래 서양의 과학과 기술을 배우려던 양무洋務운동이 그랬고, 이 결과가 1894년 청일전쟁의 패배를 통해 실패로 드러나면서 보다 근본적인 개혁을 요구하고 나선 '변법유신'變法維新 운동이 그랬으며, 태평천국의 난에서부터 의화단의 난에 이르기까지 기층 세계로부터의 동요와 문제 제기가 그랬습니다. 이 일련의 과정 속에서 전통적인 '천하' 관념은 서서히 허물어지기 시작했고 '세계'라는 새로운 지평이 이 자리를 대체하게 되면서 근대의 역사가 시작됩니다.

이로부터 새로운 것·서양적인 것은 '우승열패'優勝劣敗의 세계질서 속에서 거스를 수 없는 대세가 되었고, 전통적인 것·중국적인 것은 서세동점西勢東漸의 현실 속에서 마침내 모멸과 부정의 대상으로 전락하기에 이릅니다. 이 이야기에서 소년(청년)은 노신 자신의 세대를 지칭합니다. 3천여 년 인습의 무게를 걸머진 채 '세계'를 바라볼 수밖에 없는, 그래서 스스로를 모멸하고 부정하지 않으면 안 되는 그런 얄궂은 운명의 세대 말입니다. 역사는 이들을 '계몽적 지식인'이라 부르고 있습니다. 스스로는 '역사적 중간물中間物'에 불과하다는 것, '중간물'의 운명은 잘 죽는 데 있다는 것, 이 같은 자기부정 속에서 미래는 겨우 온다는 것, 이것이 이들의 비극적 역사의식이었습니다. (이러한 문제의식은 염상섭의 『삼대』에서도 동일한 형태로 드러납니다.) 그러므로 갑문 아래서의 소년(청년)의 죽음은 필연적입니다. 그런데 아이는 과연 탈출에 성공했을까요? 그리하여 어디선가 새로운 세계를 모색하고 있는 것일까요?

근대 지식인의 탄생

이번 여정은 이 '아이'에 관한 이야기 속으로 떠나보겠습니다. 이 이야기집의 이름은 『외침』(吶喊, 1922)입니다. 중국 근대소설의 장을 연 「광인일기」狂人日記가 실려 있고, 국민성 비판의 선성先聲이 된 「아Q정전」阿Q正傳이 실려 있으며, "본시 땅 위엔 길이 없다. 다니는 사람이 많다보면 거기가 곧 길이 되는 것이다"라는 명문의 출처가 되는 그 소설집입니다. 이 정도만으로도 이 책에 주목해야 하는 이유가 충분히 입증되는 셈이지만, 그 「서문」이 근대계몽적 지식인의 탄생 이력서라는 점에서 별도의 주목이 필요합니다. 여기엔 전통 문인의 탈변脫變 과정이 전형적으로 드러나고 있는데, 말이 탈변이지 사실상 가파른 실존적 단층의 연속입니다. 그러니 먼저 이 단층의 양상을 일별해보는 것이 여러모로 유용합니다.

어지간한 생활을 하다가 밑바닥으로 추락해본 사람이라면, 그 길에서 세상인심의 진면목을 알 수 있으리라. 내가 N으로 가서 K학당에 들어가려 했던 것도 다른 길을 걸어 다른 곳으로 도망을 가 다르게 생긴 사람들을 찾아보려 했기 때문인 것 같다. 어머니는 방법이 없었는지 8원의 여비를 마련해주시며 알아서 하라고 하셨다. 하지만 어머니는 울었다. 이는 정리情理상 당연한 것이었다. 그 시절은 경서를 배워 과거를 치르는 것이 정도요, 소위 양무洋務를 공부한다는 것은 통념상 막장 인생이 서양 귀신에게 영혼을 파는 것으로 간주되어 몇 갑절의 수모와 배척을 당해야 했으니 말이다. 더구나 어머니 역시 당신의 아들을 만날 수 없을 것이니 말이다. 하지만 나 역시 그런 일에 구애될 수는 없었다. 하여 N으로 가서 K학당에 들어간 것이다. 이 학교에서 나는 비로소 세상에는 격치格致(과학)니 수학이니 지리니 역사니 미술이니 체조니 하는 것이 있음을 알았다. 생리학은 배우지 않았지만 목판본 『전체신론』全體新論이나 『화학위생론』化學衛生論 같은 것을 볼 수 있었다. 옛날의 한방 이론이나 처방을 신지식과 비교해보고는, 한의란 결국 의도하든 않든 간에 일종의 속임수에 불과하다는 것을 점차 깨닫게 되었다. 그러자 속임을 당한 병자나 그 가족들에 대해 동정심이 생겨났다. 게다가 번역된 역사책으로부터 일본의 유신이 대부분 서양 의학에서 발단했다는 사실도 알게 되었다.[2]

여기서 N은 남경南京을, K는 강남해군사관학교(江南水師學堂)를 말합니다. 이 학교는 아편전쟁 패배 이후 착수한 양무운동의 산물인데, 교장은 엄복嚴復이라는 인물이었습니다. 엄복은 영국 해군사관학교 유학에서 돌아와 유럽의 근대 자유주의 사상을 소개하는 번역가로 왕성하게 활동하던 중이었습니다. (그의 동창 중 하나가 일본 군부를 이끌다가 안중근에게 피격된 이토 히로부미伊藤博文입니다.) 특히 그가 번역한 헉슬리의 사회진화론—『천연론』天演論이란 제목으로 출간된—은 요순堯舜 시대로 회귀하던 복고적 시간관을 뒤흔들어놓았을 뿐 아니라 중국이 처한 상황을 적자생존의 세계사적 질서 속에서 인식하도록 만들었습니다.

『천연론』이 지식 청년들에게 준 충격은 대단했던 모양입니다. 이 책에 대한 감회를 노신은 이렇게 적고 있으니까요. "세상에는 헉슬리 같은 생각을 하는 사람도 있구나!" 이 충격은 결국 그로 하여금 1902년 일본 유학길에 오르게 만드는데, 한 가지 흥미로운 것은 동아시아 근대 지식인의 지적 행보가 대개 의학에서 출발하고 있다는 점입니다. 신해혁명을 이끈 손문孫文이 그랬고, 우리 근대사의 서재필이나 이승만 같은 인물이 그랬습니다. 노신 역시 예외는 아니었습니다. 왜 그랬을까요? 그의 말을 들어보면 이렇습니다. "내 꿈은 아름다웠다. 졸업하고 돌아가면 내 아버지처럼 그릇된 치료를 받은 병자들의 고통을 구제해주리라, 전시에는 군의를 지원하리라, 그런 한편 유신에 대한 국민들의 신앙을 촉진시키리라, 이런 것이었다." 그러니까 의학적 세계관 자체가 계몽운동의 지침이자 방법론이었던 셈입니다. 그런데 유학을 하던 센다이 의전仙臺醫專에서 예기치 못한 사건이 벌어집니다. 노신학魯迅學에서 흔히 '환등기 사건'으로 불리는 사건이 그것입니다.

미생물학 교수법이 지금은 어떻게 발전되었는지 모르겠지만, 아무튼 그 무렵엔 환등기를 이용해 미생물의 형상을 보여주는 것이 일반적이었다. 어떤 때는 한 시간 강의가 끝나고 시간이 아직 남았을 경우 선생은 풍경이나 시사에 관한 필름을 보여주는 것으로 시간을 때우곤 했다. 때는 바야흐로 러일전쟁 당시였으니 전쟁에 관한 필름이 많았음은 물론이다. 이 교실에서 나는 언제나 내 학우들의 박수와 환호에 동조하지 않으면 안 되었다. 한번은 화면상에서 오래전 헤어진 중국인 군상을 모처럼 상면하게 되었다. 한 사람이 가운데 묶여 있고 허다한 사람들이 주변에 서 있었다. 하나같이 건장한 체격이었지만 몽매

한 기색이 역력했다. 해설에 의하면, 묶여 있는 사람은 아라사(러시아)를 위해 군사기밀을 정탐한 자로, 일본군이 본보기 삼아 목을 칠 참이라는 거였다. 구름같이 에워싸고 있는 자들은 이를 구경하기 위해 모인 구경꾼이라는 거였다.

그 학년이 채 끝나기도 전에 나는 도쿄로 왔다. 이 일이 있은 후로 의학은 하등 중요한 게 아니란 생각이 들었기 때문이다. 어리석고 겁약한 국민은 체격이 아무리 건장하고 우람한들 아무 의미 없는 조리돌림의 재료나 구경꾼이 될 뿐이었다. 병으로 죽어가는 인간이 많다 해도 그런 것쯤은 불행이라 할 수 없었다. 그래서 우리가 제일 먼저 해야 할 일은 저들의 정신을 뜯어고치는 일이었다. 그리고 정신을 제대로 뜯어고치는 데는, 당시 생각으로 당연히 문예를 들어야 했다. 그리하여 문예운동을 제창할 염念이 생겼다.[3]

'의학에서 문학으로의 전환'은 이처럼 우연히 맞닥뜨린 이미지 하나에서 비롯됩니다. 한 사람이 가운데 있고 이를 구경하는 익명의 군중이 겹겹이 동심원을 이루고 있는 이 이미지는 이후 노신 사유의 원형질로 작동하면서 소설·시·잡문 등등의 빙면에서 다양한 변주를 만들어내게 됩니다. 하지만 귀국 후 교육부 말단 공무원의 신분으로 마주한 현실은 '적막' 그 자체였습니다. 당시의 내면을 노신은 이렇게 기술하고 있습니다. "이 적막은 나날이 자라 큰 독사처럼 내 영혼을 칭칭 감았다." "다만 나 자신의 적막만은 떨쳐버리지 않으면 안 되었다. 내겐 너무도 고통스러웠기 때문이다." 그리하여 "온갖 방법을 써서 내 영혼을 마취시켰다."

이 마취법 중 하나가 허구한 날 낡은 유물이나 고문자들을 만지
작거리는 일이었습니다. 일종의 자기 학대였던 셈입니다. 그런데
이 무렵 노신의 인생을 바꿔놓는 사건 하나가 찾아오게 되는데,
노신 문학의 자궁이라 할 수 있는 '철방鐵房의 비유'가 바로 그것
입니다.

그 무렵 이따금 이야기를 나누러 오는 이는 옛 친구 김심이金心異였
다. 손에 든 큰 가죽가방을 낡은 책상 위에 놓고 웃옷을 벗은 뒤 맞은
편에 앉았다. 개를 무서워해서인지 그때까지도 가슴이 두근거리는 모
양이다.
"이런 걸 베껴 어디다 쓰려고?" 어느 날 밤, 그는 내가 베낀 옛 비문
들을 넘기면서 의혹스런 눈길로 물었다.
"아무 소용도 없어."
"그럼 이게 무슨 의미가 있길래?"
"아무 의미도 없어."
"내 생각인데, 자네 글이나 좀 써보는 게……"
그의 말뜻을 모르는 게 아니었다. 그들은 한창 『신청년』新靑年이란 잡
지를 내고 있었다. 하지만 그 무렵 딱히 지지자가 있었던 것 같지도
않고, 그렇다고 대놓고 반대하는 사람도 없었던 것 같았다. 필시 그들
도 적막을 느끼고 있었으리라. 그런데 내 대답은 이랬다.
"가령 말일세, 쇠로 만든 방이 하나 있다고 하세. 창문이라곤 없고 절
대 부술 수도 없어. 그 안엔 수많은 사람이 깊은 잠에 빠져 있어. 머
지않아 숨이 막혀 죽겠지. 허나 혼수상태에서 죽는 거니 죽음의 비애

같은 건 느끼지 못할 거야. 지금 자네가 고래고래 소리를 질러 의식이 붙어 있는 몇몇이라도 깨운다고 하세. 그러면 이 불행한 몇몇에게 가망 없는 임종의 고통을 주는 게 되는데, 자넨 그들에게 미안하지 않겠나?"

"그래도 기왕 몇몇이라도 깨어났다면 철방을 부술 희망이 절대 없다고 할 수야 없겠지."

그렇다. 비록 내 나름의 확신은 있었지만, 희망을 말하는데 차마 그걸 말살할 수는 없는 일이었다. 희망은 미래 소관이고 절대 없다는 내 증명으로 있을 수 있다는 그의 주장을 꺾을 수 없었기 때문이다. 그리하여 결국 나도 글이란 걸 한번 써보겠노라 대답했다. 이것이 최초의 소설 「광인일기」狂人日記다.[4]

중국 근대소설의 출발이 된 「광인일기」는 이렇게 나옵니다. 기념비적 작품 치고는 그 동기가 의외로 밋밋하지만, '희망'은 허망하나 '절망' 역시 허망하다는 도저한 허무주의가 있었기에 가능한 일이었습니다. 그러니 그 '외침'이 격앙 찬 목소리로 '나를 따르라!'라거나 '황금세계'가 바로 저기라는 식이 될 리는 만무합니다. 작품 면면으로 들어가 보면 이 점이 좀 더 분명히 드러납니다.

계몽자의 외침

『외침』은 근대문학의 첫 페이지일 뿐 아니라 노신 자신에게 있어서도 첫 작품집입니다. 요즘 문단 상황에 비추어 보더라도 서른

여덟은 제법 늦깎이 축에 속합니다. 하물며 백여 년 전이라면, 그것도 56년의 삶을 살았던 사람의 입장이라면 차라리 황혼에 가까웠을 겁니다. 그래서일까요, 『외침』은 근대사의 수많은 곡절을 서늘하고 담담한 필치로 기록하고 있습니다. 절강성浙江省 소흥紹興에서의 어린 시절, 서당을 통해 배운 전통 학문, 남경의 신식학교에서 받은 지적 충격, 이로 인해 결심한 유학, 일본 유학 시절의 고뇌와 좌절, 귀국 후 직면한 현실과 절망, 그리고 절망에의 반항 등등의 곡절 말입니다. 뿐만 아니라 혁명기 수많은 '풍파'가 작품 속 상황과 인물의 입을 통해 입체적으로 조망되고 있습니다. 신해혁명의 정면과 이면, 5·4 신문화운동의 빛과 그림자, 5·4 퇴조기退潮期 지식인 사회의 양면성 등등의 일들 말입니다. "이런 의미에서 『외침』은 신해혁명 전후에서부터 5·4 신문화운동 전후에 이르기까지의 시대상에 대한 일종의 미학적 증언"인 셈입니다.[5]

『외침』의 성격은 제목에 선명히 각인되어 있습니다. 이 제목은 우리의 시선을 계몽주의 전통으로 인도합니다. 이를테면 칸트가 말한 '계몽의 표어'—Sapere aude! 당신 스스로의 이성을 사용할 용기를 가져라!—의 맥락으로 말입니다. 이런 식의 독법이 유효함은 물론입니다. 근대 국민국가nation-state 수립이라는 시대적 요청 속에서 '소리 없는 중국'을 불러 일깨우고 '사람을 세우는' 과제를 떠안고 있었던 상황이라면 더더욱 그렇습니다. 그런데 작품들을 읽어가다 보면 왠지 이와는 좀 다른 읽기 방식이 필요한 건 아닌가 하는 생각을 갖게 됩니다. 좀 막연하긴 한데, 그래야만 '외침' 속의 미세한 결들을 제대로 읽어낼 수 있을 것 같습니다.

무엇일까요? 『외침』을 감싸고 있는 이 묘한 분위기는……

  책을 열면 제일 먼저 우리를 맞이하는 것은 '모종의 생리학적 아우라Aura'입니다. '문화생리학'이라고도 할 수 있는 어떤 원초적인 진陣 같은 것이 우리의 감각세계 앞에 펼쳐집니다. 이 진은 노신이 "근대를 해석하고 혁명을 이해하는 데 있어 중요한 인식론적·미학적 장치로 기능"하고 있습니다. 일단 서문에서부터 눅진하고 꼬릿한 냄새가 풍기기 시작합니다. 마치 노신의 고향 소흥을 들어서면 방문객의 코를 고통스럽게 만드는 '썩은 두부'(臭豆腐) 냄새 같은 것 말입니다. 먼저 한약 달이는 냄새가 지면 가득 풍기는데, 여기엔 묘하게 아버지의 죽음 냄새가 배어 있습니다. 이 죽음은 다시 센다이 의전 병동 해부학 실험실의 알코올 냄새로 이어지고, 이 냄새는 이내 미생물학 시간에 목도한 동포의 목에서 뿜어져 나오는 핏줄기와 겹쳐지면서 일련의 '병리학적 네트워크'를 만들어냅니다. "노진魯鎭—노신의 고향 소흥紹興에 다름 아닌—을 가득 메우고 있는 퀴퀴한 냄새(「공을기」孔乙己), 침을 질질거리며 노려보는 개의 눈빛(「광인일기」), 사형수의 목이 떨어지기만을 기다리고 있는 구름 같은 군중, 찐빵에 흠뻑 배어 뚝뚝 떨어지는 인혈, 그것을 집어삼키는 입, 폐병쟁이의 쿨럭임과 이어서 터지는 각혈(「약」藥), 땀으로 번들거리는 사내들의 가슴팍, 정수리로 둘둘 말아 올린 변발, 그리고 머리통에 덕지덕지 앉은 부스럼 딱지, 이(虱)가 똬리를 틀고 앉은 저고리, 놈을 잡아 깨물자 툭툭 터지는 피(「아Q정전」) 등등" 이 모든 것은 노신이 만들어내는 '병리학적 네트워크'의 구성 요소입니다.

이 감각의 네트워크에 이어 등장하는 것은 실체를 알 수 없는
거대한 진입니다. 노신은 이를 '무물無物의 진陣'이라 부르는데,
그 가공할 위력은 생활세계 전반을 덮치고 있습니다. 이 '실체 불
명의 진'에서 시간은 과거로 흘러듭니다. "옛날부터 그래왔노라."
(古已有之) 이 한마디는 무소불위의 권력 그 자체입니다. 흡사 "조
물주의 채찍이 중국의 등짝을 후려치지 않는 한…… 스스로 머리
한 올도 바꾸려 하지 않을" 태세입니다.(「두발 이야기」頭髮的故事) 여
기서 변화란 갓난아기의 근수를 다는 저울 눈금에서 간신히 가늠
될 뿐입니다. 9근에서 7근으로, 7근에서 다시 6근으로, 이처럼 시
간의 무게는 갈수록 가벼워집니다. 그러므로 "대가 갈수록 시원
찮아진다니까!"라는 구근 할매의 입에 발린 이 주절거림은 진화
론적 시간의 입장에선 거의 저주에 가깝습니다. 진화론적 시간이
만들어내는 단층이라고 해야 몸을 통해 어렴풋이 드러나는 정도
입니다. 혁명은 그저 변발의 유무와 고저, 옥양목 장삼을 입었는
지 여부에 의해 미세하게 감지될 뿐입니다. 그리고 그 끝도 모호
하기만 합니다. "황제가 보위에 올랐대?" "아무 말도 없던데."
"보위에 안 오른 거겠지?" "안 오른 거 같애." 매사가 이런 식입
니다.(「야단법석」風波)

이 거대한 진에서 만사는 '중용'으로 통합니다. 문제에 직면해
도 도무지 그 원인을 캐려 하거나 따지고 드는 법이 없습니다. 혹
문제가 불거진다 해도 고개를 돌려버리면 그만입니다. 만사가
'그게 그거'니까요.(「단오절」端午節) 설령 '그게 그거'가 아니라 하더
라도 걱정할 필요가 없습니다. 자기 쪽으로 끌고 들어와 합리화

해버리면 됩니다. 이것이 좀 더 발전하면 예의 그 '정신 승리법'이 됩니다. '정신 승리법'의 명수 아Q—그는 노신 주변 인물들의 개별 특성을 버무려 창조해낸 미학적 결과물입니다—는 자기 동일화의 화신입니다. 건달에게 변발을 낚아 채이면 지레 이렇게 선언을 해버립니다. "나는 버러지야. 됐어?" 그래도 얻어터진다 한들 별반 문제될 것이 없습니다. "아들놈한테 맞은 걸로 치지 뭐. 요즘 세상은 되먹지가 않았어." 이러면 10초도 지나지 않아 다시 의기양양해집니다. 그래도 약효가 없으면 자기 뺨을 두어 번 후려치면 됩니다. 그러면 스스로 용서가 됩니다. 왜냐하면 자기가 다른 자기의 뺨을 때린 게 되니까요. 그러다보면 이윽고 자기가 남의 뺨을 때린 것처럼 됩니다. 이것마저 약발이 듣지 않으면 그냥 있어도 그만입니다. 왜냐하면 '망각'이라는, '조상이 물려준 보물'이 있으니까요.(「아Q정전」)⁶

광인의 정신현상학

이 모든 것이 미학적 장치로 고노화된 작품이 「광인일기」입니다. 고골리의 「광인일기」에 대한 오마주 같은 이 작품은 당대 현실의 환원적 구조와 두 시간—복고적 시간과 진화론적 시간—의 갈등 양상을 액자소설이라는 장치로 구조화하고 있습니다. 액자의 내용은 작자의 한 고향 친구가 잠시 정신병에 걸렸을 적에 일기를 썼는데, 지금은 병이 다 나아 봉건 왕조의 지방 고위관리로 출사하여 멀쩡히 잘 살고 있다는 것입니다. 게다가 전통 문언文言으로

표기된 액자는 구어체인 백화문白話文—이것의 제창은 5·4 신문
화운동의 핵심 주제입니다—으로 표기된 일기 내용을 단단히 감
싸고 있습니다. 그러니까 전통세계가 당대 현실을 에워싸고 있고
글말이 입말을 포위하고 있는 형국인 셈입니다.

　일기의 첫 구절은 발견으로 시작됩니다. 지난 30여 년 동안 매
일같이 달을 보고 살아왔는데, 멀쩡한 정신일 때 잘 보이지 않던
달이 미치고 나니 제대로 보인다는 겁니다. 여기서의 둥그런 달
은 '원만구족圓滿具足한 전통적 질서의 상징'입니다. 이 달은 "공
을기가 술탁 위에 쓰던 '回'(회) 자나(「공을기」孔乙己) 진사성陳士成을
죽음으로 이끈 '흰 빛'(「흰 빛」白光), 그리고 재판을 마친 아Q가 서
류에 사인을 하다가 망쳐버린 그 동그라미(「아Q정전」)와 일가권속
을 이루고" 있습니다. 그러니까 제 정신이 아닌 상황에서 얼떨결
에 전통세계의 본질을 그만 목격하고 만 겁니다.

　작품 초입에서의 이 즉자적인 발견은 정신병이 심화됨에 따라
한층 더 높은 인식의 단계로 나아갑니다. 광인은 버릇처럼 이 한
마디를 되뇝니다. "만사는 모름지기 따져봐야 아는 법." 여기서의
'따지다'(研究)는 '생각하다', '사유하다'는 말에 다름 아닙니다.
매일 밤 '연구'에 '연구'를 거듭하던 광인은 결국 다음과 같은 사
실을 발견하게 됩니다. "나는 역사책을 뒤져 꼼꼼히 살펴보았다.
이 역사책엔 연대도 없고, 페이지마다 '인의'仁義니 '도덕'道德이니
하는 글자들이 비뚤비뚤 적혀 있었다. 어차피 잠을 자긴 글렀던
터라 한밤중까지 요리조리 뜯어보았다. 그러자 글자들 틈새로 웬
글자들이 드러났다. 책에 빼곡히 적혀 있는 두 글자는 '식인'이

아닌가!"

　이 지점에 도달한 광인은 이제 의혹의 시선을 형에게로 돌립니다. 이 과정에서 그는 엄청난 사실을 발견하게 됩니다. "사람을 먹는 자가 내 형일 줄이야! 내가 사람을 먹는 사람의 동생일 줄이야! 나 자신이 먹힌다 한들 여전히 사람을 먹는 사람의 동생일 줄이야!" 이 새로운 수준의 인식은 이제 광인으로 하여금 세상을 향해 한층 격앙된 목소리를 들이대게 만듭니다.

　"사람을 먹는 게 옳은 일인가?" 그는 여전히 웃으며 말했다. "흉년도 아닌데 사람을 먹을 리가요." 나는 대뜸 알아차렸다. 이놈도 한 패로 사람 먹기를 즐기는구나. 그리하여 용기백배하여 끈질기게 추궁했다.

　"옳냐고?"

　"그런 걸 뭣 하러 물으십니까? 원 참…… 농담을 다 하시고. ……오늘 날씨 참말로 좋구만."

　날씨 좋지. 달빛도 밝고 말야. 그러나 물어봐야겠어. "옳은 거냐구?"

　그는 그렇다고 하진 않았다. 말끝을 흐렸다. "그렇다고 할 순……."

　"옳지 않다고? 근데 저놈들은 어째서 끝끝내 먹으려 하지?!"

　"그럴 리가요……."

　"그런 일이 없다고? 늑대촌에선 지금 먹고 있어. 책에도 적혀 있다니까, 시뻘건 피를 뚝뚝 흘리면서!"

　일순 그의 안색이 싹 바뀌었다. 무쇠처럼 시퍼런 얼굴이었다. 그러고는 눈을 부라리며 말했다. "있을 수도 있겠지요 뭐. 예전부터 그래왔으니……."

"예전부터 그래왔다면 옳은 거야?"[7]

이런 식의 질문과 추궁은 마침내 자신의 실존적 결단으로 이어집니다. "나는 사람을 먹는 사람을 저주함에 있어 먼저 형에서 시작하리라. 사람을 먹는 사람을 만류하는 일도 먼저 형부터 착수하리라." 그래서 광인은 이제 형을 설득하기 시작합니다. "안 된다고 말씀하세요! 형님, 형님은 그러실 수 있어요. 그저께 소작인이 소작료 인하를 요구했을 때도 안 된다고 하셨잖아요." 그러나 돌아오는 건 싸늘한 눈초리와 '미친 놈'이란 오명뿐입니다. 여기서 광인은 예상치도 못한 상태에서 또 다른 인식의 단계로 진입합니다. 자기 자신도 이 식인 가족의 엄연한 일원이라는 사실 말입니다. 이 믿기지 않는 사실은 광인으로 하여금 끝내 이런 고백을 하게 만듭니다. "4천 년간 사람을 먹은 이력을 가진 나, 처음엔 몰랐지만 이젠 알겠다. 제대로 된 인간을 만나기 어려움을!" 그리고 이어지는 마지막 구절은 이렇습니다. "사람을 먹어본 적 없는 아이가 혹 아직도 있을까? 아이를 구해야 할 텐데(救救孩子)……."

마지막 구절 "救救孩子……"는 노신 연구자들 사이에서 논란거리 중 하나였습니다. "아이를 구하라!"라는 식의 독해가 대세인 상황에서 "아이를 구해야 할 텐데……"라는 식의 독해가 문제 제기를 하고 나선 것입니다. 전자는 노신을 '계몽주의적 전사'로 이해한 독법인 데 반해, 후자는 '참회자'로서의 노신을 부각시킨 독법입니다. 이는 '10년 동란' 문화대혁명을 청산해야 하는 개혁개방 시기의 사관이 반영된 결과인데, 동사가 중첩되어 있는 것도 그러려니와 '……'의 의미를 되살리자면 아무래도 후자의 독법이 합당한 것 같습니다. 더구나 문언으로 된 액자 자체가 광인의 현실 복귀를 명시하고 있는 상황이라면 "아이를 구하라!"라는 톤의 목소리는 설 자리가 없어지니까요.[8]

비판의 자리

이런 의미에서 보면 『외침』은 '보다' 계열의 동사들—看, 見, 看見, 視, 視見, 示, 硏究 등등—이 만들어내는 근대적 인식론의 지도인 셈입니다. 이 동사들은 "옛날부터 그래왔노라"라는 사고의 관성과 대결하면서 '비판' 정신의 자리를 요구하고 있습니다. 이것이 이후 중국 국민성 비판에서 핵심 텍스트가 된 것은 이런 의미에서 자연스러운 일이었습니다.

'중용'中庸과 '화해'和諧로 대변되는 전통의 핵심은 동일성의 사유입니다. 이 전통에서 '비판' 의식이 차지할 여지는 극히 미미합니다. 노신을 특징 짓는 용어 중 하나인 '눈을 부릅뜬다'(睜開眼睛)는 건 전통 문화의 관점에선 일종의 금기이기 때문입니다. 근대 중국의 계몽 기획은 이 금기를 위반하는 주체를 만들어내는 일이었습니다. 노신은 이를 '사람을 세우는'(立人) 일이라고 말하고 있습니다. 이런 의미에서 『외침』은 근대적 주체 수립을 위한 모색의 출발점인 셈입니다.

그러나 '5·4' 시기를 울려 퍼지던 이 '외침'도 전쟁과 혁명, 사회주의 건설 시기를 거치면서 집단의 구호에 묻히고 맙니다. 그래서 혹자는 20세기 중국의 역사를 '계몽과 구국의 이중 변주'라는 말로 정리하고 있습니다. 그러다가 1980년대 '사상해방'의 시기를 맞으면서 다시 조심스런 목소리를 발하게 되는데, 이것이 1989년 6월 4일 천안문 광장으로 증폭됩니다. 그래서 역사는 이 시기를 '신계몽주의' 시대 혹은 '신 5·4' 시대로 기록합니다.

혹자는 이런 질문을 하곤 합니다. 만약 노신이 좀 더 오래 살았더라면 지금과 같은 대접을 받을 수 있었을까? 역사적 가정이란 무의미하지만, 이 질문은 중국 문화의 생리를 이해하는 데 단서가 된다는 점에서 의미가 없진 않습니다. 중국 문화의 생리가 근본적으로 '비판' 정신을 내화하기 어려운 것이라면, 노신이라는 이름은 전통 문화로부터 가장 멀리 떨어져 있는 고도孤島인 셈입니다. 이런 의미에서 그는 가장 특이한 DNA를 가진 중국인이었는지도 모릅니다.

1936년 '민족혼'으로 추서된 노신은 '중국 혁명의 선봉장'으로 경전화되었다가 1980년대에 들어 '인간 노신'으로 진면목을 되찾게 됩니다. 최근 중국에선 노신의 글들이 교과서에서 밀려나고 있는 모양입니다. 시장과 속도가 만능인 자본주의 중국에서 이는 불가피한 일인지도 모르겠지만, 그럼에도 어쩔 수 없이 이런 질문을 던지게 됩니다. 백여 년 전 '옛 성'을 빠져나간 그 '아이'는 아직도 살아 있을까? 그 '아이'는 지금 무엇을 하고 있을까? 그 "아이를 구해야 할 텐데……"

東西文化及其哲學

내 성외 왕의 길을 찾아서

『동서 문화와 그 철학』

1918년 11월 10일, 양제梁濟라는 이름을 가진 한 지식인이 북경 북쪽의 적수담積水潭에 몸을 던졌습니다. 죽으면서 세상 사람들에게 남긴 글에서 그는 자신의 죽음의 이유를 "청나라를 따라 죽는다"는 말로 대변했습니다. 이어서 그는 이 말의 의미를 다음과 같이 풀이했습니다. "청나라가 망하였으므로 따라서 죽는다는 것은…… 사실 청나라가 중요하기 때문이 아니라 어린 시절 배웠던 학문이 가장 중요하기 때문이다." 양제의 죽음은 한 실존의 몰락을 의미하는 것만이 아니었습니다. 무슨 까닭인지 그의 죽음은 대단히 상징적인 의미를 내포하는 것으로 비춰졌습니다. 당시 신문화 운동을 주도하고 있던 진독수陳獨秀가 그의 숙음에 대해 보인 양가兩價적 반응 속에서 우리는 그 죽음 속에 내포된 역사적 상징성을 읽어낼 수 있습니다. 진독수는 양제의 죽음이 봉건 윤리의 종말을 상징한다고 생각했던 것 같습니다. 그래서 그는 양제의 이 같은 무의미한 순장殉葬을 질책했습니다. 다른 한편 진독수는 죽음으로써 자신의 학문적 신념을 지킨 양제의 인격에 경의를 표하지 않을 수 없었습니다. 이 죽음에는 확실히 몇 가지 석연치 않은 점이 존재합니다. 우리에게 알려진 바로 양제는 황제에게 경전을 가르치는 시독侍讀을 지낸 바 있지만 결코 수구파가 아니었고, 무술변법과 공화제를 적극 지지했으며, 또 일찍이 서양의 학문, 특히 제임스W. James와 듀이J. Dewey 류의 프래그머티즘을 수용했던, 적어도 학술적으로는 신세대에 속한 사람이었습니다. 심지어 그는 아들의 교육을 서양의 과학 서적으로 시킬 정도로 각성한 진보적 지식인이었습니다.

이보다 10년이 지난 시점인 1927년의 어느 날, 황제의 여름 별장 이화원頤和園 곤명호昆明湖에 변발 하나가 떠올랐습니다. 이 변발의 주인은 왕국유王國維라는 인물이었습니다. 그 역시 기울어가는 봉건 왕조의 어린 황제를 정신적으로 보필하던 스승이었습니다. 그는 자신이 살아가는 시대의 출로를 전통 학문에 대한 비판적 거리 속에서 모색하고자 했습니다. 그는 자신의 시대가 절실히 요구하는 것은 전통 학문이 불교에 대해 수행했던 것과 같은 자기 조정이라고 생각했습니다. 다만 위협의 대상이 서양의 학문으로 바뀌었을 뿐입니다. 그런데 그는 이러한 서학의 위협으로부터 전통 학문의 존재 근거를 마련하기 위해 오히려 위협의 대상 속으로 과감히 뛰어 들어갔습니다. 그 속에서 그는 칸트, 실러, 신칸트학파, 쇼펜하우어, 니체 등의 이론을 거침없이 소화해내면서, 다시금 전통 학문이 추구한 도덕적 형이상학을 미학적 세계 속에서 구현하기를 희망했습니다. 그는 자신의 이 작업이 자사子思의 『중용』에, 주희의 신유학에 잇닿아 있는 것이라 믿고 싶어 했습니다. 그러나 이 작업의 끄트머리에는 서세동점의 살벌한 현실과 원시

유가의 아늑한 이상이 배리背離될 대로 배리되어 있었습니다. 결국 호수에 몸을 던지기 하루 전 날 황제에게 올린 글에서 그는 "신하는 신하다워야 함"(臣臣)을 역설할 수밖에 없었습니다.

양제는 왜 이런 시절 배웠던 학문을 문제 삼으며 사람들에게 죽음으로써 전통 도덕의 가치를 환기시키려 했던 것일까요? 또 왕국유는 왜 원시유가의 정명正名주의를 역설하며 죽어가야 했을까요? 이 두 지식인의 죽음에는 문화가 조각나고 전통이 단절되던 시기에 처할 수밖에 없는 난국이 보편적인 형태로 각인되어 있습니다. 그들에게는 실존적 경험의 폭과 높이를 질서 지워줄 체계가 상실되어 있었던 것입니다. 한 시대의 존재론적 토대가 내적인 질서 부여의 에너지를 상실했을 때, 이것의 붕괴를 목도하는 일이란 곧 자기모멸의 극한을 체험하는 일이었을 겁니다. 이 모멸의 체험은 거의 같은 시기 조선의 한 유학자가 생아편을 집어삼키며 남긴 절명시絶命詩 한 수에서도 여실히 드러나고 있습니다.

만물이 슬피 울고 산천이 눈을 씽그리는 것은　　鳥獸哀鳴海岳嚬

근화 세계가 이미 침몰했기 때문이라네　　槿花世界已沈淪

가을 등불 아래 책을 덮고 아득한 옛날을 그리나니　　秋燈掩卷懷千古

아! 글하는 자로 살아가는 일의 어려움이여!　　難作人間識字人

황매천黃梅泉의 이 절망적인 토로로부터 저 유구하던 동아시아 문文 전통의 단절을 목도하는 일은 그리 어렵지 않습니다. 아울러 이로부터 근대 동아시아 문학의 보편적 주제가 되는 '침몰'의 서사나 '광야'의 주제를 읽어내는 일 역시 어렵지가 않습니다.¹ 그런데 이 단절과 '침몰'로 2,500년 문명의 숨통이 그냥 끊어지고만 것일까요? 이육사가 노래한 '다시 천고의 뒤에 백마를 타고 오는 초인'은 이 늙은 문명의 토양에선 더 이상 요청되기 어려웠던 걸까요?

잃어버린 시간을 찾아서

마지막 기행에서는 스러져가는 이 늙은 문명에 새 피를 주입하여 다시 일으켜 세우려는 노력들을 검토해보기로 하겠습니다. 20세기 초반 중국의 경우 이 노력은 『동방잡지』東方雜誌 진영을 중심으로 다양하게 펼쳐지는데, 당시엔 이들을 신문화 진영에 대한 상대 개념으로 '동방 문화파' 혹은 '본위本位 문화파'라 불렀습니다. 이들을 중심으로 '문명'이라는 화두가 제기되었고, 이것이 '동서 문화 논전'이라는 대대적인 논쟁으로 표출됩니다. 이러한 일련의 과정은 유학의 현대화라는 야심 찬 프로젝트의 초석이 되는데, 이와 연관하여 이런 이야기가 전해집니다.

중화민국 수립 8주년 기념일을 즈음하여 한 무리의 중국인이 알프스를 넘고 있었던 모양입니다. 요즘처럼 난리법석을 피워대는 산악 등정대는 아니었고, '일전'一戰, 즉 제1차 세계대전으로 폐허가 된 유럽을 방문하기 위한 사절단이었습니다. 전후의 상황이라 교통편이 여의치 않아 이탈리아로 들어가 알프스를 넘어 파리로 향하던 중이었습니다. 이 사절단의 좌장은 양계초梁啓超란 인물로, 얼마 전까지 무술변법 사건의 후폭풍을 피해 일본으로 망명하여 왕성한 활동을 벌이던 인사였습니다. 이 사절단의 일정에는 철학자 베르그송H. Bergson을 만나는 일도 포함되어 있었습니다. 당시 베르그송은 전후의 '황무지' 속에서 문명의 줄기를 뒤바꾸려는 지적 모험을 감행하던 중이었습니다. 그의 문제의식을 받아 프루스트M. Proust가 '잃어버린 시간을 찾아서' '기억'의 여정을 떠났던 것도 바로 이 무렵의 일입니다. 흔히 서양 철학사에서 '생철학'이라 부르는 이 움직임은 중국인들의 눈에는 동방의 전통 문화를 지향하고 있는 듯 비친 모양입니다. 사실 생철학의 내용을 뜯어보면 근거가 없는 이야기도 아닙니다. 그러니까 이 사절단의 진짜 속내는, 중국을 겁탈한 유럽 문명의 진면목을 폐허 속에서 재확인하는 일이었습니다. 그러니 그 폐허를 바라보며 "위대하도다! 공맹孔孟이여!"를 연발했던 것도 무리는 아니었습니다.

지금의 입장에선 웃음이 배어나오는 풍경이지만, 당시 상황에선 유서 싶은 한 문명의 존폐와 연관될 만큼 심각한 사안이었습니다. 이런 분위기는 양계초가 쓴 『유럽여행감회록』(歐遊心影錄) 전반을 주유하고 있을 뿐 아니라, 아버지 양제의 자살로 충격에 휩싸여 있던 한 인물의 내면세계를 종횡하고 있었습니다. '현대 신유학'의 정초자로 평가되는 양수명梁漱溟의 『동서 문화와 그 철학』(東西文化及其哲學, 1921)은 이렇게 역사의 무대에 등장합니다.

이 책이 다루고 있는 내용은 매우 방대합니다. 원시유학, 신유학, 양명학, 유식학唯識學, 서양의 현대철학 등이 한데 엉겨 촘촘한 논리의 그물을 이루고 있습니다. 논의의 뼈대는 불교적 논리학을 빌려 유교 문명의 타당성과 미래성을 입증하는 데에 맞추어져 있습니다. 아버지의 죽음을 계기로 그간 매진하던 불학佛學을 포기한 이유가 바로 이것이었으니까요. 그렇다보니 이에 대한 이해가 전제되지 않으면 논리를 따라가기가 어려울 뿐 아니라 논지의 전모를 파악하기도 쉽지가 않습니다. 게다가 가파른 호흡과 격정이 촘촘하던 논리를 일시에 일그러뜨리는 경우가 허다합니다. 그래서 이 책을 독파하기는 그리 만만치 않습니다.

그럼에도 불구하고 마지막 장에서 이 책을 거론하는 이유는, 이 책이 '문화 보수주의'의 이론적 모형을 만들어냈다는 사실 때문입니다. '문화 보수주의'는 20세기 초반 유학의 현대화를 통해 중국 문명을 일으켜 세우려는 문화적 전략입니다. 뿐만 아니라 이는 1990년대 중반 사회주의 정신문명의 공백을 메우기 위한 대안이기도 합니다. 이로 볼 때 전통의 물줄기는 20세기 초반에 모색된 '문화 보수주의'를 통해 최근에까지 이어져오는 셈입니다. 그러니까 전통과 근대를 이어주는 기제가 바로 이것이라는 말입니다. 그래서 이 책에 주목하는 일이 필요합니다. 21세기 '문화 중국'의 로드맵을 가늠케 하는 실마리가 되기도 하니까요.

문화 보수주의의 담론 전략

양수명은 그의 아버지가 짊어져야 했던, 그러나 한 개인의 부하로만 환원되지 않는 현실 역사의 무게를 현실 역사의 토대 속에서 감당하려 했습니다. 다시 말해 그는 역사 자체에 대해 직접적인 물음을 던지기보다는 그러한 역사를 가능케 하는 보이지 않는 토대, 즉 '문화' 속에서 현실을 재구하고자 했습니다. 이 책은 이런 시도의 산물입니다. 이 책의 종지宗旨는 한마디로 말하자면 '개과천선'改過遷善입니다. 양수명은 이 말에 담긴 풍부한 철학적 함의가 중국의 현실 속에서 다시금 구현될 수 있을 것이라 믿었습니다. 그는 자신의 당대가 직면한 문제를 해결하는 데 시급히 요구되는 것이 비교문화사적 관점이라 생각했습니다. 그래서 책의 제목이 『동서 문화와 그 철학』이 됩니다.[2]

그가 보기에 양무운동이나 변법유신은 실패할 수밖에 없는 것이었습니다. 서양의 화포와 군함, 정치제도를 가능케 한 바탕이 중국의 그것과 근본적으로 다르니까요. 문제는 서양의 근본(體)이었지 현상(用)이 아니었습니다. 양수명은 이 근본을 '윤리사상'과 '인생철학'이라고 생각했습니다.[3] 그러므로 이 시점에서 필요한 것은 서양의 것을 전면적으로 수용하고 중국의 것을 근본적으로 타도하는 일밖에 없게 됩니다. 양수명의 이런 입장은 진독수나 호적胡適으로 대표되는 신문화 진영의 그것과 구분되지 않습니다. 그렇다면 신문화 진영의 급진적 '전반 서구화'론과 양수명 식의 '문화 보수주의'는 어디서 갈라지는 것일까요?

일단 문제의 관건은 동서양 문명을 공히 떠받치고 있는 보편적 토대를 확보하는 데 있었습니다. 양수명은 이를 '공동의 원천'이라 불렀습니다. 그런데 이를 확보하는 방식이 꽤나 독특합니다.

문화란 무엇이라고 생각하는가? 그것은 한 민족의 생활양식에 불과할 뿐이다. 생활은 또 무엇인가? 생활은 지칠 줄 모르는 의욕(Will)—여기서 말하는 '의욕'이란 쇼펜하우어가 말하는 '의욕'(의지)에 가깝다—과 그것의 끊임없는 만족·불만족일 뿐이다. 민족을 통해, 생활을 통해 왜 그것이 표현해내는 생활양식은 서로 다른 특징을 형성하는가? 그것은 생활양식의 가장 근본 원인이 되는 의욕이 다른 방향으로 분출되기 때문에 드러나는 양상 또한 다른 것일 뿐이다. 그러므로 한 문화의 근본 내지 원천을 찾고자 한다면, 문화의 근원이 되는 의욕을 보아야 하며 이 문화의 방향이 왜 다른 문화의 그것과 달라지는지를 보아야 한다. 이 방향이 어떻게 달라지는지를 알려거든, 이미 알고 있는 그 문화의 특색을 통해 그것의 원래 출발점을 유추해보기만 하면 된다.[4]

"생활은 지칠 줄 모르는 의욕(Will)과 그것의 끊임없는 만족·불만족일 뿐이다." 이 한 문장을 설명하기 위해 양수명은 상당한 지면을 할애합니다. 여기에 동원되는 개념과 논리만 해도 일일이 쫓아가기가 어려울 정도입니다. 그 핵심만 간추려보자면 이렇습니다.

그는 묻습니다. 생활이란 무엇인가? 그것은 우주적 사태의 연속입니다. 그러면 사태란 무엇인가? 유식학의 용어를 빌면 그건

물음을 던지는 의식의 주체(見分)에 대한 답으로서의 의식의 대상
(相分)입니다. 그러면 왜 이런 사태가 끝없이 용출하는가? 그건 우
리가 끝없이 물음을 던지기—즉 끝없이 대상을 추구하기—때문
입니다. 이것이 소위 말하는 인생입니다. 이것의 배후에는 이 국
면을 가능하게 하는 어떤 영역이 있게 되는데, 이것을 그는 '대잠
재력'(大潛力), '대요구'大要求, '대의욕'大意慾으로 부릅니다. 그가
말하는 '지칠 줄 모르는 의욕'이 바로 이것입니다.[5]

다른 측면에서 생활이란 이전의 자아에 대한 현재의 자아의 분
투 과정입니다. 이를 '분투'라 하는 것은 현재의 자아에 내재된
'앞으로 나아가고자 하는 활동'에 대해 이전의 자아가 장애가 되
기 때문입니다. 즉 '분투'란 장애를 해결하려는 노력입니다. 양수
명은 이를 인간 모두에게 적용되는 보편적 조건이라고 말하고 있
습니다. 그런데 인간의 조건이 이처럼 동일하다면 왜 생활양식은
그토록 다양한 것일까요? 그것은 생활 속에서 문제를 해결하는
방법이 다르기 때문입니다. 이로부터 그는 세 가지 유형의 문제
해결 방식을 이끌어냅니다.

첫째, 문제를 마주지면 노력·분투하여 국면을 개조힘으로씨
자신의 요구를 만족시키는 것으로, 이는 인간이면 모두가 갖추고
있는 '본래의 방향'입니다. 둘째, 문제를 마주치면 해결을 구하거
나 국면을 개조하려 하지 않고 이 상황 자체에서 자신의 만족을
구하는 것입니다. 이런 유형의 인간이 문제를 해결하는 방법은
자기 의욕을 조화시키는 것입니다. 셋째, 문제를 만나면 이러한
문제나 요구를 근본적으로 취소해버리는 것입니다. 이 유형은 논

리적으로는 가능하지만 인간의 본성에 위배됩니다. 왜냐하면 인간은 끊임없이 앞으로 나아가기를 요구하는 존재니까요. 이러한 세 가지 문제 해결방식으로부터 이른바 '3단계 문화론'이 도출됩니다.[6]

> 서양 문화는 의욕의 앞으로 향한 요구를 근본정신으로 삼는다.
> 중국 문화는 의욕의 조화와 중용을 근본정신으로 삼는다.
> 인도 문화는 의욕의 억제와 취소를 근본정신으로 삼는다.[7]

그에 따르면, 인류의 모든 문화는 '본래의 방향'으로부터 출발합니다. 이것이 서양 문화의 길입니다. 중국 문화와 인도 문화도 처음에는 이 길로부터 출발했습니다. 다만 중국의 경우 첫 번째 길을 다 가지 못한 상태에서 두 번째 길로 방향을 바꿈으로써 결과적으로 이후 가야 할 길을 미리 앞당기고 만 셈입니다. 한편 인도 문화는 중국의 경우보다 더 진도를 나가 첫 번째 길과 두 번째 길을 다 가지도 못한 상태에서 세 번째 길로 접어들었습니다. 이로 볼 때 중국 문화는 어설픈 '조숙' 문화가 되고, 인도 문화는 완연한 '조숙' 문화가 됩니다. 이 조숙성으로 인해 중국 문화에는 첫 번째 방향, 즉 생존을 위한 자연과의 투쟁이라는 문제가 미결 과제로 남게 됩니다. 그렇다면 인도 문화에서는 이 과제가 훨씬 더 심각하게 남은 셈입니다.

이 논리에 근거하면 서양 문화의 성취는 이 '본래의 길'을 충실히 따름으로써 획득된 것일 뿐입니다. 중국 문화와 인도 문화의 실패도 문화 자체의 몰가치성 때문이 아니라 '시의가 적절하지 않았기' 때문으로 설명됩니다. 따라서 시의만 갖추어진다면 중국 문화와 인도 문화도 언제든지 서양 문화처럼 개화할 수 있습니다. 다만 현실적 조건을 감안할 때, 인도 문화의 개화는 현실적으로 기대하기 어렵다는 게 그의 생각입니다. 문화의 본성에 반하는 문화라는 게 그 이유입니다. 이로써 이제 서양 문화와 중국 문화의 관계만이 문제가 됩니다.[8]

문화 보수주의의 담론 구조

그러면 양수명 당대의 시의적인 조건은 어떠했을까요? 경제제도의 차원에서, 개인과 생산을 본위로 하는 자본주의가 문제점을 드러내면서 사회와 분배를 본위로 하는 사회주의로 전환되고 있었습니다. 과학의 차원에서 개인적 의식을 본위로 하는 심리학이 사회적 본능을 본위로 하는 심리학으로, 이성적 주지주의가 정서적 도덕주의로, 진화론이 호조론互助論으로 전환되는가 하면, 철학의 차원에서는 의식철학이 생철학으로 진환되고 있었습니다. 이 모든 '전환'은 한마디로 말하면 '생'의 관점의 대두로 정리됩니다. 그가 특히 오이켄, 베르그송, 러셀, 타고르, 크로포트킨, 듀이를 강조하는 까닭도 여기에 있습니다.[9]

이러한 분석으로부터 양수명은 자신의 당대를 세계 문화의 첫 번째 방향이 바야흐로 두 번째 방향으로 접어들려고 하는 과도기로, 그래서 중국 문화가 머지않아 다시금 부흥할 수밖에 없는 그런 시기로 규정합니다. 바로 이 지점에서 공자의 '철학'과 '생활'이 절실히 요청되고, 또 다음과 같은 요구가 나옵니다.

첫째, 인도 식의 태도를 배척해야 한다. 절대 수용할 수 없다.
둘째, 서방 문화에 대해서는 전면적으로 수용해야 하지만 그 태도에 대해서는 근본적으로 개조해야 한다.
셋째, (중국문명을) 비판하던 자들은 중국의 원래 태도를 다시금 들고 나와야 한다.[10]

이는 물론 1차 대전 전후의 상황에 근거한 판단입니다. 양계초 역시 이런 판단에 근거하여 전통 문화의 옹호자로 변신을 감행했던 것이니까요. 그럼에도 불구하고 우리는 이 대목에서 어쩔 수 없이 이런 질문을 던지게 됩니다. 서세동점의 엄연한 '사실'이 어쩌다가 갑자기 "위대하도다! 공맹孔孟이여!"라는 '가치'의 세계 속에서 슬며시 해소되어버린 걸까요. '사실'의 차원으로부터 '가치'의 차원으로의 비약이 왜 일어나게 된 것일까요?

실제적으로 이 책을 읽어가다 보면 왠지 흔쾌하지 않은 의구심이 불쑥불쑥 끼어듭니다. 그의 논리를 따라 몇 구비를 돌다보면 어느새 그가 의도하고 있는 결론에 도달해 있게 되는데, 이 길에 동참한 우리로서는 뜻하지 않게 그의 결론에 동조자가 되어버린 듯한 그런 황당한 느낌말입니다. 냉담한 구경꾼을 일순간에 동조자로 만들어버리는 힘의 이면에는 대개 논리의 조작이 개입되어 있기 마련입니다. 여기에 동원된 논리가 바로 유식학이었습니다.

이 논리망은 명시적 혹은 암시적인 방식으로 논의 전반을 주도하고 있는데, 그 얼개만 간추려보면 대충 이런 식입니다.

먼저 동서 문화의 보편적 토대를 추출하기 위해 동원된 것은 안眼, 이耳, 비鼻, 설舌, 신身, 의意 전육식前六識에 대한 제7식 말나식末那識의 관계입니다. 즉 동서양 문화의 양식이 다른 것은 전육식의 차원에서 성립하는데, 그럼에도 불구하고 제7식의 관점에서 보면 보편적 토대가 존재한다는 것입니다. 이것이 바로 '생명'과 '생활'입니다. 여기서 그는 한 걸음을 더 나아가 중국 문화 부흥의 논리적 근거를 제7식에 대한 제8식 아라야식阿賴耶識의 관계에서 찾고 있습니다. 아라야식은 모든 인식의 종자를 저장하고 있는 일종의 저장고입니다. 그래서 이것을 장식藏識 혹은 함장식含藏識이라 부르는 것입니다. 양수명의 논리에서 이것이 문화의 최종 심급, 즉 본체가 됩니다. 이것에 해당하는 것이 바로 공자의 '강건'(剛)의 정신인데, 이로써 이 정신은 중국 문화의 내용에 국한되지 않고 동서양 문화를 아우르는 토대가 됩니다. 동서양 문명의 모든 가능태가 이 속에 종자의 형태로 함장되어 있다는 것입니다.

여기서 말하는 '강건'이란 원기 충만한 내면적 활동을 말합니다. 이 속에는 생명활동의 근본이자 서양 문화의 근본정신인 '앞으로 나아가고자 하는 요구'가 충만하며, 또 이것의 위험성을 보충해줄 수 있는 '직접적 정감'이 왕성합니다. 다시 말해 이 정신 속에는 서양적인 '앞으로 향한 추구', 즉 진보정신과 중국적인 '안으로 향한 추구', 즉 내면윤리가 잠재적으로 통일되어 있다는 것입니다. 혹은 서양적인 '바깥의 추구', 즉 물질세계의 추구에서 오는 폐단을 중국적인 '안', 즉 도덕으로 보충한다고도 말할 수 있습니다. 이러한 통일과 보충이 가능한 것은 '강건'의 정신에 내재된 민감성과 능활성能活性 때문입니다. 따라서 여기에 근거하면 중국인의 이전의 결점을 보완하고 현재의 고통을 해방시킬 수 있으며, 또 서양의 병폐를 보충하고 세계적인 수요에 부응할 수 있다는 것입니다. 이것이야말로 시의에 적합한 두 번째 길의 문명이라는 것입니다."

이러한 결론을 몸소 실천으로 검증하기 위해 양수명은 1924년 북경 대학을 사임하고 산동山東으로 향했습니다. 거기서 그는 중일전쟁이 발발하던 1937년까지 향촌 건설 사업에 몰두합니다. 이속에서 계급이 부재하는 이상적 사회를 꿈꾸었다는 점에서 그는 분명 진보적 공산주의자였지만, 그것이 당대 현실에서 타도의 대상이었던 유가적 세계관에 근거한 윤리 본위의 사회였다는 점에서 그는 분명 보수주의자였습니다. 양수명에게서 전형적으로 드러나는 진보와 보수의 화해 가능성, 근대 중국의 '문화 보수주의'는 모순적인 이 두 가지 충동을 조화시키려는 노력 속에서 탄생합니다.

유학이 근대를 감당할 수 있을까

지금 우리는 한 지식인의 실존적 모험, 그러니까 전통적 가치를 잃지 않으면서 거기서 현실을 아우르려 하고 또 아우를 수 있다고 믿었던 한 지식인의 모험을 지켜보고 있습니다. 동시에 우리는 중국의 전통적 문화논리가 근대라는 낯선 현실 속에서 자신의 본성을 손상시키지 않으면서 자기 변신을 통해 거듭나고자 했던 시도의 극한을 목도하고 있습니다. 이를 한 마디로 요약하면 '도덕적 형이상학'으로의 복귀가 됩니다. 그런데 여기서 주목해보아야 할 것은 도덕의 영역과 학문의 영역이 '적'이라는 한 글자에 의해 매개되어 있다는 사실입니다. 이 아슬아슬한 줄타기를 가능하게 하려 한 노력이 '현대 신유학'이라는 담론의 형태로 구체화되는데, 이것이 이른바 '내성외왕지도'內聖外王之道, 즉 안(도덕적)으로는 성인이 되고 바깥(학문적)으로는 현실(정치)에 능통하는 길이라는 것입니다. 그런데 하나의 담론이 이처럼 모순적인 두 영역을 어떻게 소화할 수 있을까요? 그것이 가능하기나 한 것일까요?

이 점이 중국 문화의 특장이자 '현대 신유학'이라는 담론의 오묘한 비밀입니다. 2,500년 유학의 역사를 돌이켜보면 이 점이 좀 더 일목요연하게 드러납니다. 공자 시대의 유학을 원시유학이라 하는데, 원시유학은 가족적 공동체 삶에 대한 지혜와 통찰이 그 내용을 이루고 있습니다. 이것이 형이상학적 외피를 입게 되는 것이 공자의 손자 자사子思가 지었다고 알려신 『중용』에서입니다. 이것이 본격적으로 한 단계 버전 업 되는 것은 송나라 때 이르러서입니다. 수당 시대를 휩쓴 불교 문화에 맞서 원시유학이 보인 자기변신의 노력이 '신유학'이라는 형태로 나타나는데, 이것이 곧 성리학입니다. 이것이 원나라 때에 국가 이념으로 채택되어 6백년의 영광을 누리게 됩니다. 그런데 이번엔 서학西學이라는 또 다른 타자가 출현했습니다. 하여 신유학은 다시 한 번 이 막강한 타자에 맞서 자기변신을 시도하게 되는데, 그 결과가 바로 '현대 신유학'입니다. 이 속에 동서고금의 논리가 잡다하게 얽혀 있는 것은 이런 이유 때문입니다.

양수명의 경우만 해도 그렇습니다. 그가 공자의 '생활'과 공자의 '철학'을 도출해내기까지 동원한 것은 원시유학, 신유학, 양명학, 불가 유식론, 베르그송과 오이켄 류의 생철학 등이었습니다. 그리고 그가 원시유학에서 신유학으로 이어지는 전통 유학사의 주류를 이탈하여 원시유학에서 양명학 좌파로 이어지는 새 물길을 트면서까지 끌어내고자 한 것도 바로 이것입니다. 중국 문화와 서양 문화가 상보相補하고, '정감'과 '지식'이 화해하며, '이지'理智와 '직각'直覺이 회통하는 그런 경지 말입니다. 이 아슬아슬한 줄타기의 어려움은 다음과 같은 '얼버무림'에 여실히 드러나 있습니다. "안으로부터의 꿈틀거림, 직각에 내맡김, 구체 세계와의 직접적 대면, 스스로 흘러가며 중심을 추구, 이것은 한 번 가는 것에 불과하다." "동시에 바깥을 향한 성찰, 이지의 병용, 구체 세계를 넘어섬, 반성 속에서 중심의 추구, 이것은 한 번 갔다가 다시 돌아오는 것이다." [12] 이리하여 한 번 갔다가(一往) 한 번 돌아옴(一返)으로써 완성되는 내성외왕의 세계, 이것이 사실상 이 책의 결론이 됩니다.

양수명의 이 '얼버무림'은 웅십력熊十力의 『신유식론』新唯識論과 만나면서 한층 풍성한 우주를 머리에 이게 됩니다. 그런가 하면 그의 후배들에 의해 칸트·헤겔 등의 철학적 외피가 다양하게 입혀지면서 '현대 신유학'의 계보가 형성됩니다. 이 계보는 이후 붉은 대륙에서 '유가적 마르크시즘'이라는 변양을 만들어내기도 하고, 대만과 홍콩, 구미 화교 세계에서 '유교 자본주의론'이라는 담론을 만들어내기도 합니다. '아시아의 네 마리 용'의 경제적 부흥으로 주목을 받은 '유교 자본주의론'은 자본주의 출생에 관한 막스 베버의 정의에 대해 수정을 요구하는 상황까지 이르게 됩니다. 자본주의가 프로테스탄티즘 윤리의 산물만이 아니라 유교적 패밀리즘 전통 내에서도 얼마든지 가능하다는 겁니다. 이러한 주장은 1990년대 중반 세계적인 금융위기가 동아시아를 강타하면서 힘을 잃고 말았지만, 최근 '비상하는 용'의 경제 신화를 설명하는 과정에서도 심심찮게 오르내리고 있는 실정입니다. 그런데 양수명의 결론대로, 과연 공자의 '생활'이 이 살풍경한 근대를 감당할 수 있을까요? 공자의 '철학'이 이 무시무시한 근대를 구원할 수 있는 것일까요?

오래된 미래

이제 전체 기행을 마무리하도록 하겠습니다. 『논어』「자한」子罕 편에는 광匡 땅에서 위기에 처한 공자의 처경을 묘사하는 대목이 나옵니다. 이때 공자가 던진 한 마디는 중국 문명의 굵은 줄기를 지칭하는 대명사로 이후의 역사를 장식하게 되는데, 그 전모는 이렇습니다.

문왕文王께서 이미 세상을 뜨셨으니 문文이 이 몸에 있지 않겠는가.

하늘이 장차 이 문을 없애려 하셨다면 뒤에 죽는 자(즉 공자 자신: 필자)가 이 문에 참여치 못했으리라. 하늘이 이 문을 없애지 않으셨으니 광 땅 사람들이 나를 어떻게 하겠는가.

여기서의 '사문'斯文, 즉 '이 문', '이 질서'는 2,500여 년의 시간 속에서 때론 묵수되고 때론 변용되고 때론 왜곡되면서 계통 발생을 되풀이합니다. 그러다가 20세기가 저물어가던 자본주의 중국, 공산당이 내건 '문화 보수주의' 정치학의 기치 하에서 다시 한 번 부활을 선언합니다. 사회주의 이념의 공백을 '이 질서'로 메움으로써 공동체의 위기를 극복하려 했던 것이 그 취지였는바, 이로써 공자 시대의 '이 질서'는 이제 공화국 국민의 영혼을 재조직하는 기제로 변모합니다.

폭력적 국가주의와 야만적 시장주의가 난무하는 이런 세상에서 2,500백여 년 전 공자의 '생활'과 '철학'을 암송하는 아이들의 눈망울을 바라보면서, 거기서 그들이 꿈꿀 새로운 문명을 가늠하기란 그리 용이하지가 않습니다. 더욱이 지난 2008년 베이징 올림픽 개막식 현장에서 '한당漢唐 제국의 부활'을 만천하에 선언한 마당이라면 그 문법은 좀 더 문제적일 수밖에 없습니다.

지금 천안문 광장에는 모택동毛澤東의 초상과 공자의 입상이 애매하게 동거를 하고 있습니다. 이 둘의 시선이 만들어내는 오묘한 앵글, 고차 수학의 벡터를 방불케 하는 이 앵글의 각도를 구하는 일은 그리 용이해 보이지가 않습니다. 그러나 21세기 중국 문명이 나아갈 길들이 이 앵글 속에서 마련될 것임은 왠지 분명해

보입니다. 아마도 그럴 겁니다. 우리가 지금까지의 기행을 통해
걸어온 길처럼 말입니다.

미주

첫 번째 이야기

1 갑골문의 발견에 관해서는 김경일, 『갑골문 이야기』(바다출판사, 1999) 제1장
을 참조.

2 점복의 과정과 갑골문의 체례에 관해서는 최영애, 『漢字學講義』(통나무, 1997)
제4장을 참조.

3 김경일, 앞의 책 199쪽.

4 김경일, 앞의 책 195~197쪽.

5 최영애, 앞의 책 285쪽.

6 최영애, 앞의 책 286~288쪽.

7 이에 관한 발랄한 해석은 다케다 마사야, 『창힐의 향연』(서은숙 옮김, 이산,
2004) 제1장을 참조.

8 許進雄, 『중국고대사회』(동문선, 2003) 372쪽, 홍희 옮김.

9 許進雄, 앞의 책 55쪽.

10 이에 관해선 노신, 『한문학사강요』(선학사, 2003) 13~23쪽, 홍석표 역.

두 번째 이야기

1 마르셀 그라네, 『중국사유』(한길사, 2010) 77쪽, 유병태 옮김.

2 이 시에 대한 상세한 주석은 마르셀 그라네, 『중국의 고대 축제와 가요』(신하
령·김태완 옮김, 살림, 2005) 134~137쪽을 참조.

3 이 시에 대한 정현의 해석은 앙리 마스페로, 『도교』(신하령·김태완 옮김, 까
치, 1999) 232~233쪽을 참조.

4 마르셀 그라네, 『중국 고대의 축제와 가요』 261쪽.(강조는 원저자)

5 요한 호이징하, 『호모 루덴스』(까치, 1993) 47~74쪽, 김윤수 옮김.

6 이에 관해서는 마르셀 그라네, 『중국사유』 127~157쪽을 참조.

7 앙리 마스페로, 앞의 책, 228~230쪽.

세 번째 이야기

1 곽신환, 『주역의 이해』(서광사, 1990) 21쪽.

2 김용옥, 『氣哲學散調』(통나무, 1992) 58~61쪽.

3 마르셀 그라네, 『중국사유』 155쪽.(강조는 원저자)

4 음양오행설에 관해서는 김용옥, 위의 책, 57~58쪽을 참조.

5 『주역 왕필주』(임채우 옮김, 길, 2000)의 번역을 따랐다.

6 이에 대해선 김지하, 『동학 이야기』(솔, 1994) 171~177쪽.

네 번째 이야기

1 왕여광 주편, 『중국을 움직인 30권의 책』 124쪽, 한인희·이동철 옮김, 지영사, 1999.

2 楊伯峻, 『經典淺談』〔이종호 편, 『유교 경전의 이해』(중화당, 1997) 173~174쪽.〕

3 최술, 『수사고신록』(한길사, 2009) 223~225쪽, 이재하 외 옮김.

4 김용옥, 『도올 논어』(1)(통나무, 2000) 55쪽.

5 안핑 친, 『공자 평전』(돌베개, 2010) 12쪽, 김기협 옮김.

6 안핑 친, 위의 책 114~115쪽.

7 김용옥, 위의 책 190쪽.

8 이상 공자 시대에 대한 개괄은 안핑 친, 위의 책 57~69쪽을 참조.

9 司馬遷, 『史記』「孔子世家」 455쪽, 정범진 외 옮김, 까치, 1994.

10 이상 제자들과의 관계에 대해서는 안핑 친, 위의 책 94~110쪽을 참조.

11 江文也, 『孔子的樂論』 63쪽, 楊儒賓 역, 華東師範大學出版社, 2008.

12 프랑수아 줄리앙, 『운행과 창조』 45~46쪽, 유병태 옮김, 케이시 아카데미, 2003.(강조는 원저자)

다섯 번째 이야기

1 미셸 푸코, 『말과 사물』 11쪽, 이광래 역, 민음사, 1993.

2 정재서 역주, 『산해경』 107~108쪽, 민음사, 1993.

3 위의 책, 56~57쪽.

4 정재서, 「《山海經》해제」, 위의 책 22~23쪽.

5 徐客 編著, 『圖解山海經』, 南海出版公司, 2007, 海口.

6 丁振宗, 『破解山海經』, 中州古籍出版社, 2001, 鄭州.

7 서경호, 「《山海經·五藏山經》에 나타난 山의 개념」, 『동아문화』 제26집, 1988.12, 동아문화연구소.

8 서경호, 「《산해경》의 내면체계에 관한 연구」, 『중국문학』 제21집, 1993, 한국중국어문학회.(위의 도표는 이 논문에서 인용)

9 서경호, 위의 글.

10 서경호, 위의 글.

11 정재서, 『사라진 신들과의 교신을 위하여』 21~22쪽, 문학동네, 2007.

12 아리스토텔레스, 『시학』 125~126쪽, 천병희 역, 문예출판사, 2000.

13 정재서 역주, 『산해경』 30쪽.

14 위의 책 35~36쪽.

15 정재서, 『사라진 신들과의 교신을 위하여』 21쪽.

16 정재서, 위의 책 25쪽에서 재인용.

여섯 번째 이야기

1 한나라 초기 상황에 대해서는 顧頡剛, 『중국 고대의 방사와 유생』(이부오 옮김, 온누리, 1991) 73~115쪽을 참조.

2 司馬遷, 『史記列傳』(下)(정범진 외 옮김, 까치, 2002) 1026~1027쪽.

3 班固, 『漢書列傳』(안대회 편역, 까치, 1997) 34~73쪽.

4 이러한 문제 제기는 福井重雅, 『漢代儒教の史的研究-儒教の官學化をめぐる定說の再檢討』(汲古書院, 2005)에서 전면적인 주제로 다루어지고 있다.

5 福井重雅, 위의 글.

6 이에 대해서는 박성진, 「漢代 '罷黜百家, 獨尊儒術' 札記」(『중국어문논역총간』 제12집, 2004. 1, 중국어문논역학회)를 참조.

7 김근, 『한자는 중국을 어떻게 지배했는가』 218~219쪽, 민음사, 1999.

8　班固,『漢書列傳』41~43쪽.

9　이에 관해서는 鄭日童,「〈春秋繁露〉에서의 天人相關論」(『中國史硏究』제54집, 2008. 6, 중국사학회)을 참조.

10　董仲舒,『董仲舒集』145, 278, 242, 242~243, 92쪽, 學苑出版社, 2003, 北京.

11　오행설이 제도 개혁의 명분으로 된 것에 대해서는 김근, 위의 책, 210~216쪽을 참조.(아래 번역은 이를 따름)

12　김근, 위의 책 227쪽.(아래 번역은 이를 따름)

13　顧頡剛, 앞의 책 48쪽.

14　董仲舒,『董仲舒集』158~164쪽.

15　김근, 위의 책 232~233쪽.

일곱 번째 이야기

1　사마천,「태사공자서」,『사기』7권 1256쪽, 정범진 외 옮김, 까치, 1995.

2　『사기』의 구성 원리에 관해서는 이성규,『사기―중국고대사회의 형성』(서울대학교출판부, 1999) 64~66쪽을 참조.

3　이성규, 앞의 책 22쪽.

4　사마천,「태사공자서」,『사기』7권 12119쪽.

5　이성규, 앞의 책 16쪽.

6　이성규, 앞의 책 35쪽.

7　중국사학사 편집위원회,『중국사학사―선진·한·당편』135~136쪽, 김동애 옮김, 간디서원, 2006.

8　중국사학사 편집위원회, 앞의 책 131쪽.

9　사마천,「항우본기」,『사기』1권 251쪽.

10　사마천,「태사공자서」,『사기』7권 1239쪽.

11　사마천,「백이열전」,『사기』5권 13쪽.

12　노신,『한문학사강요』138~139쪽, 홍석표 역, 선학사, 2003.

여덟 번째 이야기

1 마르셀 그라네, 『중국사유』 63~64쪽, 유병태 옮김, 한길사, 2010.

2 유흠, 「태상박사께 드리는 글」(移讓太常博士書)(반고, 『한서열전』 381~384쪽, 까치, 1997)

3 이에 관해선 湯志鈞 외, 『西漢經學與政治』(上海古籍出版社, 1994)를 참조.

4 이에 관해서는 최형주·이준녕 편저, 『이아주소』(자유문고, 2001)를 참조.

5 김근, 『한자는 중국을 어떻게 지배했는가』 327~336쪽, 민음사, 1999.

6 「설문해자를 올리며」(上說文解字表)(육종달, 『설문해자 통론』, 12~13쪽, 김근 옮김, 계명대학교 출판부, 2002)

7 김근, 『한자는 중국을 어떻게 지배했는가』 362쪽에서 재인용.

8 최영애, 『漢字學講義』 67~69쪽, 통나무, 1997.

9 이병관, 「『설문해자』 역주」(13), 『중국어문논역총간』 제18집, 중국어문논역학회, 2006. 7.

10 최영애, 앞의 책 105쪽.

11 육종달, 앞의 책 264~265쪽.

아홉 번째 이야기

1 왕필의 가계에 관해서는 임채우 역, 『왕필의 노자주』(한길사, 2010) 32~35쪽 서문을 참조.

2 이상 위진 시대 지식인의 풍도에 관해서는 노신, 「위진의 기풍 및 문장과 약 및 술의 관계」(한무희 옮김, 『노신문집』 제4권 99~117쪽)를 참조.

3 하소, 「왕필전」, 임채우, 앞의 책 346~348쪽.

4 정세근, 「현학의 시대와 오늘의 철학」, 정세근 엮음, 『위진현학』 32쪽, 예문서원, 2001.

5 김시천, 「왕필의 현학」, 정세근 엮음, 앞의 책 73쪽.

6 하소, 「왕필전」, 임채우, 앞의 책 344~345쪽.

7 김시천, 앞의 글, 앞의 책 87쪽.

8 왕필, 『주역주』 197쪽, 임채우 옮김, 길, 2000.

9 왕필, 「노자지략」, 임채우, 『노자주』 333쪽.(체크 요망)

10 임채우, 「왕필 현학 체계의 문제점 비판」, 『도가문화연구』 제15집, 한국도교문
　화학회, 2001.

11 왕필, 『노자주』 제1장(樓宇烈 校釋, 『王弼集校釋』 1쪽, 華正書局, 1983, 臺北)

12 김시천, 앞의 글, 앞의 책 109쪽.

13 왕필, 『노자주』 제42장(임채우, 앞의 책 372쪽)

14 김시천, 앞의 글, 앞의 책 100~106쪽.

15 임채우, 앞의 책 376쪽.

16 김시천, 앞의 글, 앞의 책 115쪽.

열 번째 이야기

1 Cheng, Francois, 『Ecriture Poetique Chinoise』, Seuil, 1996.(국내 출간되지
　않은 이 책의 내용은 유병태의 번역을 따랐음)

2 이하 율시의 원리에 관해서는 졸고, 「한자의 '탈영토화'에 관한 방법론적 탐색」
　(『중국어문논역총간』 제19집, 중국어문논역학회, 2007. 1)의 내용을 원용.

3 오하근 편저, 『원본 김소월전집』 337쪽, 집문당, 1995.

열한 번째 이야기

1 이종철, 『중국 불경의 탄생』 25쪽, 창비, 2008.

2 이종철, 앞의 책 98~101쪽.

3 팡리티엔, 『중국불교철학』 「인생론」 51쪽, 김봉희 외 옮김, 서울불교대학원대학
　교 출판부, 2006.

4 이종철, 앞의 책 118~119쪽.

5 이상 남종의 법맥 계보에 관해서는 여징, 『중국불교학 강의』 360~371쪽, 각소
　옮김, 민족사, 1992.

6 여징, 앞의 책 379~388쪽.

7 안동림 역주, 『벽암록』 92~5쪽, 현암사, 1990.(이하 『벽암록』의 내용은 별도의
　주석이 없는 경우 대체로 이 책의 번역을 위주로 함)

8 김용옥, 『화두, 혜능과 세익스피어』 93∼94쪽, 통나무, 1998.

9 김용옥, 앞의 책 197∼198쪽.

10 윤영해, 『주자의 선불교비판 연구』 109쪽, 민족사, 2000.

열두 번째 이야기

1 이기석·한용우 역해, 『대학·중용』 「해설」(홍신문화사, 2001) 참조.

2 이기석·한용우 역해, 앞의 글 참조.

3 왕여광 주편, 『중국을 움직인 30권의 책』 278쪽, 한인희·이동철 옮김, 지영사, 1999.

4 이기석·한용우 역해, 앞의 글 참조.

5 피터 K. 볼, 『중국 지식인들과 정체성 – 사문斯文을 통해 본 당송 시대 지성사의 대변화』 249∼250쪽, 심의용 옮김, 북스토리, 2008.

6 피터 K. 볼, 앞의 책 284∼287쪽.

7 피터 K. 볼, 앞의 책 299쪽.

8 피터 K. 볼, 앞의 책 385∼386쪽.

9 피터 K. 볼, 앞의 책 380쪽.

10 피터 K. 볼, 앞의 책 439∼440쪽.

11 피터 K. 볼, 앞의 책 401∼402쪽.

12 피터 K. 볼, 앞의 책 462∼463쪽.

13 피터 K. 볼, 앞의 책 698∼703쪽.

14 야마다 케이지, 『주자의 자연학』 368쪽, 김석근 옮김, 통나무, 1994.

15 시마다 겐지, 『주자학과 양명학』 127∼128쪽, 김석근·이근우 옮김, 까치, 1996.

열세 번째 이야기

1 이하 마테오 리치의 전기적 사실에 관해서는 히라카와 스케히로, 『마테오 리치』 (노영희 역, 동아시아, 2002)를 참조.

2 예수회를 지원한 포르투갈의 '대서양 프로젝트'에 관해서는 김명섭, 『대서양문

명사』(한길사, 2002) 제2장을 참조.

3 박영신, 『마테오 리치의 적응주의적 선교방법에 관한 일고찰』, 숙명여자대학교 석사학위논문, 1995.

4 송영배, 「『천주실의』의 내용과 그 의미」, 『철학사상』, 서울대학교 철학사상연구소, 1993.

5 마테오 리치, 『천주실의』 9~10쪽, 송영배 외 옮김, 서울대학교 출판부, 1999.

6 송영배, 앞의 논문.

7 마테오 리치, 앞의 책 15~19쪽.

8 마테오 리치, 앞의 책 22~27쪽.

9 마테오 리치, 앞의 책 39~40쪽.

10 마테오 리치, 앞의 책 40~41쪽.

11 최창익, 「『천주실의』에 대한 문학적 접근」, 『동양한문학연구』 제31집, 동양한문학회, 2010. 8.

12 마테오 리치, 앞의 책 430~431쪽.

13 송영배, 앞의 논문.

14 문석윤, 「마테오 리치 『천주실의』에서 '천학'天學의 의의에 관하여」, 『누리와 말씀』 제23호, 인천가톨릭대학교출판부, 2008. 6.

15 송영배, 앞의 논문.

16 송영배, 앞의 논문.

17 마테오 리치, 앞의 책 58~61쪽.

18 이에 대해서는 양명수, 「『천주실의』에 나타난 아퀴나스 신학과 마테오 리치의 성리학 이해에 대한 비판」, 『철학사상』 28집, 서울대학교 철학사상연구소, 2008.

19 풍우란, 『중국철학사』(하권) 541쪽, 까치, 1999.

20 양명수, 「『천주실의』의 천주天主와 성리학의 리理의 차이」, 『철학사상』 31집, 서울대학교 철학사상연구소, 2009.

21 송영배, 앞의 논문.

22 마테오 리치, 앞의 책 355~356쪽.

23 마테오 리치, 앞의 책 363쪽.

열네 번째 이야기

1 梁啓超, 『中國近三百年學術史』47쪽, 中華書局, 1926.

2 황종희, 앞의 책 211~216쪽.

3 황종희, 『명이대방록』「머리말」46~47쪽, 김덕균 옮김, 한길사, 2000.

4 이에 대해서는 이상호, 「『명유학안』과 양명 우파철학」(『중국철학』12집, 중국철학회, 2004)을 참조.

5 안병주, 「황종희 『명이대방록』의 공리적 민본사상」, 『대동문화연구』제21집, 성균관대학교 대동문화연구원, 1987.

6 아래 인용문은 야마노이 유우, 『명청사상사의 연구』(김석기·배경석 옮김, 학고방, 1994) 324~330쪽에서 재인용.

7 黃宗義, 「贈編修弁玉吳君墓誌銘」, 『南雷文定後集』卷三.

8 黃宗義, 「留別海昌同學序」, 『南雷文定後集』卷一.

9 全祖望, 「梨洲先生神道碑文」, 『鮚埼亭集』卷十一.

10 全祖望, 「通上證人書院記」, 『鮚埼亭集』外編 卷十六.

11 미조구찌 유조, 『중국 전근대 사상의 굴절과 전개』356쪽, 김용천 옮김, 동과서, 2007.(강조는 원저자)

12 미조구찌 유조, 앞의 책 351~371쪽.

13 안병주, 앞의 논문.

14 권인호, 「『명이대방록』을 통해 본 유교정치사상연구」, 『동양철학연구』제8집. 동양철학연구회, 1987.

15 이에 대해선 안병주, 앞의 논문 주석 90을 참조.

16 양계초, 『신민총보』新民叢報 제14호에 수록(안병주, 앞의 논문에서 재인용)

열다섯 번째 이야기

1 魯迅, 「自言自語」, 『魯迅全集·集外集拾遺補編』第8卷, 115~116쪽, 人民文學出版社, 2005.

2 루쉰, 『외침』 「서문」 10쪽, 공상철 옮김, 그린비, 2011.

3 루쉰, 앞의 책 11쪽.

4 루쉰, 앞의 책 14~15쪽.

5 공상철, 「『외침』 번역 후기」, 앞의 책 210쪽.

6 공상철, 앞의 글, 앞의 책 212~213쪽.

7 루쉰, 『외침』 「광인일기」 26~27쪽.

8 이상 『외침』의 내용 분석은 앞의 책 「번역 후기」를 주로 끌어왔음을 밝혀둠.

열여섯 번째 이야기

1 이상 졸고, 「20세기 초반 '문화 보수주의'와 '儒佛之爭'」, 『중국학논총』 제10집, 고려대학교 중국학연구소, 1997. 12.

2 이하 내용은 졸고, 「'5·4' 시기 '문화 보수주의' 담론구조 고찰」(『중국어문논총』 제18집, 중국어문연구회, 1999)을 축약·개편한 것임을 밝혀둠.

3 梁漱溟, 『東西文化及其哲學』, 『梁漱溟全集』 第1卷 334~335쪽, 山東人民出版社, 1989.

4 梁漱溟, 앞의 글, 앞의 책 352쪽.

5 梁漱溟, 앞의 글, 앞의 책 376~377쪽.

6 梁漱溟, 앞의 글, 앞의 책 377~382쪽.

7 梁漱溟, 앞의 글, 앞의 책 383쪽.

8 梁漱溟, 앞의 글, 앞의 책 526~528쪽.

9 梁漱溟, 앞의 글, 앞의 책 488~517쪽.

10 梁漱溟, 앞의 글, 앞의 책 528쪽.

11 梁漱溟, 앞의 글, 앞의 책 537~539쪽.

12 梁漱溟, 앞의 글, 앞의 책 471쪽.

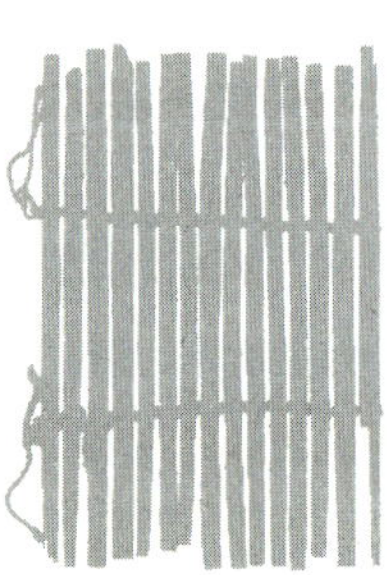